KB053299

처음부터 다시 시작하는 왕초보 중국어 단어장

Chinese

WCB Word Master

처음부터 다시 시작하는

왕초보 중국어 단어장

WCB Chinese Word Master

저 자 서지위, 장현애
발행인 고본화
발 행 반석출판사
2021년 1월 15일 초판 1쇄 인쇄
2021년 1월 20일 초판 1쇄 발행
반석출판사 | www.bansok.co.kr
이메일 | bansok@bansok.co.kr
블로그 | blog.naver.com/bansokbooks

07547 서울시 강서구 양천로 583, B동 1007호
(서울시 강서구 염창동 240-21번지 우림블루나인 비즈니스센터 B동 1007호)
대표전화 02) 2093-3399 **팩 스** 02) 2093-3393
출 판 부 02) 2093-3395 **영업부** 02) 2093-3396
등록번호 제315-2008-000033호

ISBN 978-89-7172-930-4 (13720)

반석출판사
Bansok

머리말

어학 공부에서 가장 중요한 것은 어휘력입니다. 어휘의 양에 따라 문장의 표현력과 구사능력이 상당히 달라지기에 풍부한 단어 습득은 어학을 시작하는 분들에게 일 순위 관문이 될 것입니다.

더 많은 단어를 가지는 것은 더 많은 표현의 기반을 마련하고 한 걸음 나아간 어학 공부를 향해 가는 자산을 축척하는 일이라고 할 수 있습니다.

그래서 저자는 독자들이 더 쉽고, 흥미롭고, 지루하지 않게 단어를 습득할 수 있어야 한다고 생각하게 되었습니다. 그리고 이를 돕고자 하는 노력의 일환으로 이미지를 삽입해서 어학이 가지는 지루하고 무미건조하며 삭막한 느낌을 배제하고, 친근감과 호감이 가미된 생명력이 있는 책을 만들고자 했습니다.

모든 학습의 기본은 흥미입니다. 흥미는 사람의 감성을 자극해서 호감을 불러일으키고 숨어 있는 잠재의식을 이끌어내는 놀라운 힘을 가졌습니다. 이 책은 무엇보다도 독자의 흥미를 자극해서 초급의 독자들도 적지 않은 단어들을 익힐 수 있도록 도와줍니다.

이미지는 인간의 역사가 태동하기 전부터 사람의 의식 저변에 깔린 무의식과 연결되어 있습니다.

단어를 이미지와 함께 공부했을 때가 그렇지 않은 경우보다 더 효율적이라는 것은 사회에서 널리 통용되고 공감하는 부분이기도 합니다.

반복에 반복을 거듭하며 고단하게 학습해야 할 어학 공부의 여정길에 생동감 넘치는 그림들이 친구가 되어 함께 하고 싶습니다.

저자 서지위, 장현애

이 책의 특징

외국어를 잘 하는 첫걸음은 무엇보다도 재미있게 공부하는 것입니다. 내가 일상생활에서 자주 접하는 것들을 배우고자 하는 언어로 옮겨보면서 우리는 재미와 흥미를 느끼고 외국어를 더 잘 습득하게 되지요. 이 책은 이처럼 우리가 자주 접하거나 사용하는 단어들을 주제별로 분류하여서 재미있게 공부할 수 있도록 하였습니다.

또한 단순히 단어를 나열하기만 한 것이 아니라, 단어와 함께 재미있는 이미지를 제공하여 단어의 확실한 의미가 보다 오랫동안 뇌리에 남게 하였습니다. 그리고 단어를 활용해 실생활에서 사용할 수 있는 대화 표현들도 함께 수록하였습니다.

초보자도 쉽게 따라 읽으며 학습할 수 있도록 중국어 발음을 원음에 가깝게 한글로 표기하였고, 원어민의 정확한 발음이 실린 mp3 파일을 반석출판사 홈페이지(www.bansok.co.kr)에서 무료로 제공합니다. 이 음원은 한국어 뜻도 함께 녹음되어 있어 음원을 들으며 단어 공부하기에 아주 좋습니다.

Intro 한국 음식 중국 음식

우리가 좋아하는 음식들의 중국어 이름을 수록하였습니다. 맛있는 음식들을 상기하면서 즐겁게 공부할 수도 있고, 외국인과 대화를 할 때에 우리 음식이나 중국 음식을 중국어로 소개할 수 있게 하였습니다.

Part 01 인간

우리 자신을 소개할 때에 사용되는 단어들이 수록되었습니다. 가족, 외모, 직업, 신체 등 나와 관련된 다양한 단어들을 습득할 수 있습니다.

Part 02 의식주

우리 실생활에서 접하게 되는 의식주에 관한 단어들이 수록되었습니다. 의복과 음식, 주거지까지 실생활을 설명할 때 자주 사용하는 단어들을 수록하였습니다.

Part 03 일상생활

시간과 절기, 취미, 색상과 부호 등 일상생활을 설명해주는 단어들을 수록하였습니다. 나의 띠나 내가 좋아하는 것 등에 대해 말해 볼 수 있습니다.

Part 04 여행

다양한 교통수단과 숙소, 관광지와 중국의 지명 등이 수록되어 있습니다. 여행의 방법, 목적지, 숙소 등에 대해서 설명할 수 있는 단어들을 학습해 보세요.

Part 05 자연&과학&기타

우리와 함께 하나의 생태계를 이루는 동식물에서부터 병과 관련된 단어들, 그리고 경제와 무역, 역사 등을 다루는 단어들을 수록하였습니다. 기후변화나 병문안, 회사일, 다양한 국가들에 대해 말해 보세요.

컴팩트 단어장

본문의 단어들을 우리말 뜻, 중국어, 한글 발음만 표기하여 한 번 더 실었습니다. 그림과 함께 익힌 단어들을 컴팩트 단어장으로 복습해 보세요.

목차

Part 04 | 여행

Part 05 | 자연 & 과학 & 기타

Intro

한국 음식, 중국 음식

INTRO 01

한국 음식

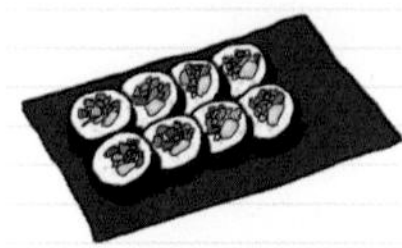

김밥
紫菜包饭
zǐcàibāofàn

김치볶음밥
泡菜饭
pàocàifàn

돌솥비빔밥
砂锅拌饭
shāguōbànfàn

밥
米饭
mǐfàn

불고기덮밥
牛肉盖饭
niúròugàifàn

산채비빔밥
蔬菜拌饭
shūcàibànfàn

쌈밥
蔬菜包饭
shūcàibāofàn

영양돌솥밥
营养石锅饭
yíngyǎng-
shíguōfàn

오징어덮밥
鱿鱼盖饭
yóuyúgàifàn

콩나물국밥
豆芽汤饭
dòuyátāngfàn

잣죽
松仁粥
sōngrénzhōu

전복죽
鲍鱼粥
bàoyúzhōu

호박죽
南瓜粥
nánguāzhōu

흑임자죽
黑芝麻粥
hēizhīmazhōu

만두
饺子
jiǎozi

물냉면
冷面
lěngmiàn

韩国料理 hánguóliàolǐ 한궈리아오리

비빔국수
拌面
bànmiàn

비빔냉면
拌冷面
bànlěngmiàn

수제비
疙瘩汤
gēdatāng

잔치국수
喜面
xǐmiàn

칼국수
手擀面
shǒugǎnmiàn

갈비탕
排骨汤
páigǔtāng

감자탕
猪排骨汤
zhūpáigǔtāng

곰탕
牛肉汤
niúròutāng

떡국
年糕汤
niángāotāng

떡만둣국
年糕饺子汤
niángāojiǎozitāng

만둣국
饺子汤
jiǎozitāng

매운탕
鲜辣鱼汤
xiānlàyútāng

미역국
海带汤
hǎidàitāng

북엇국
明泰鱼汤
míngtàiyútāng

삼계탕
参鸡汤
shēnjītāng

설렁탕
先农汤
xiānnóngtāng

INTRO 02 중국 음식

북경오리
北京烤鸭
běijīngkǎoyā

훠궈
火锅
huǒguō

옥수수 잣 볶음
松仁鱼米
sōngrényúmǐ

꽁빠오지띵
宫保鸡丁
gōngbǎojīdīng

마파두부
麻婆豆腐
mápódòufu

위샹로우쓰
鱼香肉丝
yúxiāngròusī

쉐이쥬위
水煮鱼
shuǐzhǔyú

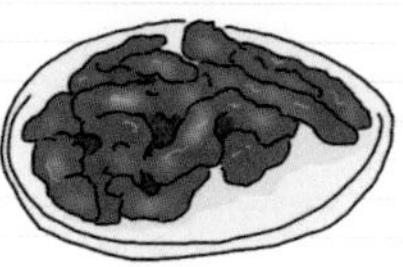

탕추리지
糖醋里脊
tángcùlǐjǐ

스즈토우
狮子头
shī · zitóu

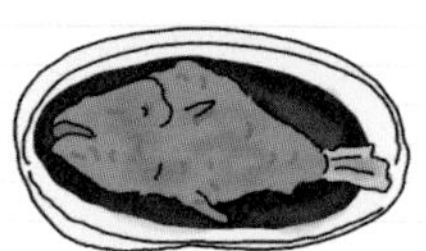

시후추위
西湖醋鱼
xīhúcùyú

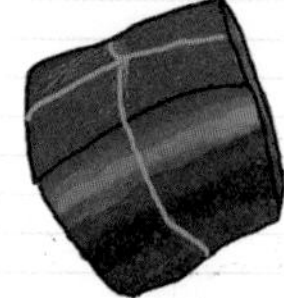

동파육
东坡肉
dōngpōròu

포우티아오치앙
佛跳墙
fótiàoqiáng

라즈지
辣子鸡
làzijī

홍샤우니우로우
红烧牛肉
hóngshāoniúròu

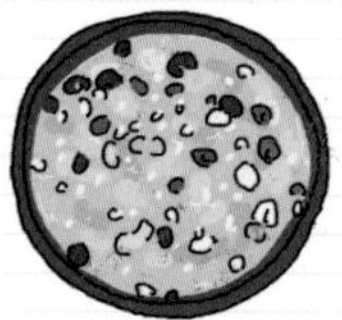

빠바오죠우
八宝粥
bābǎozhōu

양꼬치
羊肉串
yángròuchuàn

中国料理 zhōngguóliàolǐ 종궈리아오리

마라꼬치
麻辣串
málàchuàn

마라가재
麻辣小龙虾
málàxiǎolóngxiā

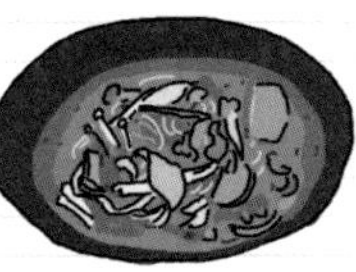

마라탕
麻辣烫
málàtàng

러우자뭐
肉夹馍
ròujiāmó

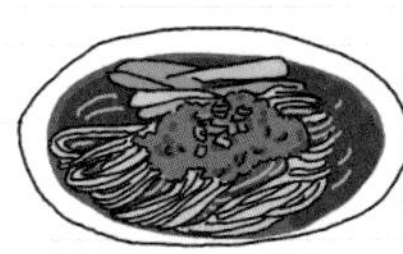

탄탄면
担担面
dàndànmiàn

탕수육
锅包肉
guōbāoròu

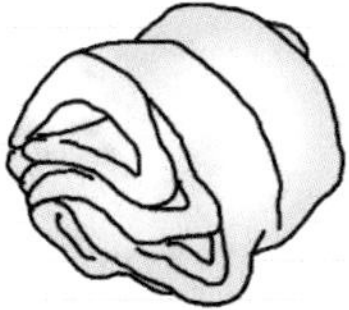

꽃빵
花卷
huājuǎn

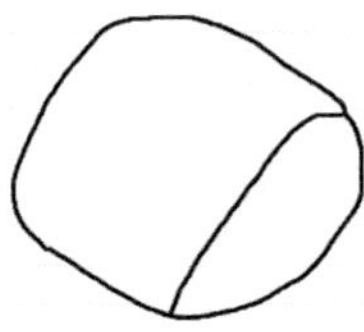

작은만두
小馒头
xiǎomántou

오리목
鸭脖
yābó

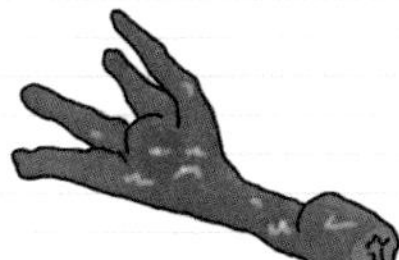

닭발
鸡爪
jīzhuǎ

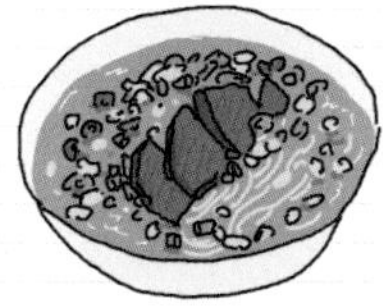

모를 넣은
양고기국
羊肉泡馍
yángròupàomó

좁쌀가루차
面茶
miànchá

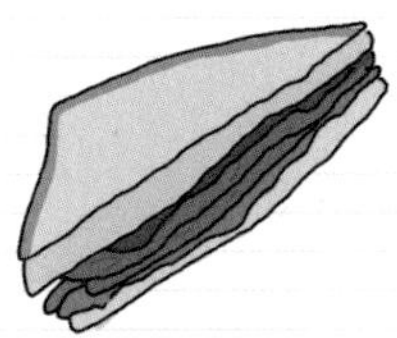

소고기 샌드위치
牛肉罩饼
niúròuzhàobǐng

쏸라펀
酸辣粉
suānlàfěn

취두부
臭豆腐
chòudòu · fu

훼이미엔
烩面
huì miàn

Part 01

인간

Unit 01

가족

할아버지
爷爷
yé · ye
예예

할머니
奶奶
nǎi · nai
나이나이

외할아버지
老爷
lǎo · ye
라오예

외할머니
姥姥
lǎo · lao
라오라오

부모
父母
fùmǔ
푸무

아빠
爸爸
bà · ba
빠바

엄마
妈妈
mā · ma
마마

장인
岳父
yuèfù
웨푸

장모
岳母
yuèmǔ
웨무

남편
丈夫
zhàng · fu
쟝푸

아내
妻子
qī · zi
치즈

아들
儿子
ér · zi
얼즈

당신의 집에는 몇 명의 아이가 있나요?
你们家有几个孩子?
Nǐmen jiā yǒu jǐgè háizi?
니먼자 요우 지거 하이즈

家人 jiārén 짜런

딸
女儿
nǚ'ér
뉘얼

형
哥哥
gē · ge
꺼거

남자 동생
弟弟
dì · di
띠디

언니
姐姐
jiě · jie
지에지에

여자 동생
妹妹
mèi · mei
메이메이

사위
女婿
nǚ · xu
뉘쉬

며느리
儿媳妇
érxífù
얼시푸

형수
嫂子
sǎo · zi
싸오즈

삼촌
叔叔
shū · shu
슈슈

사촌
堂兄弟姐妹
tángxiōngdìjiěmèi
탕 시옹띠지에메이

외사촌
表兄弟姐妹
biǎoxiōngdìjiěmèi
뱌오 시옹띠지에메이

손자
孙子
sūn · zi
쑨즈

저의 가족은 2명의 아이가 있어요.
我们家有2个孩子 。
Women jiā yǒu liǎnggè háizi.
워먼자 요우 량거 하이즈

Unit 02 외모 ①

대머리
光头
guāngtóu
광토우

금발머리
金发
jīnfà
찐파

검은 머리
黑发
hēifà
헤이파

긴 머리
长发
chángfà
챵파

짧은 머리
短发
duǎnfà
두안파

곱슬머리
卷发
juǎnfà
쥀파

직모
直发
zhífà
즈파

수염
胡须
húxū
후쉬

염소수염
山羊胡子
shānyánghú · zi
샨양후즈

구레나룻
连鬓胡子
liánbìnhú · zi
리엔삔후즈

코주부
大鼻子
dàbí · zi
따비즈

보조개
酒窝
jiǔwō
지우워

대부분의 한국인은 쌍꺼풀이 없나요?
大部分的韩国人都是单眼皮吗?
Dà bù fèn de hán guó rén dōu shì dān yǎn pí ma.
따뿌펀더 한구오런 도스 딴옌피마

外貌 wàimào 와이마오 ①

쌍꺼풀
双眼皮
shuāngyǎnpí
슈앙옌피

홑꺼풀
单眼皮
dānyǎnpí
딴옌피

주름살
皱纹
zhòuwén
죠우원

팔자주름
八字纹
bāzìwén
빠즈원

잔주름
细皱
xìzhòu
시죠우

진한 화장
浓妆
nóngzhuāng
농쥬앙

피부
肌肤
jīfū
찌푸

성형수술
整形手术
zhěngxíngshǒushù
정싱쇼우슈

주근깨
雀斑
quèbān
취에빤

기미
黑斑
hēibān
헤이빤

여드름
青春痘
qīngchūndòu
칭츈도우

외모
外貌
wàimào
와이마오

그녀는 쌍꺼풀 수술을 했어.
她做了双眼皮手术。
Tā zuò le shuāng yǎn pí shǒu shù.
타 쭈오 러 쑤앙옌피 쏘우쑤

Unit 03 외모 ②

미장원
美发店
měifàdiàn
메이파띠엔

미용실
美发廊
měifàláng
메이파랑

헤어스타일
发型
fàxíng
파싱

드라이
吹干
chuīgān
췌이깐

단발머리
波波头
bōbōtóu
뽀뽀토우

바가지머리
锅盖头
guōgàitóu
꼬우까이토우

땋은 머리
编辫子
biānbiànzi
삐엔삐엔즈

똥머리
圆发髻
yuánfàjì
옌파찌

군인 머리
寸头
cùntóu
춘토우

이대팔머리
复古油头
fùgǔyóutóu
푸구요우토우

크루 컷
平头
píngtóu
핑토우

염색
染发
rǎnfà
란파

머리 커트해야 하는데, 주변에 좋은 미용실 있니?
我得剪头发了，附近有好的美发店吗？
Wǒ děi jiǎn tóufale, fùjìn yǒu hǎo de měifà diàn ma?
워데이 지엔 토우파러, 푸진요 하우더 메이파띠엔마

外貌 wàimào 와이마오 ②

상고머리
平顶头
píngdǐngtóu
핑딩토우

곱슬머리
鬈发
quánfà
췐파

반백의 머리
灰白头发
huībáitóufà
훼이바이토우파

앞머리
刘海
liúhǎi
리우하이

가르마
发缝
fāféng
파펑

파마
烫发
tàngfà
탕파

삐삐머리
双马尾
shuāngmǎwěi
슈앙마웨이

묶은 머리
马尾辫
mǎwěibiàn
마웨이삐엔

헝클어진 머리
蓬乱头发
péngluàntóufa
펑루안토우파

올린 머리
卷发
juǎnfà
쥈파

올림머리
盘发
pánfā
판파

웨이브가 진 머리
波浪发
bōlàngfā
뽀랑파

이게 내가 원하던 곱슬이지.
这才是我要的卷发。
Zhè cái shì wǒ yào de juǎn fā.
쪄 차이스 워 야오더 쥈파

Unit 04

직업 ①

정치가
政治家
zhèngzhìjiā
쩡쯔지아

주석
主席
zhǔxí
쥬시

총리
总理
zǒnglǐ
쫑리

성장
省长
shěngzhǎng
셩쟝

시장
市长
shìzhǎng
스쟝

공무원
公务员
gōngwùyuán
꽁우위엔

국회위원
国会委员
guóhuì wěiyuán
구오회이웨이위엔

대통령
总统
zǒngtǒng
쫑통

회장
董事长
dǒngshìzhǎng
동스쟝

CEO
总经理
zǒngjīnglǐ
쫑징리

공장장
工厂长
gōngchǎng zhǎng
꽁챵장

엔지니어
工程师
gōngchéngshī
꽁청스

사장님 마케팅 한 명이 필요합니다.
总经理，我们需要增加一名营销。
Zǒngjīnglǐ women xūyào zēngjiā yìmíng yíngxiāo.
종찡리, 워먼 쉬야오 쩡자 이밍 잉샤오

职业 zhíyè 쯔예 ①

연구원
研究人员
yánjiūrényuán
옌지우런위엔

마케팅
营销
yíngxiāo
잉샤오

영업
销售
xiāoshòu
샤오쇼우

판촉
推广
tuīguǎng
퇴이광

회계
会计
kuàijì
콰이지

재무
财务
cáiwù
챠이우

출납
出纳
chūnà
츄나

비서
秘书
mìshū
미슈

선생님
老师
lǎoshī
라오스

교수
教授
jiàoshòu
찌아쇼우

배우
演员
yǎnyuán
옌위엔

음악가
音乐家
yīnyuèjiā
인위에지아

그래, 인터넷에서 모집하게.
行，网上招聘吧！
Xíng, wǎng shàng zhāopìn bā!
싱 왕샹 쟈오핀바

직업 ②

연주가
演奏家
yǎnzòujiā
옌조우지아

화가
画家
huàjiā
화지아

예술가
艺术家
yìshùjiā
이슈지아

운전기사
司机
sījī
쓰지

세관원
海关人员
hǎiguānrényuán
하이꽌런위엔

농부
农夫
nóngfū
농푸

어부
渔夫
yúfū
위푸

장사꾼
生意人
shēng · yirén
셩이런

회사원
上班族
shàngbānzú
샹빤쥬

은행원
银行职员
yínhángzhíyuán
인항즈위엔

기장
机长
jīzhǎng
찌쟝

스튜어디스
女乘务员
nǚchéngwùyuán
뉘쳥우위엔

택배를 언제 불렀나요? 어째서 아직 안 오는 거죠?
你什么时候叫的快递? 怎么还不来啊?
Nǐ shénmeshíhòu jiào de kuàidì? zěnme hái bù lái a?
니 션머스호 찌아오더 콰이띠? 젼머 하이부추라이아

职业 zhíyè 쯔예 ②

보안원
保安人员
bǎo'ānrényuán
바오안런위엔

아파트관리원
物业人员
wùyèrényuán
우예런위엔

택배기사
快递员
kuàidìyuán
콰이띠위엔

아르바이트
打工
dǎgōng
다꽁

서비스직원
服务员
fúwùyuán
푸우위엔

목수
木匠
mù · jiang
무찌앙

인테리어 기사
装潢人员
zhuānghuáng rényuán
좡황 런위엔

디자이너
设计人员
shèjìrényuán
셔지런위엔

전기기사
电工
diàngōng
띠엔공

기자
记者
jìzhě
찌져

편집장
编辑人
biānjí rén
삐엔지런

건축가
建筑师
jiànzhùshī
찌엔쥬스

예술가의 길을 걷다.
走上艺术家的道路。
Zǒu shàng yìshùjiā de dàolù.
조우 쌍 이쑤찌아 더 따오 루

Unit 06 직업 ③

회계사
会计师
kuàijìshī
콰이지스

보험설계사
保险代理人
bǎoxiǎndàilǐrén
바오시엔따이리런

관제사
管制员
guǎnzhìyuán
관쯔위엔

파일럿
飞行员
fēixíngyuán
페이싱위엔

골동품 거래인
古董经销商
gǔdǒngjīngx-
iāoshāng
구동찡샤오샹

고고학자
考古学家
kǎogǔxuéjiā
카오구쉐지아

제빵사
面包师
miànbāoshī
미엔빠오스

이발사
理发师
lǐfàshī
리파스

바텐더
吧台员
bātáiyuán
빠타이위엔

미용사
美容师
měiróngshī
메이롱스

경호원
保镖
bǎobiāo
바오비아오

술집 문지기
门卫
ménwèi
먼웨이

류선생님이 보기엔 어떠세요?
刘医生，您看他怎么样?
Liú yīshēng, nín kàn tā zěnmeyàng?
리우 이썽, 닌 칸타 젼머양

职业 zhíyè 쯔예 ③

벽돌공
砖匠
zhuānjiàng
쥬안찌앙

사업가
实业家
shíyèjiā
스예지아

의사
医生
yīshēng
이셩

간호사
护士
hù · shi
후스

중의 의사
中医医生
zhōngyīyīshēng
죵이이셩

치과의사
牙医
yáyī
야이

약사
药剂师
yàojìshī
야오찌스

영화감독
导演
dǎoyǎn
다오옌

생물학자
生物学家
shēngwùxuéjiā
셩우쉐지아

동물학자
动物学者
dòngwùxuézhě
똥우쉐지아

화학자
化学家
huàxuéjiā
화쉐지아

식물학자
植物学家
zhíwùxuéjiā
즈우쉐지아

나는 의사가 되고 싶다.
我想成为医生。
Wǒ xiǎng chéng wéi yī shēng.
워샹 청웨이이이셩

Unit 07 직업 ④

운동 코치(감독)
教练
jiàoliàn
찌아오리엔

운동선수
运动选手
yùndòngxuǎn-shǒu
윈동 쉔쇼우

요리사
厨师
chúshī
츄스

무용수
舞蹈员
wǔdǎoyuán
우다오위엔

작곡가
作曲者
zuòqǔzhě
쪼오취져

경찰
警察
jǐngchá
징챠

군인
军人
jūnrén
쥔런

공군
空军
kōngjūn
콩쥔

해군
海军
hǎijūn
하이쥔

육군
陆军
lùjūn
루쥔

외교관
外交官
wàijiāoguān
와이쟈오관

소방관
消防人员
xiāofángrényuán
샤오팡런위엔

그는 전문 촬영기사이다
他是专业摄影师。
Tā shì zhuān yè shè yǐng shī .
타스 좐예 셔잉스

职业 zhíyè 쯔예 ④

감정사
鉴定师
jiàndìngshī
찌엔띵스

가정주부
家庭主妇
jiātíngzhǔfù
짜팅쥬푸

보모
保姆
bǎomǔ
바오무

환경미화원
清洁工
qīngjiégōng
칭지에꽁

증권 거래인
证券经纪人
zhèngquànjīng-jìrén
쩡췐찡찌런

기관사
火车司机
huǒchēsījī
호우쳐쓰지

여행 가이드
导游
dǎoyóu
다오요우

호텔리어
酒店经营者
jiǔdiànjīngyíngzhě
지우띠엔찡잉져

사진사
摄影师
shèyǐngshī
셔잉스

스턴트맨
替身演员
tìshēnyǎnyuán
티션옌위엔

가수
歌手
gēshǒu
꺼쇼우

매니져
经纪人
jīngjìrén
찡찌런

그녀는 예전에 가수를 했었다.
她曾经是歌手。
Tā céng jīng shì gē shǒu.
타청징스 꺼쇼우

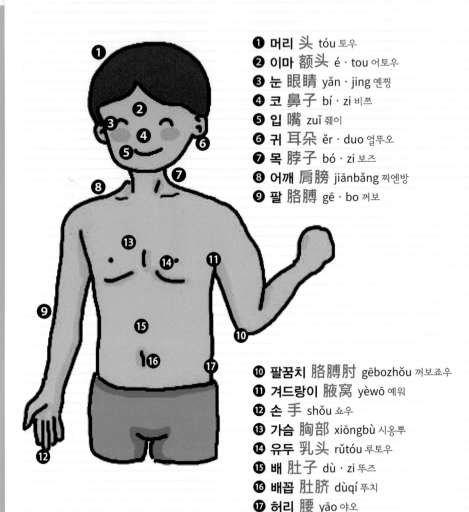

Unit 08

신체 ①

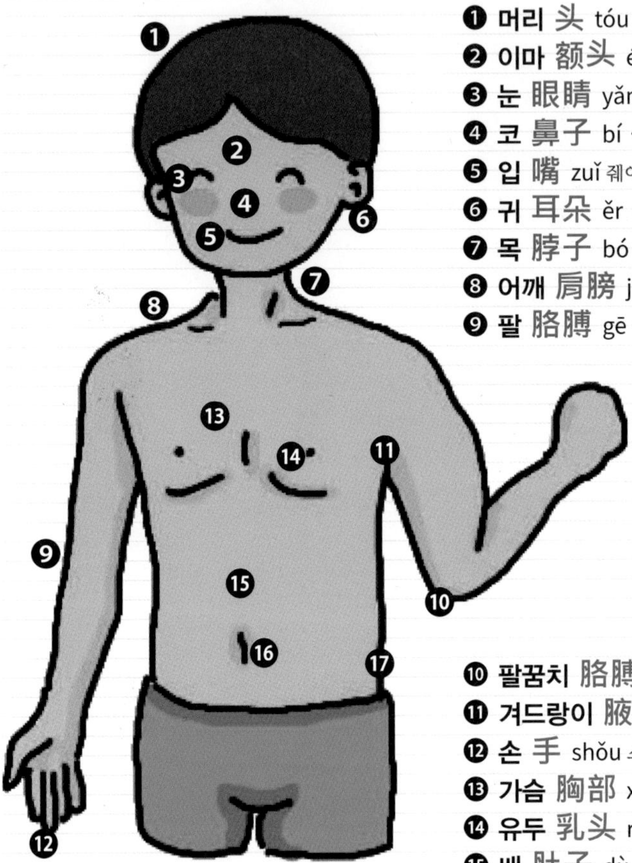

❶ 머리 头 tóu 토우
❷ 이마 额头 é · tou 어토우
❸ 눈 眼睛 yǎn · jing 옌찡
❹ 코 鼻子 bí · zi 비쯔
❺ 입 嘴 zuǐ 쮀이
❻ 귀 耳朵 ěr · duo 얼뚜오
❼ 목 脖子 bó · zi 보즈
❽ 어깨 肩膀 jiānbǎng 찌엔방
❾ 팔 胳膊 gē · bo 꺼보

⑩ 팔꿈치 胳膊肘 gēbozhǒu 꺼보죠우
⑪ 겨드랑이 腋窝 yèwō 예워
⑫ 손 手 shǒu 쇼우
⑬ 가슴 胸部 xiōngbù 시옹뿌
⑭ 유두 乳头 rǔtóu 루토우
⑮ 배 肚子 dù · zi 뚜즈
⑯ 배꼽 肚脐 dùqí 뚜치
⑰ 허리 腰 yāo 야오

너 왜 그래, 어디 안 좋아?
你怎么了？不舒服吗？
Nǐ zěnme le? bù shūfú ma?
니젼머러? 뿌슈푸마

身体 shēntǐ 썬티 ①

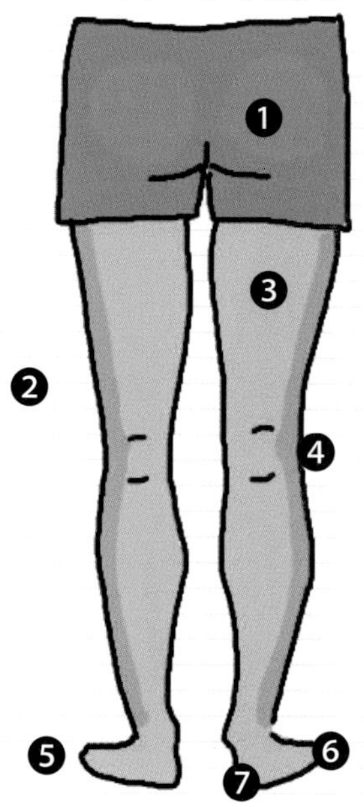

❶ 엉덩이 屁股 pì · gu 피구
❷ 다리 腿 tuǐ 퇴이
❸ 허벅지 大腿 dàtuǐ 따퇴이
❹ 무릎 膝盖 xīgài 시까이
❺ 발 脚 jiǎo 지아오
❻ 발가락 脚指头 jiǎozhǐ · tou 지아오쯔토우
❼ 뒤꿈치 脚后跟 jiǎohòu · gen 지아오호우껀

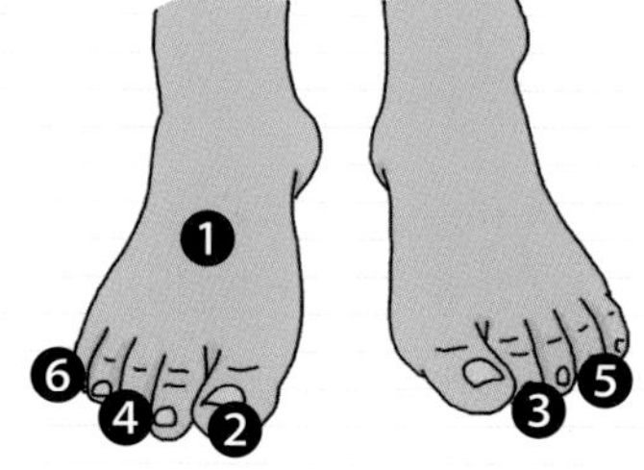

❶ 발등 足背 zúbèi 주뻬이
❷ 엄지발가락 大脚拇趾 dàjiǎomǔzhǐ 따지아오무쯔
❸ 검지발가락 二脚拇趾 èrjiǎomǔzhǐ 얼찌아오무쯔
❹ 중지발가락 中脚拇趾 zhōngjiǎomǔzhǐ 쫑지아오무쯔
❺ 약지발가락 脚无名 jiǎowúmíngzhǐ 찌아오우밍쯔
❻ 새끼발가락 小脚拇趾 xiǎojiǎomǔzhǐ 시아오지아오무쯔

머리가 아파요.
我头疼。
Wǒ tóu téng.
워 토우 텅

Part 01 인간

Unit 09 신체 ②

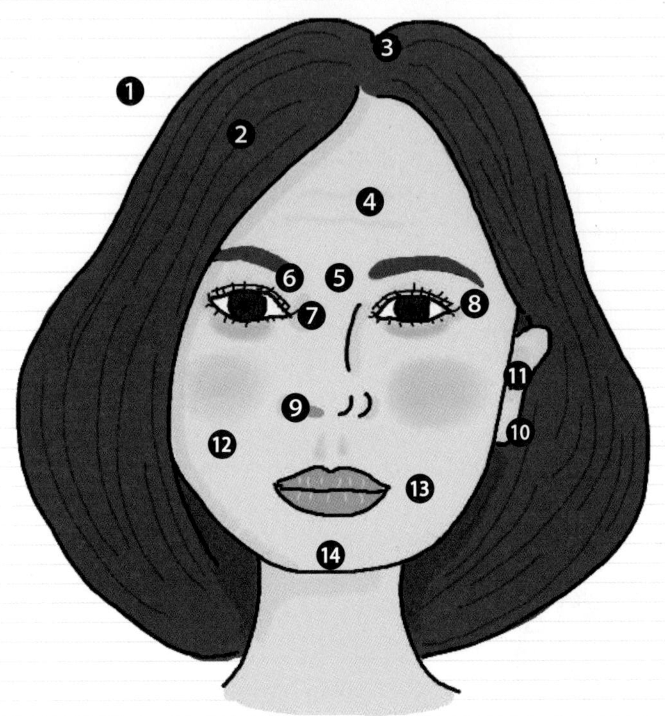

❶ 얼굴 面部 miànbù 미엔뿌
❷ 머리카락 头发 tóu · fa 토우파
❸ 정수리 头顶 tóudǐng 토딩
❹ 이마주름 抬头纹 táitóuwén 타이토우원
❺ 미간 眉间 méijiān 메이지엔
❻ 눈썹 眉毛 méi · mao 메이마오
❼ 속눈썹 睫毛 jiémáo 지에마오
❽ 눈꺼풀 眼皮 yǎnpí 옌피
❾ 콧구멍 鼻孔 bíkǒng 비콩
❿ 귓불 耳垂 ěrchuí 얼췌이
⓫ 귓구멍 耳孔 ěrkǒng 얼콩
⓬ 볼 脸 liǎn 리엔
⓭ 보조개 酒窝 jiǔwō 지우워
⓮ 턱 颚 è 으어

요 며칠 머리가 많이 빠지는 것 같은데, 무슨 안 좋은 일 있니?
你看，这几天头发掉了不少，是不是有心事？
Nǐ kàn zhè jǐtiān tóufa diàole bùshǎo, shìbúshì yǒu xīnshì?
니칸 쩌 지티엔 토우파 땨오러 뿌샤오, 스부스 요우신스

身体 shēntǐ 썬티 ②

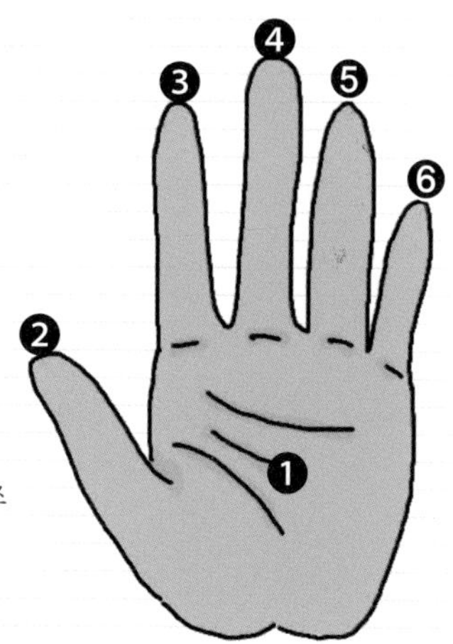

❶ 손바닥 手掌 shǒuzhǎng 쏘우짱
❷ 엄지손가락 拇指 mǔzhǐ 무쯔
❸ 검지손가락 食指 shízhǐ 쓰쯔
❹ 중지손가락 中指 zhōngzhǐ 쫑쯔
❺ 약지손가락 无名指 wúmíngzhǐ 우밍쯔
❻ 새끼손가락 小拇指 xiǎomuzhǐ 시아오무쯔

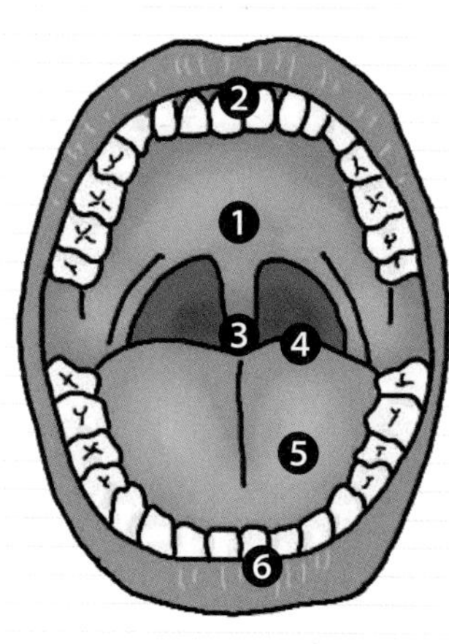

❶ 잇몸 牙龈 yáyín 야인
❷ 입술 嘴唇 zuǐchún 쮀이춘
❸ 목젖 悬雍垂 xuányōngchuí 쉔용췌이
❹ 목구멍 咽喉 yānhóu 옌호우
❺ 혀, 혓바닥 舌头 shé · tou 셔토우
❻ 이빨 牙齿 yáchǐ 야츠

딸이 인후염에 잘 걸려요.
女儿经常患咽喉炎。
Nǚ ér jīng cháng huàn yān hóu yán.
뉘얼 징챵 환 옌호우옌

Unit 10 신체 ③

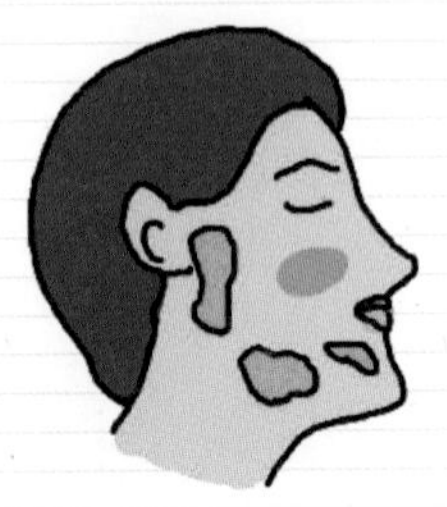

침샘 唾腺 tuòxiàn 투오시엔

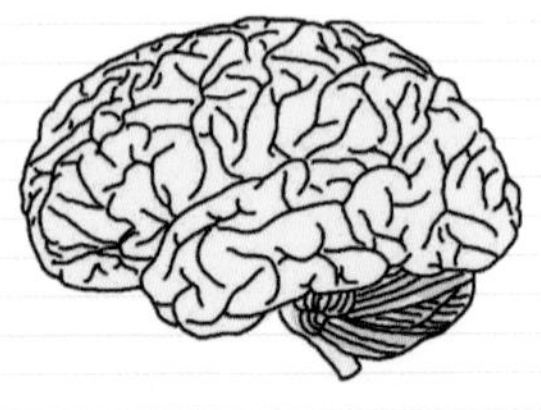

뇌 大脑 dànǎo 따나오

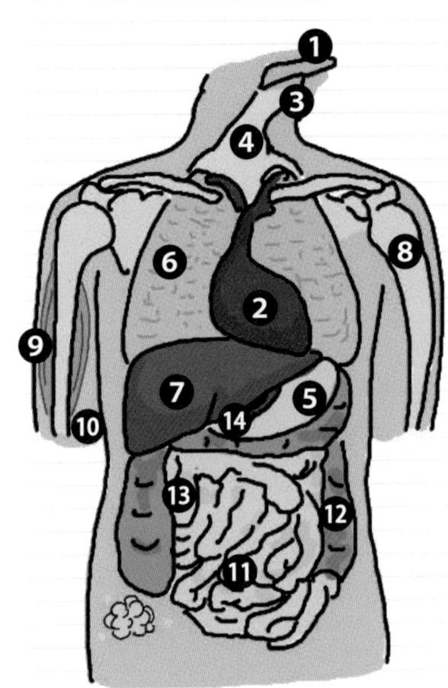

❶ 갑상선 甲状腺 jiǎzhuàngxiàn 쟈좡시엔
❷ 심장 心脏 xīnzàng 씬장
❸ 기관지 支气管 zhīqìguǎn 즈치관
❹ 식도 食道 shídào 스따오
❺ 위 胃 wèi 웨이
❻ 허파 肺部 fèibù 페이뿌
❼ 간 肝 gān 깐
❽ 뼈 骨头 gǔ · tou 구토우
❾ 근육 肌肉 jīròu 찌로우
❿ 지방 脂肪 zhīfáng 즈팡
⓫ 소장 小肠 xiǎocháng 샤오창
⓬ 대장 大肠 dàcháng 따창
⓭ 십이지장 十二指肠 shí'èrzhǐcháng 스얼즈챵
⓮ 쓸개 胆 dǎn 단

술 많이 먹으면 간만 나빠지는 거 아니다!
酒喝的太多，伤的不仅是肝！
Jiǔ hē de tàiduō, shāng de bùjǐnshì gān!
지우 허 더 타이도, 샹 더 부진스 깐

身体 shēntǐ 썬티 ③

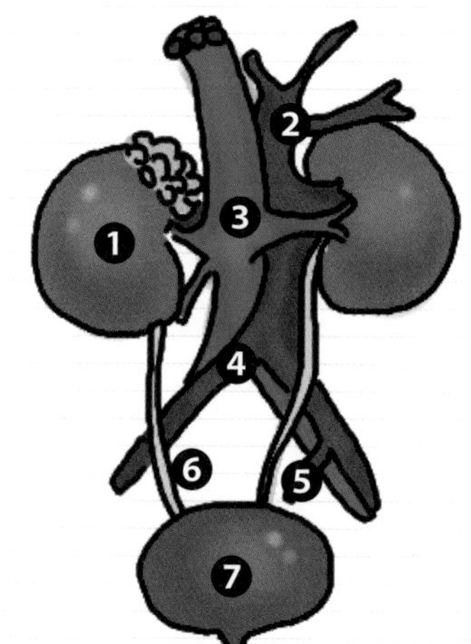

❶ **콩팥** 肾 shèn 션
❷ **동맥** 动脉 dòngmài 동마이
❸ **정맥** 静脉 jìngmài 찡마이
❹ **혈관** 血管 xuèguǎn 쉐관
❺ **모세혈관** 毛细血管 máoxìxuèguǎn 마오시쉐관
❻ **림프** 淋巴 línbā 린빠
❼ **방광** 膀胱 pángguāng 팡광

혈압
血压
xuèyā
쉐야

혈압을 측정했는데 높으네요.
测完血压偏高。
Cè wán xuè yā piān gāo.
처완 쉬에야 피엔까오

Part 02

의식주

Unit 11	의복 ①	Unit 12	의복 ②
Unit 13	화장품	Unit 14	신발
Unit 15	소품	Unit 16	과일
Unit 17	야채 ①	Unit 18	야채 ②
Unit 19	육류	Unit 20	어류
Unit 21	유제품	Unit 22	빵
Unit 23	양념	Unit 24	요리동사
Unit 25	중국 음식 ①	Unit 26	중국 음식 ②
Unit 27	한국 음식 ①	Unit 28	한국 음식 ②
Unit 29	한국 음식 ③	Unit 30	한국 음식 ④
Unit 31	한국 음식 ⑤	Unit 32	세계 음식 ①
Unit 33	세계 음식 ②	Unit 34	집의 부속물
Unit 35	가정용품 ①	Unit 36	가정용품 ②
Unit 37	욕실용품	Unit 38	주방용품 ①
Unit 39	주방용품 ②	Unit 40	전자제품 ①
Unit 41	전자제품 ②	Unit 42	가구
Unit 43	인테리어	Unit 44	공구

의복 ①

상의
上衣
shàngyī
샹이

바지
裤子
kù · zi
쿠즈

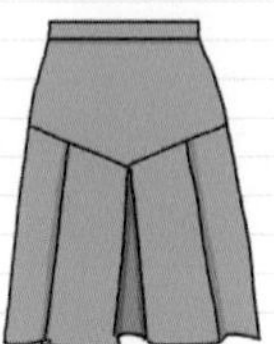

치마
裙子
qún · zi
췬즈

티셔츠
T恤
Txù
티쉬

남방
衬衫
chènshān
쳔샨

레이스 셔츠
蕾丝衬衫
lěisīchènshān
레이쓰쳔샨

재킷
夹克
jiākè
쟈커

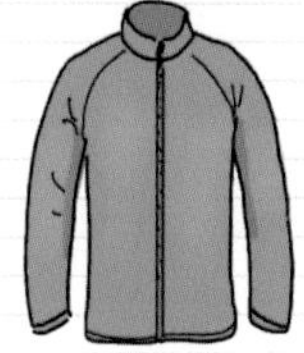

바람막이
披风
pīfēng
피펑

조끼
背心
bèixīn
빼이씬

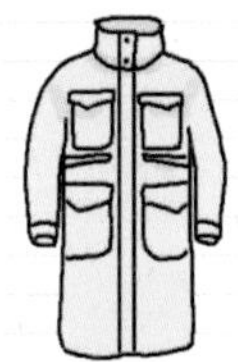

패딩
棉衣
miányī
미엔이

오리털
羽绒
yǔróng
위롱

거위털
鹅绒
éróng
어롱

이거 덕 다운인가요?
这是鸭绒的吗?
Zhè shì yāróng de ma?
져스 야롱더마

服装 fúzhuāng 푸쭈앙 ①

슈트
西服
xīfú
시푸

스웨터
毛衣
máoyī
마오이

가죽옷
皮衣
píyī
피이

코트(모직외투)
毛呢外套
máoníwàitào
마오니와이타오

바바리
风衣
fēngyī
펑이

후드티
卫衣
wèiyī
웨이이

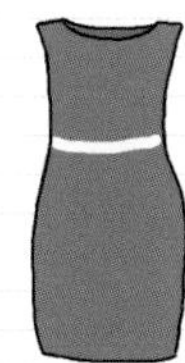

민소매 원피스
吊带连衣裙
diàodàiliányīqún
띠아오따이리엔이췬

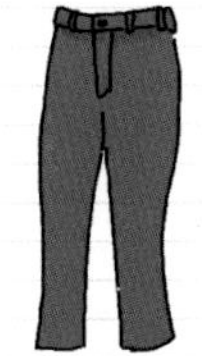

칠부바지
七分裤
qīfēnkù
치펀쿠

반바지
短裤
duǎnkù
두안쿠

긴바지
长裤
chángkù
챵쿠

청바지
牛仔裤
niúzǎikù
니우쟈이쿠

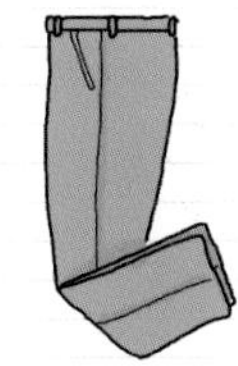

면바지
棉裤
miánkù
미엔쿠

아니요, 그것은 구스다운이에요.
不是，那是鹅绒的。
Búshì, nà shì éróng de.
부스 나스어롱더

Unit 12 의복 ②

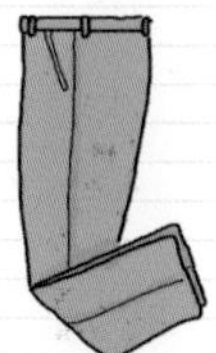

캐주얼 바지
休闲裤
xiūxiánkù
시우시엔쿠

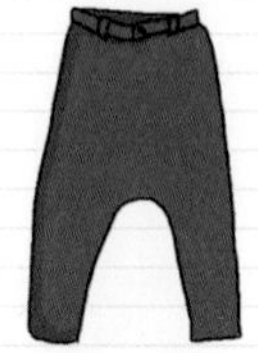

배기바지
哈伦裤
hālúnkù
하룬쿠

츄리닝 바지
运动裤
yùndòng kù
윈동쿠

점프 바지
连体裤
liántǐkù
리엔티쿠

원피스
连衣裙
liányīqún
리엔이췬

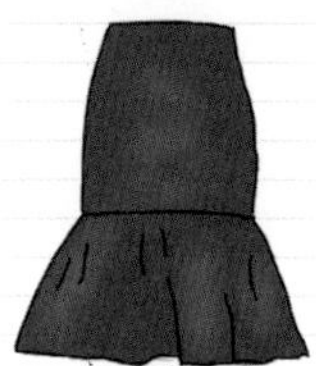

스커트
半身裙
bànshēnqún
빤션췬

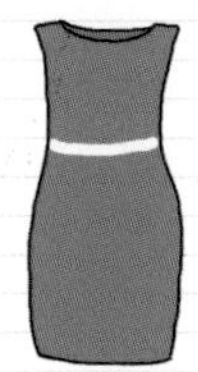

민소매 원피스
吊带裙
diàodàiqún
띠아오따이췬

정장
正装
zhèngzhuāng
쩡쫭

캐주얼
休闲装
xiūxiánzhuāng
시우시엔쫭

패션
时尚
shíshàng
스샹

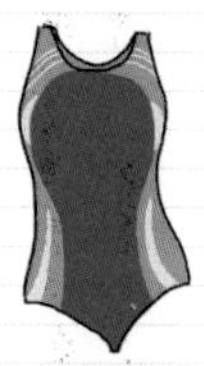

수영복
泳衣
yǒngyī
용이

비키니
比基尼
bǐjīní
비지니

오늘 추워졌네, 내복 입어야겠다.
今天降温了，我得穿秋衣了。
Jīntiān jiàngwēnle, wǒ děi chuān qiū yī le.
진티엔 짱원러, 워 데이 촨치우 이 러

服装 fúzhuāng 푸쭈앙 ②

파자마
睡衣裤
shuìyīkù
쉐이쿠

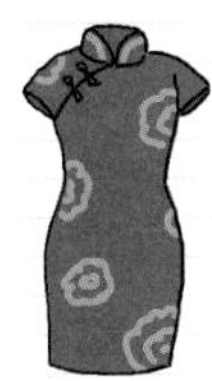

중국 전통 원피스
旗袍
qípáo
치파오

한복
韩服
hánfú
한푸

가디건
开衫
kāishān
카이샨

내의
内衣
nèiyī
네이이

내복
秋衣
qiūyī
치우이

허리띠
腰带
yāodài
야오따이

넥타이
领带
lǐngdài
링따이

양말
袜子
wà · zi
와즈

스타킹
丝袜
sīwà
쓰와

레깅스
打底裤
dǎdǐkù
다디쿠

웨딩드레스
婚纱
hūnshā
훈샤

오늘 아침에 새 스타킹을 신었는데, 오후에 바로 뜯어졌어.
今天早上刚穿上新买的丝袜，下午就破了。
Jīn tiān zǎo shàng gāng chuān shàng xīn mǎi de sī wà, xià wǔ jiù pò le.
찐티엔 쟈오샹 깡 추안샹 신마이더 쓰와, 샤우찌우포러

Unit 13 화장품

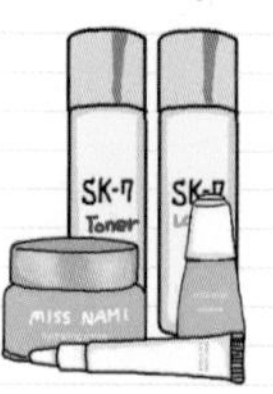

기초화장품
基础系列
jīchǔxìliè
찌추시리에

스킨
护肤水
hùfūshuǐ
후푸쉐이

로션
护肤霜
hùfūshuāng
후푸슈앙

크림
护肤乳
hùfūrǔ
후푸루

에센스
精华
jīnghuá
찡화

아이크림
眼霜
yǎnshuāng
옌슈앙

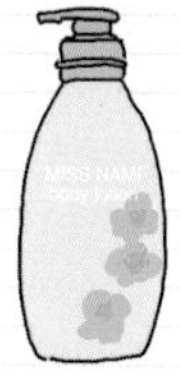

바디로션
身体乳
shēntǐrǔ
션티루

핸드크림
护手霜
hùshǒushuāng
후쇼우슈앙

립글로스
润唇膏
rùnchúngāo
룬춘까오

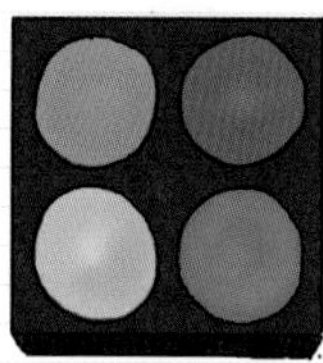

색조
彩妆
cǎizhuāng
챠이쥬앙

아이섀도
眼影
yǎnyǐng
옌잉

립스틱
口红
kǒuhóng
커우홍

본 세트는 스킨, 로션, 아이크림, 에센스로 구성되어 있습니다.
这套是由护肤水、护肤乳、眼霜、精华组成的。
Zhètàoshì yóuhùfūshuǐ, hùfūrǔ, yǎnshuāng, jīnghu zǔchéngde.
저타오스 요우후푸쉐이, 후푸루, 옌샹, 찡화주정더

化妆品 huàzhuāngpǐn 후아쭈앙핀

아이브로펜슬
眉笔
méibǐ
메이비

마스카라

睫毛膏
jiémáogāo
지에마오까오

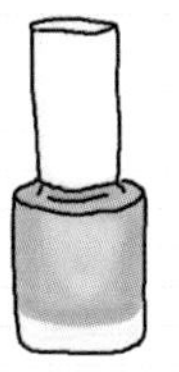

매니큐어
指甲油
zhǐjiǎyóu
즈지아요우

비누
香皂
xiāngzào
시앙짜오

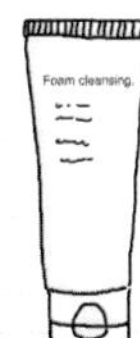

클렌징 폼
洗面奶
xǐmiànnǎi
시미엔나이

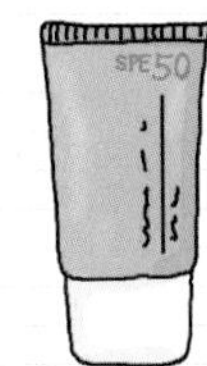

선블록
防晒霜
fángshàishuāng
팡샤이슈앙

BB크림
BB霜
BBshuāng
비비슈앙

보습
保湿
bǎoshī
바오스

수복
修复
xiūfù
시우푸

안티에이징
抗老
kànglǎo
캉라오

주름방지
抗皱
kàngzhòu
캉쪼우

쿠션
气垫
qìdiàn
치띠엔

아세톤으로 매니큐어를 지웠다.
我用洗甲水去掉指甲油。
Wǒ yòng xǐ jiǎ shuǐ qù diào zhǐ jiǎ yóu.
워 용 시쟈쉐이 취띠아오 즈쟈요우

Unit 14 신발

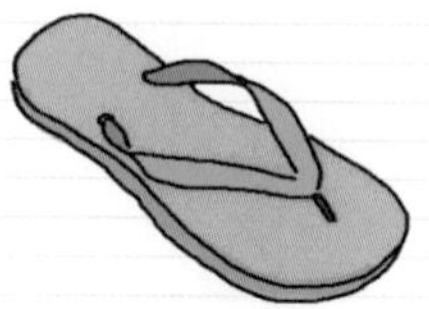

부츠
靴子
xuē · zi
쉐즈

쪼리
人字拖
rénzìtuō
런쯔투오

카우보이 부츠
牧童靴
mùtóngxuē
무통쉐

플랫
平跟鞋
pínggēnxié
핑껀시에

플립 플롭스
拖鞋
tuōxié
투오시에

하이힐
高跟鞋
gāogēnxié
까오껀시에

간편화
平底便鞋
píngdǐbiànxié
핑띠삐엔시에

통굽 구두
厚底鞋
hòudǐxié
호우띠시에

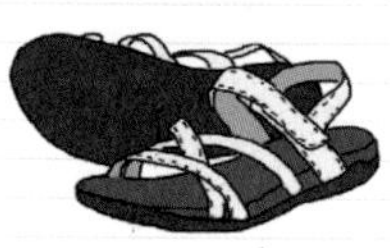

펌프스
泵鞋
bèngxié
뻥시에

운동화
运动鞋
yùndòngxié
윈똥시에

샌들
凉鞋
liángxié
리앙시에

스니커즈
轻便鞋
qīngbiànxié
칭삐엔시에

너는 신발 사이즈가 어떻게 되니?
你穿多大的鞋?
Nǐ chuān duō dà de xié?
니찬도따더시에

鞋 xié 시에

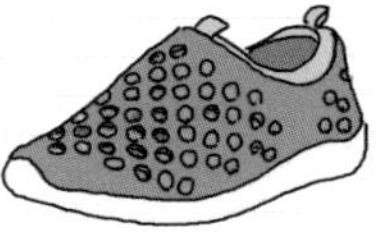

장화	평상화	아쿠아슈즈	캔버스화
雨靴	休闲鞋	沙滩鞋	帆布鞋
yǔxuē	xiūxiánxié	shātānxié	fānbùxié
위쉐	시우시엔시에	샤탄시에	판뿌시에

등산화	축구화	조깅화	농구화
登山鞋	足球鞋	慢跑鞋	篮球鞋
dēngshānxié	zúqiúxié	mànpǎoxié	lánqiúxié
떵샨시에	쥬치우시에	만파오시에	란치우시에

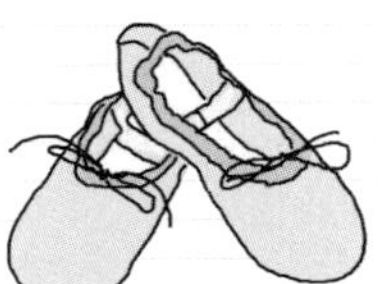

테니스화	야구화	발레화	구두
网球鞋	棒球鞋	芭蕾鞋	皮鞋
wǎngqiúxié	bàngqiúxié	bālěixié	píxié
왕치우시에	빵치우시에	빠레이시에	피시에

나는 39를 신어.
我穿39的。
Wǒ chuān sānjiǔ de.
워 촨 싼지우더

Unit 15 소품

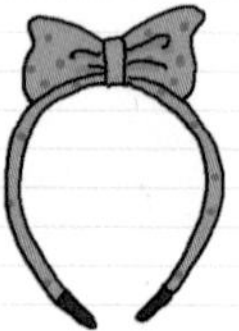

모자	머리핀	머리띠	헤어밴드
帽子	发夹	头绳	发带
mào · zi	fàjiā	tóushéng	fàdài
마오즈	파쟈	토우셩	파따이

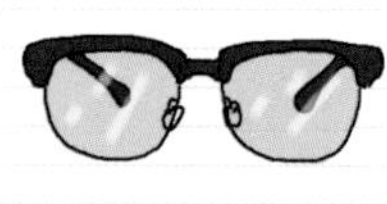

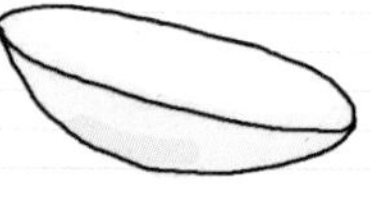

안경	선글라스	콘택트렌즈	눈가리개
眼镜	太阳镜	隐形眼镜	眼罩
yǎnjìng	tàiyángjìng	yǐnxíngyǎnjìng	yǎnzhào
옌찡	타이양찡	인싱옌찡	옌쨔오

마스크	귀마개	귀걸이	목걸이
口罩	护耳	耳环	项链
kǒuzhào	hù'ěr	ěrhuán	xiàngliàn
코우쟈오	후얼	얼환	샹리엔

지금 비상시국이야, 어디를 가든, 꼭 마스크는 써라.

现在是非常时期，不管你在哪，一定要戴口罩。

Xiànzài shì fēicháng shíqī, bùguǎn nǐ zài nǎ, yídìng yào dài kǒuzhào.

시엔짜이 스 페이챵스치, 뿌관 니 짜이 나, 이띵 야오 따이 코우쟈오

物品 wùpǐn 우핀

스카프
领巾
lǐngjīn
링진

목도리
围巾
wéijīn
웨이진

넥타이
领带
lǐngdài
링따이

벨트
腰带
yāodài
야오따이

팔찌
手镯
shǒuzhuó
쇼우죠

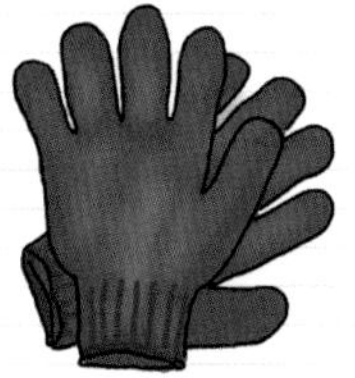

장갑
手套
shǒutào
쇼우타오

벙어리장갑
连指手套
liánzhǐshǒutào
리엔즈쇼우타오

반지
戒指
jiè · zhi
찌에즈

손목시계
手表
shǒubiǎo
쇼우비아오

양말
袜子
wà · zi
와즈

스타킹
丝袜
sīwà
쓰와

발찌
脚链
jiǎoliàn
지아오리엔

손목시계 엄청 멋지다.
你带的手表很精致。
Nǐ dài de shǒu biǎo hěn jīng zhì.
니따이더 쇼우비아오 헌 찡쯔

과일

수박
西瓜
xīguā
시과

딸기
草莓
cǎoméi
차오메이

포도
葡萄
pú · táo
푸타오

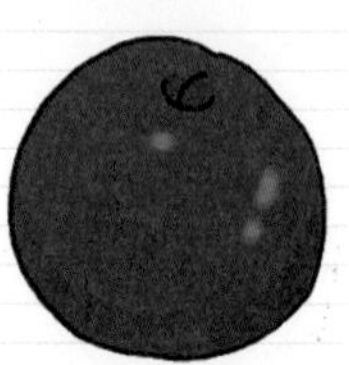

사과
苹果
píngguǒ
핑구오

배
梨
lí
리

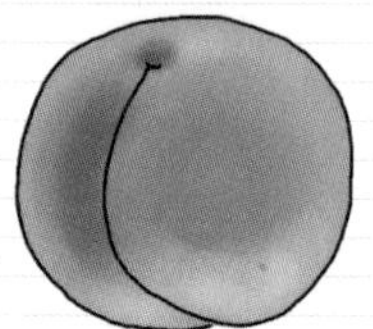

복숭아
桃子
táo · zi
타오즈

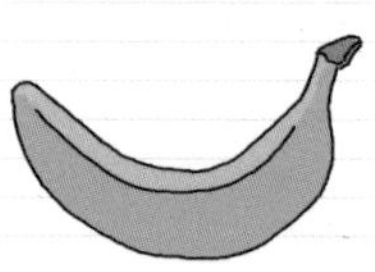

바나나
香蕉
xiāngjiāo
샹지아오

아보카도
鳄梨
èlí
어리

오렌지
橙子
chéng · zi
청즈

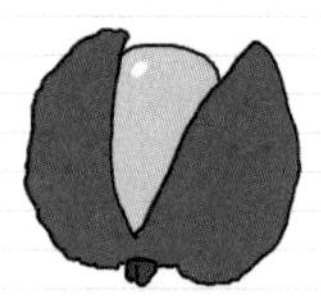

여지
荔枝
lì · zhī
리즈

토마토
西红柿
xīhóngshì
시홍스

용과
火龙果
huǒlóngguǒ
후오롱구오

이 사과 얼마예요?
这苹果多少钱一斤?
Zhè píngguǒ duōshǎo qián yìjīn?
저 핑구오 뚜오샤오 치엔 이진

水果 shuǐguǒ 쒜이궈

블루베리
蓝莓
lánméi
란메이

파인애플
菠萝
bōluó
뽀루오

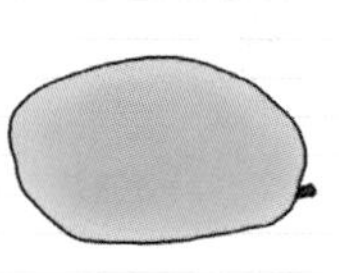

망고
芒果
mángguǒ
망구오

체리
樱桃
yīng · táo
잉타오

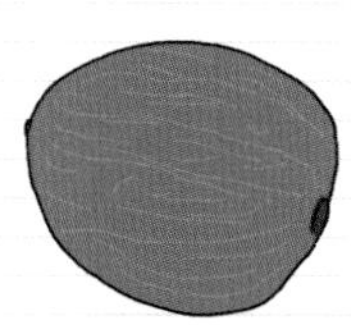

야자
椰子
yē · zi
예즈

모과
木瓜
mùguā
무과

두리안
榴莲
liúlián
리우리엔

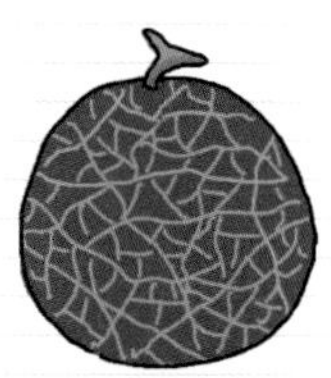

멜론
哈密瓜
hāmìguā
하미과

살구
杏仁
xìngrén
싱런

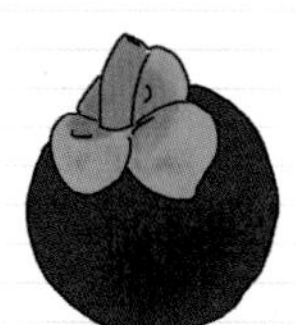

망고스틴
山竹
shānzhú
샨쥬

산사자
山楂
shānzhā
샨자

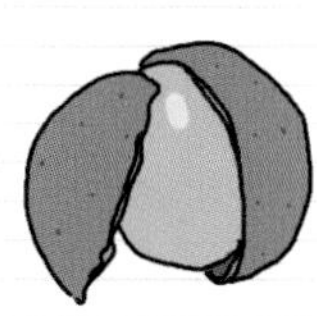

용안
桂圆
guìyuán
꾸이위엔

두리안은 냄새는 심하지만 맛은 정말 맛있다.
榴莲虽然闻起来很臭，但很好吃。
Liú lián suī rán wén qǐ lái hěn chòu, dàn hěn hǎo chī .
리우리엔 쒜이란 원치라이헌초우, 딴 헌하우츠

Unit 17 야채 ①

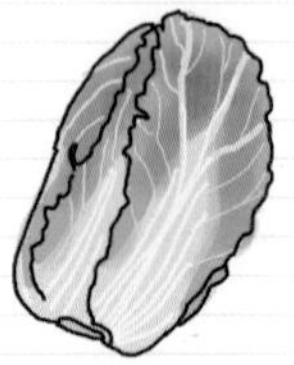

배추
大白菜
dàbáicài
따바이차이

청경채
小白菜
xiǎobáicài
샤오바이차이

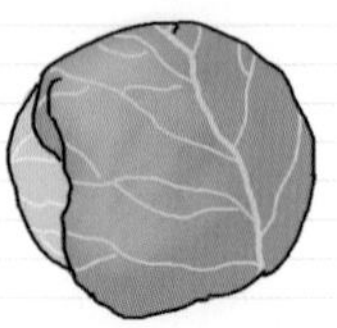

양배추
圆白菜
yuánbáicài
웬바이차이

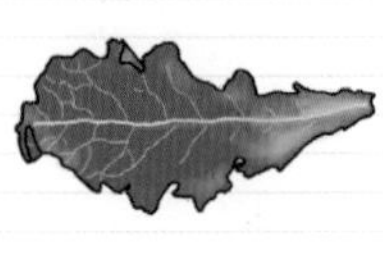

상추
生菜
shēngcài
셩차이

시금치
菠菜
bōcài
뽀차이

부추
韭菜
jiǔcài
지우차이

미나리
芹菜
qíncài
친차이

유맥채
油麦菜
yóumàicài
요우마이차이

쑥갓
茼蒿
tónghāo
통하오

고수
香菜
xiāngcài
샹차이

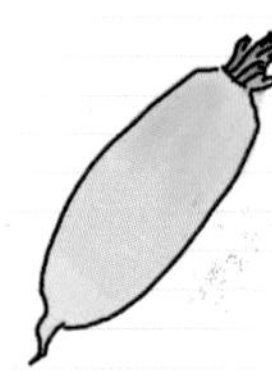

무
萝卜
luó·bo
루오보

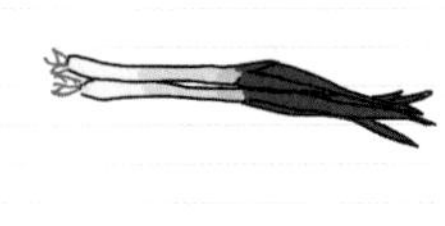

대파
大葱
dàcōng
따총

김치는 한국 특산품이다.
辣白菜是韩国特产。
Là bái cài shì hán guó tè chǎn.
라바이차이스한구오터챤

蔬菜 shūcài 쑤차이 ①

실파
小葱
xiǎocōng
시아오총

양파
洋葱
yángcōng
양총

마늘
大蒜
dàsuàn
따쑤안

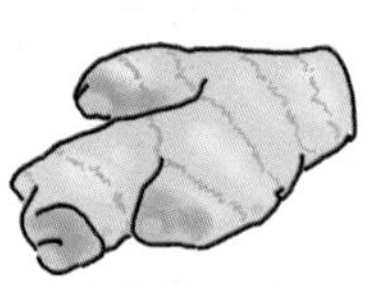

생강
生姜
shēngjiāng
셩찌앙

연근
莲藕
lián'ǒu
리엔오우

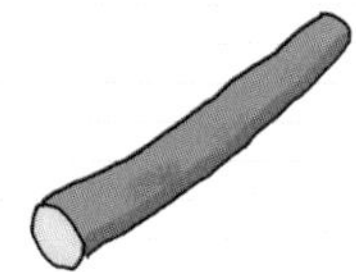

마
山药
shān · yao
샨야오

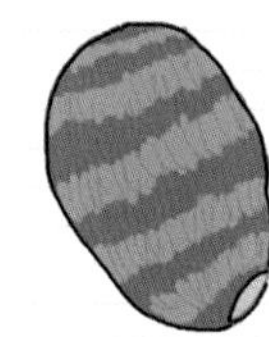

토란
芋头
yù · tou
위토우

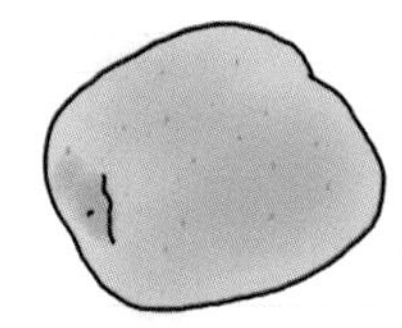

감자
土豆
tǔdòu
투또우

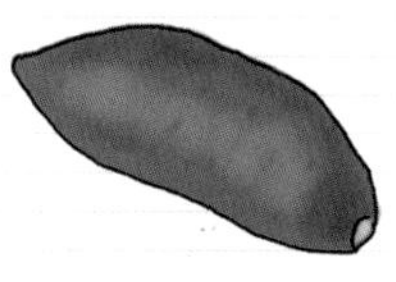

고구마
红薯
hóngshǔ
홍슈

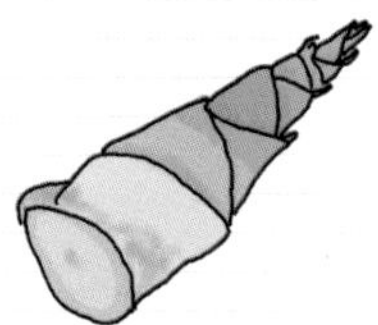

죽순
竹笋
zhúsǔn
쥬쑨

콩나물
豆芽
dòuyá
또우야

숙주나물
绿豆芽
lǜdòuyá
뤼또우야

저녁에 삶은 감자를 먹었다.
晚上吃煮土豆了。
Wǎn shàng chī zhǔ tǔ dòu le.
완샹 츠 쥬 투또우러

Unit 18 야채 ②

고추
辣椒
làjiāo
라지아오

피망
青椒
qīngjiāo
칭지아오

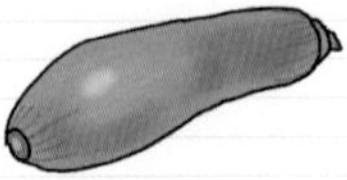

호박
南瓜
nánguā
난과

동과
冬瓜
dōngguā
동과

여주, 쓴 오이
苦瓜
kǔguā
쿠과

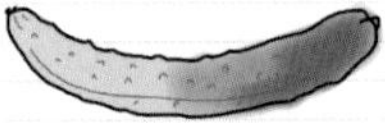

오이
黄瓜
huáng · guā
황과

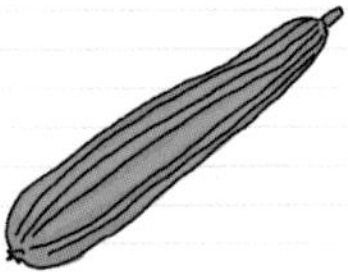

수세미
丝瓜
sī · guā
쓰과

서양 호박
西葫芦
xīhú · lu
시후루

토마토
番茄
fānqié
판치에

가지
茄子
qié · zi
치에쯔

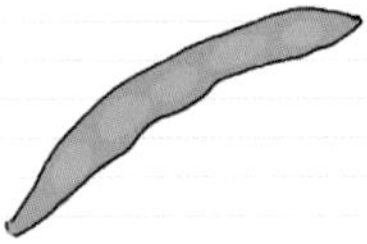

편두
扁豆
biǎndòu
비엔또우

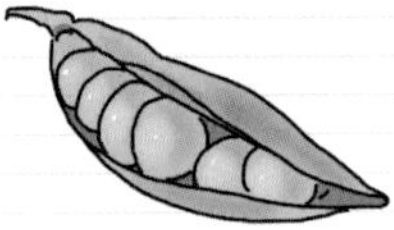

완두
豌豆
wāndòu
완또우

여름엔 여주를 먹어, 열을 제거하는 데 좋아.
夏天吃苦瓜，泻火的。
Xiàtiān chī kǔguā, xièhuǒ de.
샤티엔 츠 쿠과, 씨에후오 더

蔬菜 shūcài 쑤차이 ②

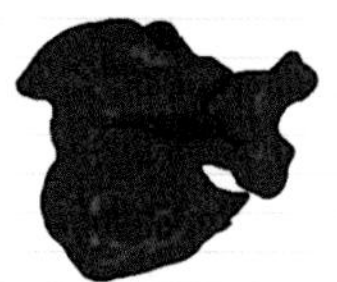

목이버섯
木耳
mùěr
무얼

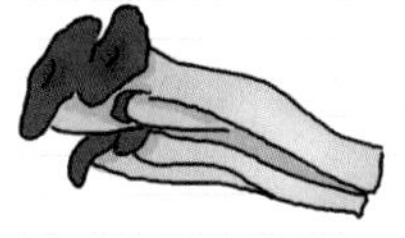

느타리
平菇
pínggū
핑구

팽이버섯
金针菇
jīnzhēngū
진쩡구

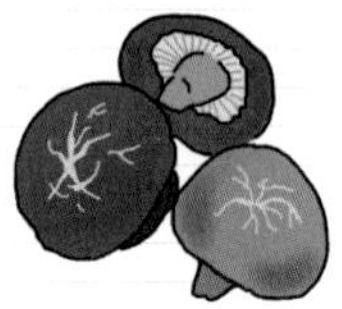

표고버섯
香菇
xiānggū
샹구

아티초크
洋蓟
yángjì
양지

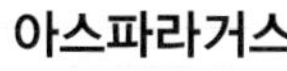

아스파라거스
芦笋
lúsǔn
뤼순

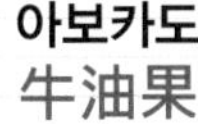

아보카도
牛油果
niúyóuguǒ
니우요우구오

비트
甜根菜
tiángēncài
티엔겅차이

콜리플라워
花椰菜
huāyēcài
후아예차이

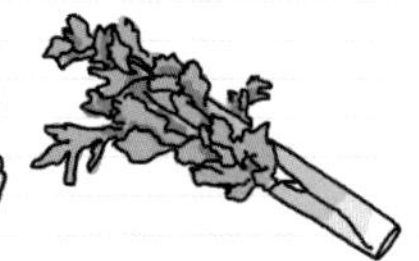

샐러리
芹菜
qíncài
친차 이

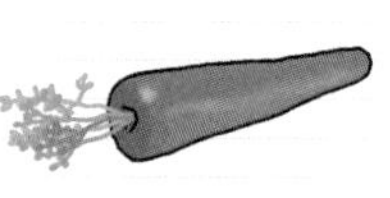

당근
胡萝卜
húluóbo
후루오보

옥수수
玉米
yùmǐ
위미

나는 중국식 가지볶음요리를 좋아해요.
我爱吃中式炒茄子。
Wǒ ài chī zhōngshì chǎo qiézi.
워 아이 츠 쫑쓰 차오 치에즈

Unit 19 육류

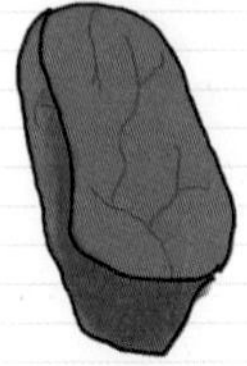

쇠고기
牛肉
niúròu
니우로우

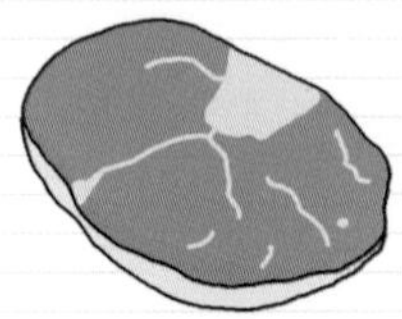

사태
小腿
xiǎotuǐ
시아오퇴이

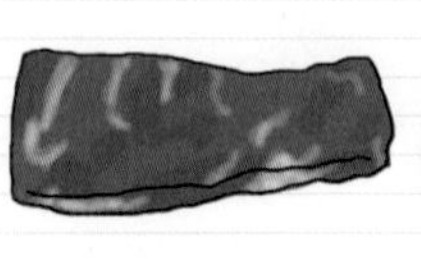

등심
牛里脊肉
niúlǐjǐròu
니우리지로우

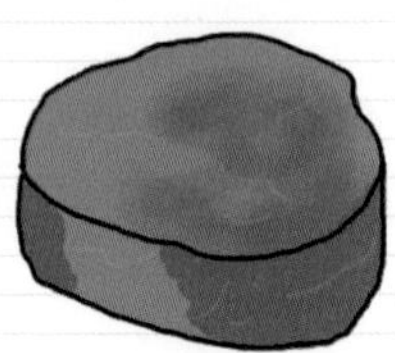

안심
腰肉
yāoròu
야오로우

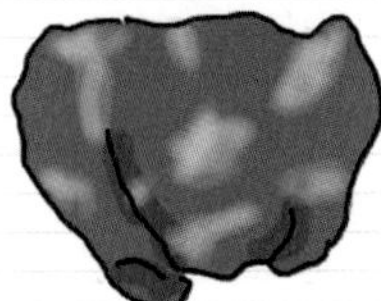

우둔살
牛臀肉
niútúnròu
니우툰로우

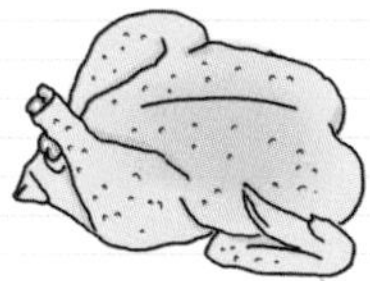

닭고기
鸡肉
jīròu
찌로우

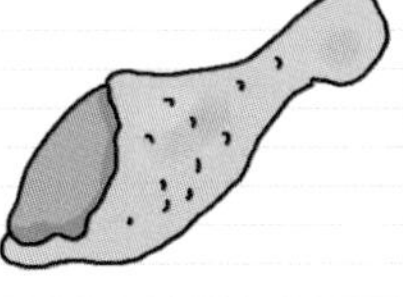

닭다리
鸡腿
jītuǐ
찌퇴이

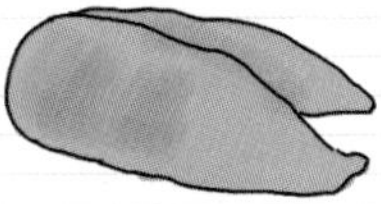

닭 가슴
鸡胸脯
jīxiōngpú
찌시옹푸

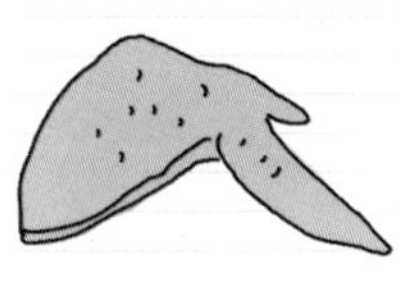

닭 날개
鸡翅
jīchì
찌츠

닭 머리
鸡头
jītóu
찌토우

닭목
鸡脖
jībó
찌보

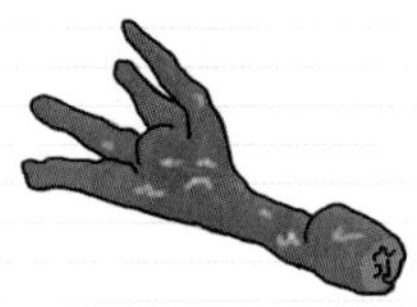

닭발
鸡爪
jīzhuǎ
찌좌

오리목 먹어 봤니?
你吃过鸭脖吗?
Nǐ chī guò yā bó ma?
니 츠 구오 야 보 마

肉类 ròulèi 로우레이

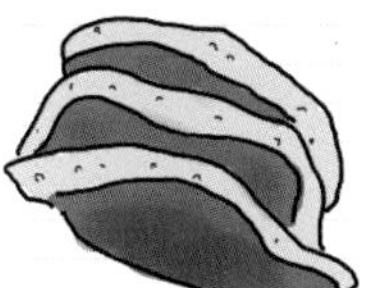

오리
鸭子
yā · zi
야즈

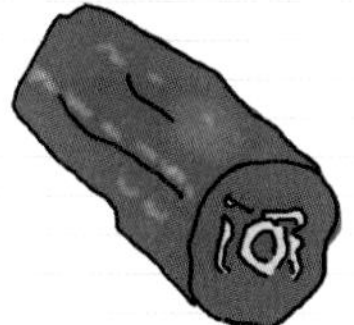

오리목
鸭脖
yābó
야보

오리 혀
鸭舌
yāshé
야셔

새끼양고기
羊肉
yángròu
양로우

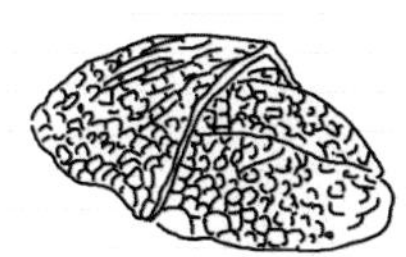

양 내장
羊杂
yángzá
양쟈

잘게 다진 고기
肉末
ròumò
로우모우

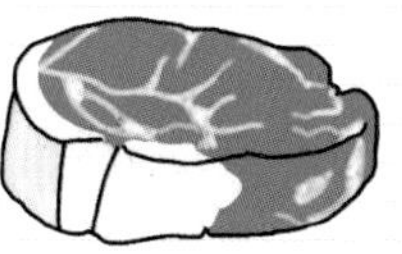

돼지고기
猪肉
zhūròu
쥬로우

족발
猪蹄
zhūtí
쥬티

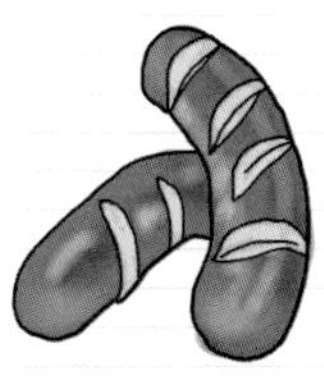

소시지
火腿肠
huǒtuǐcháng
후오투이챵

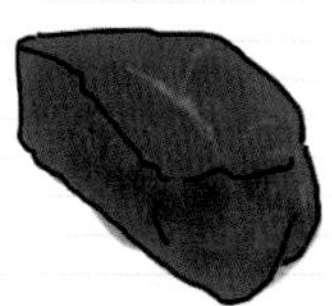

사슴고기
鹿肉
lùròu
루로우

말고기
马肉
mǎròu
마로우

당나귀 고기
驴肉
lǘròu
뤼로우

먹어봤어.
吃过。
Chī guò.
츠 구오

Unit 20 어류

전복	멸치	농어	갈치
鲍鱼	鳀鱼	鲈鱼	带鱼
bàoyú	tíyú	lúyú	dàiyú
빠오위	티위	루위	따이위

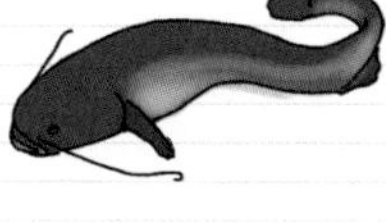

오징어	잉어	메기	대구
鱿鱼	鲤鱼	鲶鱼	鳕鱼
yóuyú	lǐyú	niányú	xuěyú
요우위	리위	니엔위	쉐위

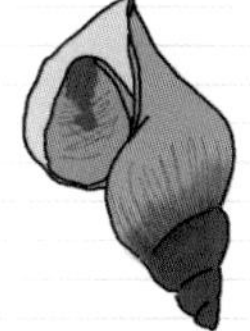

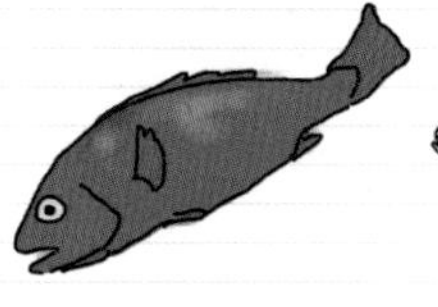

소라	게	조기	붕어
海螺	螃蟹	黄花鱼	鲫鱼
hǎiluó	pángxiè	huánghuāyú	jìyú
하이루오	팡시에	황화위	찌위

오늘 대게가 먹고 싶어요.
今天想吃大螃蟹。
Jīntiān xiǎng chī dà pángxiè.
진 티엔 샹 츠 다 팡시에

鱼类 yúlèi 위레이

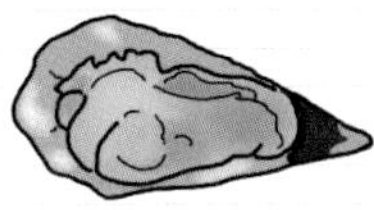

청어
鲱鱼
fēiyú
페이위

바닷가재
龙虾
lóngxiā
롱시아

고등어
鲭鱼
qīngyú
칭위

굴
生蚝
shēngháo
셩하오

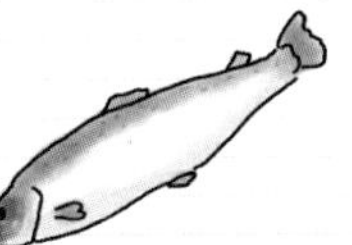

꽁치
秋刀鱼
qiūdāoyú
치우따오위

넙치
牙鲆
yápíng
야핑

명태
明太鱼
míngtàiyú
밍타이위

연어
三文鱼
sānwényú
싼원위

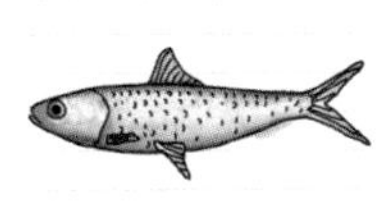

정어리
沙丁鱼
shādīngyú
샤띵위

도미
加级鱼
jiājíyú
지아지위

송어
鳟鱼
zūnyú
쭌위

참치
金枪鱼
jīnqiāngyú
진챵위

참치는 어떻게 해 먹어야 맛있니?
金枪鱼怎么做好吃?
Jīn qiāng yú zěn me zuò hǎo chī?
찐창위 젼머쭈오 하오츠

Unit 21 유제품

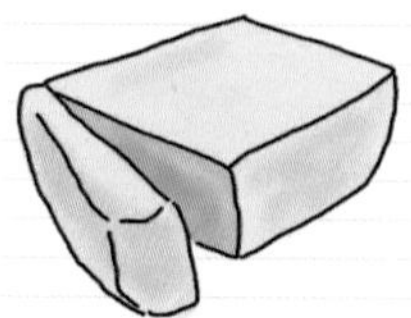

버터
黄油
huángyóu
황요우

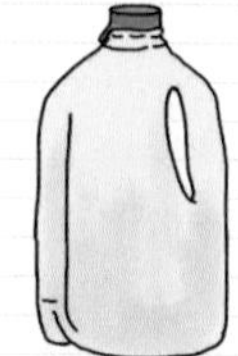

버터밀크
酪乳
làorǔ
라오루

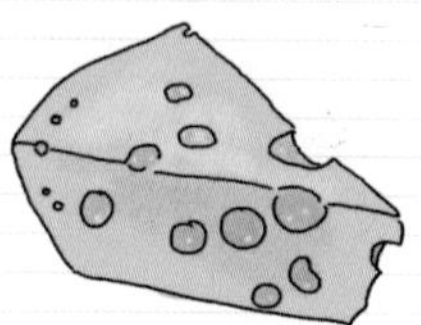

치즈
奶酪
nǎilào
나이라오

연유
炼乳
liànrǔ
리엔루

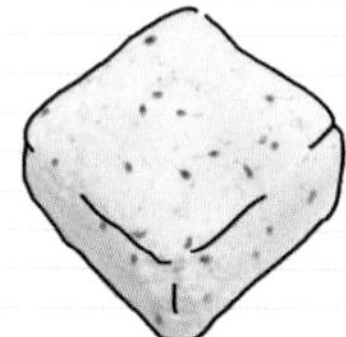

코티지치즈
白干酪
báigānlào
바이깐라오

크림
奶油
nǎiyóu
나이요우

크림치즈
奶油奶酪
nǎiyóunǎilào
나이요우나이라오

크렘프레쉬
酸奶油
suānnǎiyóu
수안나이요우

유제품
乳制品
rǔzhìpǐn
루쯔핀

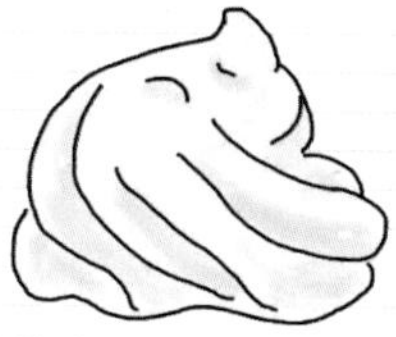

생크림
鲜奶油
xiānnǎiyóu
시엔나이요우

프로마쥬프레
清爽干酪
qīngshuǎnggānlào
칭슈앙깐라오

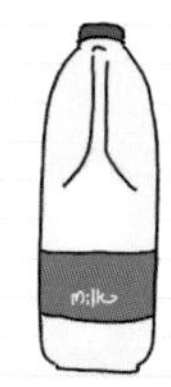

고지방 우유
全脂牛奶
quánzhīniúnǎi
췐즈니우나이

우유 많이 먹고 쑥쑥 커라.
多喝牛奶，长高高。
Duō hē niúnǎi, cháng gāogāo.
뚜오허니우나이, 쟝까오까오

乳制品 rǔzhìpǐn 뤼쯔핀

젤라토
冰淇淋
bīngqílín
삥치린

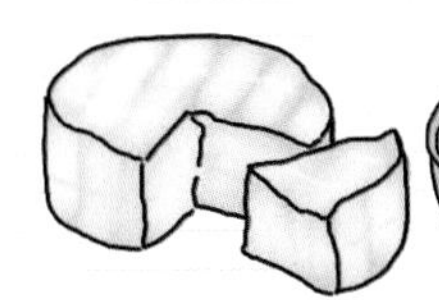

염소 치즈
山羊乳酪
shānyángrǔlào
샨양루라오

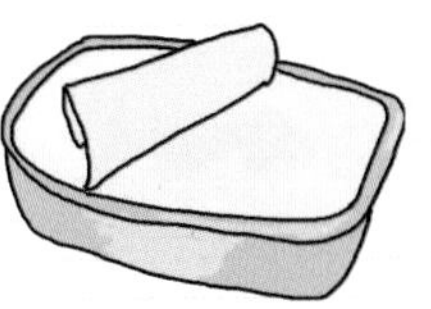

마가린
人造黄油
rénzàohuángyóu
런짜오황요우

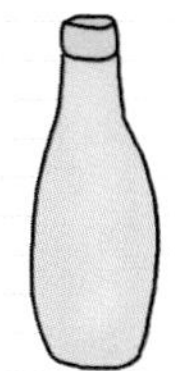

마요네즈
蛋黄酱
dànhuángjiàng
딴황찌앙

우유
牛奶
niúnǎi
니우나이

분유
奶粉
nǎifěn
나이펀

리코타치즈
里科塔奶酪
lǐkētǎnǎilào
리커타나이라오

저지방 우유
低脂牛奶
dīzhīniúnǎi
띠즈니우나이

강화 저지방 우유
脱脂牛奶
tuōzhīniúnǎi
투오즈니우나이

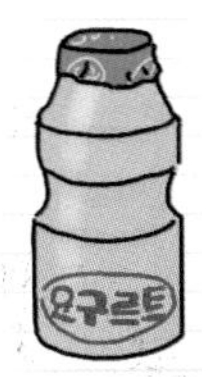

요구르트
酸奶
suānnǎi
쑤안나이

파마산
帕玛森
pàmǎsēn
파마션

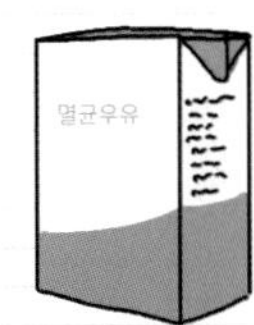

멸균우유
灭菌牛奶
mièjūnniúnǎi
미에쥔니우나이

소화불량인데 우유 먹어도 되나?
消化不良可以喝牛奶吗?
Xiāo huà bú liáng kě yǐ hē niú nǎi ma?
샤오화부량 커이허 니우나이마

Unit 22 빵

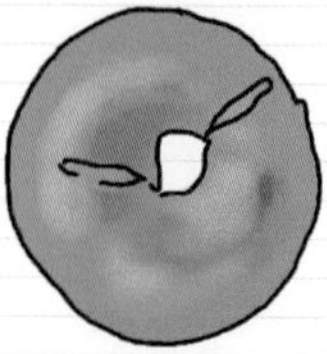

베이글
硬面包圈
yìngmiànbāoquān
잉미엔빠오췐

바게트
法国长面包
fǎguóchángmiàn-bāo
파구오챵미엔빠오

빵가루
泡打粉
pàodǎfěn
파오다펀

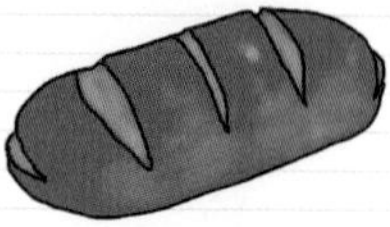

갈색빵
黑面包
hēimiànbāo
헤이미엔빠오

케이크
蛋糕
dàngāo
딴까오

크로와상
羊角面包
yángjiǎomiànbāo
양쟈오미엔빠오

도넛
油炸圈饼
yóuzháquānbǐng
요우쟈췐빙

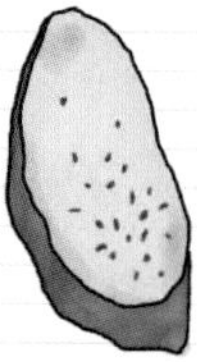

마늘빵
香蒜面包
xiāngsuànmiànbāo
샹쑤안미엔빠오

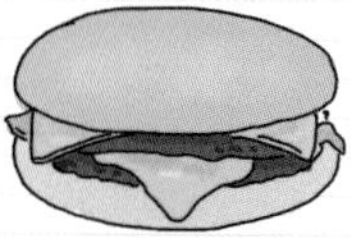

햄버거
汉堡包
hànbǎobāo
한바오빠오

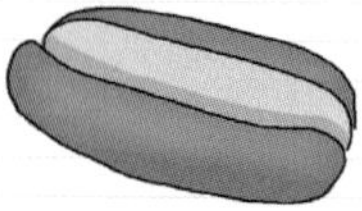

핫도그번
热狗
règǒu
러고우

머핀
玛芬
mǎfēn
마펀

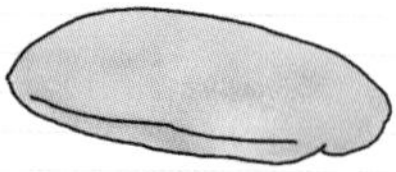

피타브레드(지중해빵)
披塔面包
pītǎmiànbāo
피타미엔빠오

배가 고프네, 뭐 먹을 것 좀 있니?
肚子饿了，家里有什么吃的吗?
Dùzi èle Jiālǐ yǒu shénme chī de ma?
뚜즈 어러, 쨔리 요우 션머 츠 더마

面包 miànbāo 미엔빠오

프레첼
椒盐卷饼
jiāoyánjuǎnbǐng
지아오옌쥐엔빙

롤빵
卷蛋糕
juǎndàngāo
쥐엔딴까오

흑빵
黑面包
hēimiànbāo
헤이미엔빠오

스폰지케이크
松糕
sōnggāo
쏭까오

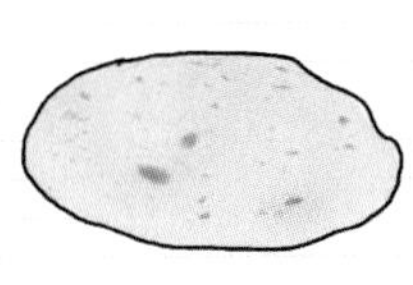

토르티야
玉米粉圆饼
yùmǐfěnyuánbǐng
위미펀위엔빙

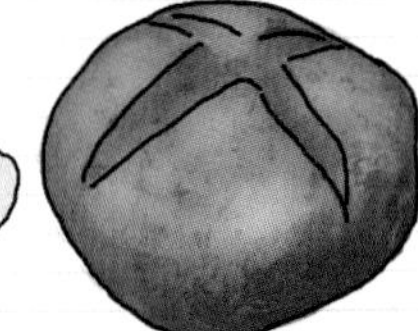

통밀빵
小麦面包
xiǎomàimiànbāo
시아오마이미엔빠오

흰빵
白面包
báimiànbāo
바이미엔빠오

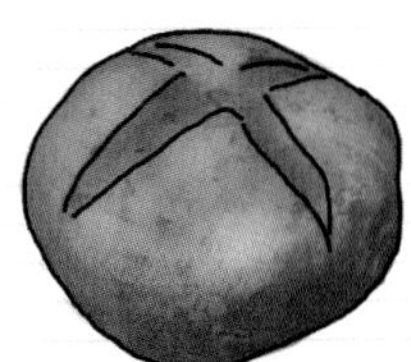

통밀빵
全麦面包
quánmàimiànbāo
췐마이미엔빠오

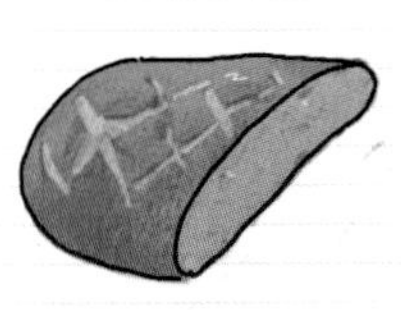

잡곡빵
杂粮面包
záliángmiànbāo
쟈량미엔빠오

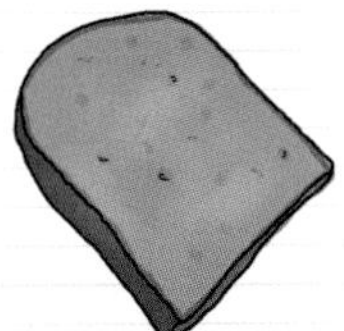

호밀빵
黑麦面包
hēimàimiànbāo
헤이마이미엔빠오

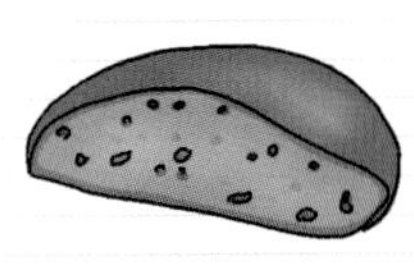

시큼한 빵
酸酵面包
suānjiàomiànbāo
쑤안지아오미엔빠오

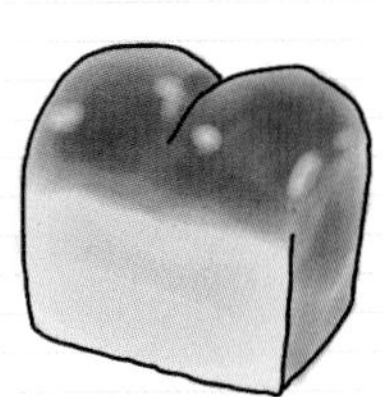

식빵
吐司
tǔsī
투쓰

냉장고 안에 빵이 있어요.
冰箱里有面包。
Bīxiāng lǐ yǒu miànbāo.
삥샹리요우미엔빠오

Unit 23 양념

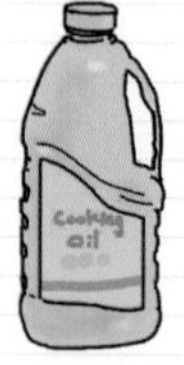

식용유
食用油
shíyòngyóu
스용요우

올리브유
橄榄油
gǎnlǎnyóu
간란요우

후추
胡椒
hújiāo
후쟈오

고추장
辣椒酱
làjiāojiàng
라쟈오쟝

고추기름
辣椒油
làjiāoyóu
라쟈오요우

고춧가루
辣椒面
làjiāomiàn
라쟈오미엔

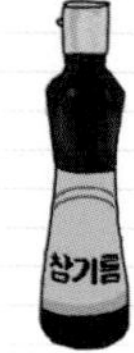

참기름
香油
xiāngyóu
샹요우

간장
酱油
jiàngyóu
쟝요우

된장
大酱
dàjiàng
따쟝

설탕
糖
táng
탕

소금
盐
yán
옌

식초
醋
cù
추

쌀국수 먹어 봤니? 마유 조금 넣으면 더 맛있다.
你吃过米线吗？加点麻油更好吃。
Nǐ chī guò mǐxiàn ma? jiādiǎnmáyóu gèng hǎochī.
니 츠 구오 미셴마? 짜디엔마요우 껑 하오츠

调料 tiáoliào 티아오리아오

묵은 식초
陈醋
chéncù
천추

미주
米酒
mǐjiǔ
미지우

효모
酵母
jiàomǔ
쟈오무

마유
麻油
máyóu
마요우

산초나무
花椒
huājiāo
화쟈오

미원
味精
wèijīng
웨이징

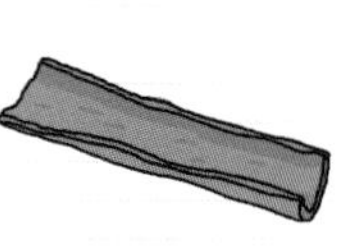

계피
桂皮
guìpí
꾸이피

붓순나무의 열매
大料
dàliào
따랴오

커민
孜然
zīrán
즈란

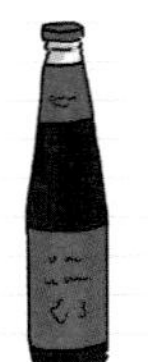

굴소스
蚝油
háoyóu
하오요우

깨장
芝麻酱
zhī · majiàng
즈마찌앙

토마토케첩
番茄酱
fānqiéjiàng
판치에짱

마라탕의 마유와 라유는 어떻게 만들어야 맛있니?
麻辣烫的麻油和辣油怎么做才香?
Má là tàng de má yóu hé là yóu zěn me zuò cái xiāng?
마라탕더 마요우 허 라요우 젼머쭈어 차이샹

Unit 24 요리동사

첨가하다
添加
tiānjiā
티엔찌아

(음식을) 굽다
烤
kǎo
카오

바비큐하다, 숯불 위에 그릴을 얹고 굽다
烧烤
shāokǎo
샤오카오

섞다
混合
hùnhé
훈허

끓이다
煮
zhǔ
쥬

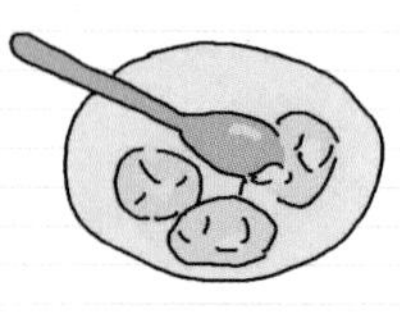

부수다
打碎
dǎsuì
따쑤이

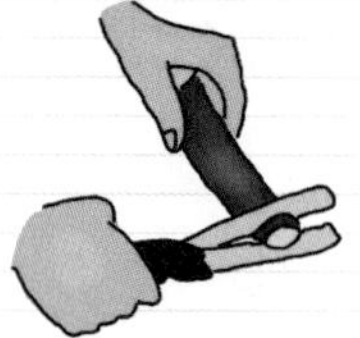

(요리된 큰 고기 덩어리를 먹기 좋게) 저미다, 자르다
切片
qiēpiàn
치에피엔

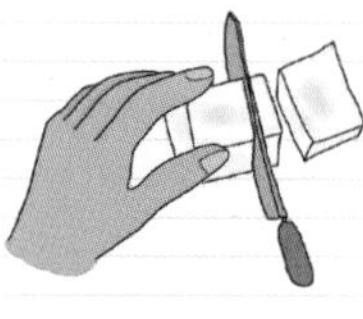

(음식 재료를 토막으로) 썰다
切碎
qiēsuì
치에쒜이

(액체에) 살짝 담그다, 적시다
浸
jìn
찐

(기름에) 굽다, 부치다, 튀기다
炸
zhá
쟈

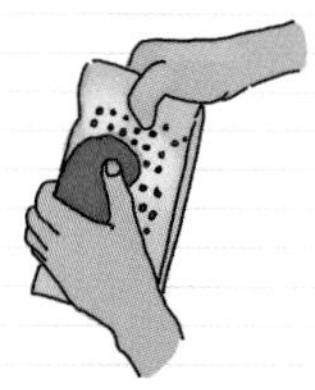

(강판에) 갈다
磨碎
mósuì
모쒜이

녹이다
熔化
rónghuà
롱화

요리할 줄 아는 것 있어?
你会做饭吗?
Nǐ huì zuòfàn ma?
니 후이 쭈어판 마

烹饪类动词 pēngrènlèidòngcí 펑런레이똥츠

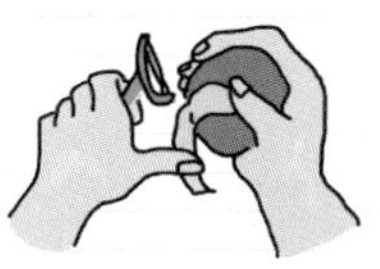

(과일, 채소 등의) 껍질을 벗기다, 깎다
剥皮
bōpí
뽀피

삶다
水煮
shuǐzhǔ
쉐이쥬

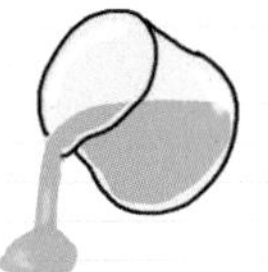

(그릇을 비스듬히 기울이고) 부어 따르다
倾泻
qīngxiè
칭시에

(특히 고기를 오븐 속이나 불 위에 대고) 굽다
烘
hōng
홍

볶다
炒
chǎo
챠오

체로 치다, 거르다
筛
shāi
샤이

(부글부글 계속) 끓이다
炖
dùn
뚠

뿌리다
洒
sǎ
싸

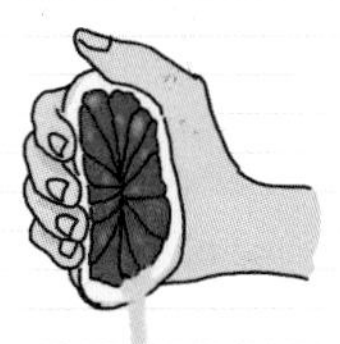

짜내다
榨取
zhàqǔ
쟈취

(음식을) 찌다
蒸
zhēng
쪙

반죽하다, 젓다
搅拌
jiǎobàn
쟈오빤

맛보다
品尝
pǐncháng
핀챵

있지! 계란 볶음밥!
会！蛋炒饭！
Huì! dàn chǎofàn!
후이! 딴 챠오판

중국 음식 ①

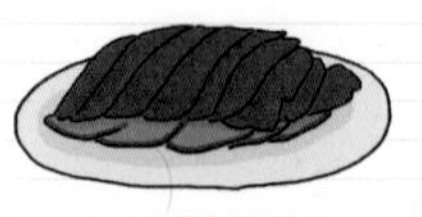

북경오리
北京烤鸭
běijīngkǎoyā
베이징카오야

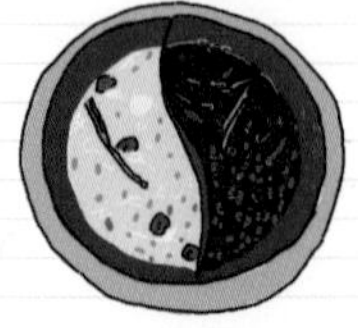

훠궈
火锅
huǒguō
훠궈

옥수수 잣 볶음
松仁鱼米
sōngrényúmǐ
송런위미

꽁빠오지띵
宫保鸡丁
gōngbǎojīdīng
꽁빠오지띵

마파두부
麻婆豆腐
mápódòufu
마포또우푸

위샹로우쓰
鱼香肉丝
yúxiāngròusī
위샹로스

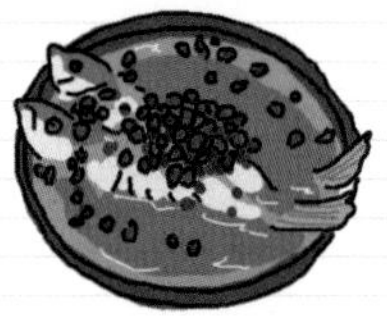

쉐이쥬위
水煮鱼
shuǐzhǔyú
쉐이주위

탕추리지
糖醋里脊
tángcùlǐjǐ
탕추리지

스즈토우
狮子头
shī · zitóu
스즈토우

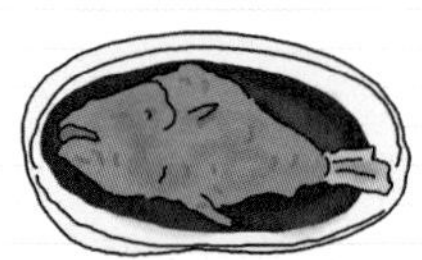

시후추위
西湖醋鱼
xīhúcùyú
시후추위

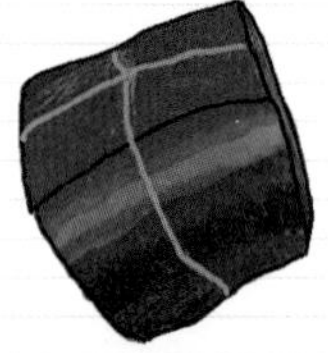

동파육
东坡肉
dōngpōròu
동포로우

포우티아오치앙
佛跳墙
fótiàoqiáng
포티아오치앙

마샤오 먹고 싶다.
我想吃麻小。
Wǒ xiǎng chī má xiǎo.
워 샹 츠 마 샤오

中国料理 zhōngguóliàolǐ 종궈리아오리 ①

라즈지
辣子鸡
làzijī
라즈찌

홍샤우니우로우
红烧牛肉
hóngshāoniúròu
홍샤오니우로우

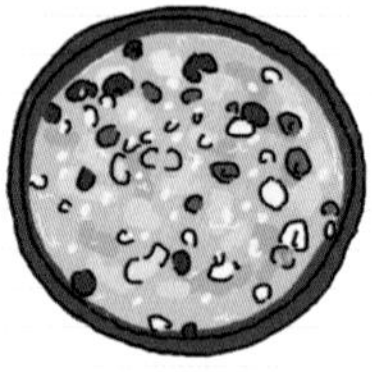

빠바오죠우
八宝粥
bābǎozhōu
빠바오조우

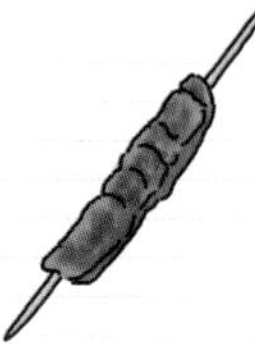

양꼬치
羊肉串
yángròuchuàn
양로우추안

마라꼬치
麻辣串
málàchuàn
마라추안

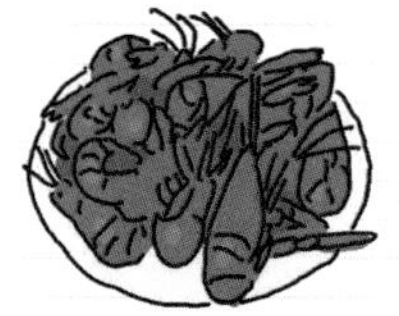

마라가재
麻辣小龙虾
málàxiǎolóngxiā
마라샤오롱샤

마라탕
麻辣烫
málàtàng
마라탕

러우자뭐
肉夹馍
ròujiāmó
로우지아모

탄탄면
担担面
dàndànmiàn
딴딴미엔

탕수육
锅包肉
guōbāoròu
꾸오바오로우

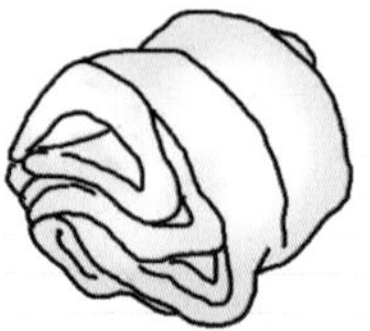

꽃빵
花卷
huājuǎn
화주엔

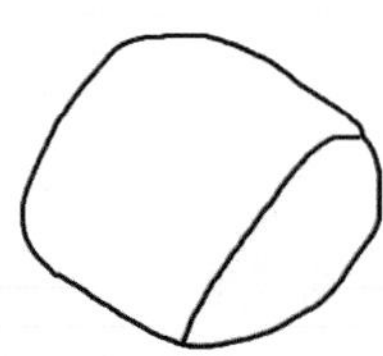

작은 만두
小馒头
xiǎomántou
시아오만토우

탕추리지는 어떻게 만들어야 맛있어?
糖醋里脊怎么做好吃?
Tángcù lǐjí zěnme zuò hǎochī?
탕추 리지 전머 주오 하오츠

Unit 26 중국 음식 ②

오리목
鸭脖
yābó
야보우

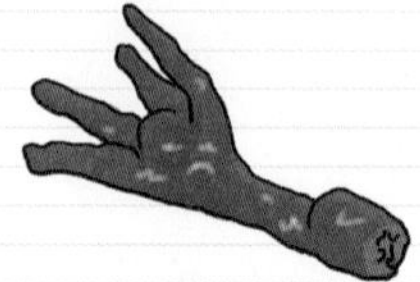

닭발
鸡爪
jīzhuǎ
찌좌

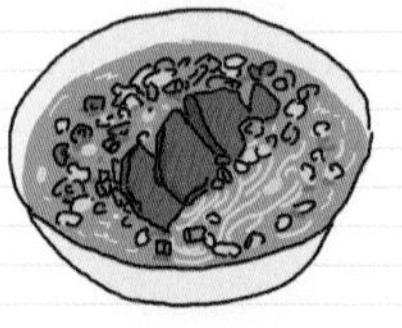

모를 넣은 양고기국
羊肉泡馍
yángròupàomó
양로우파오모

좁쌀가루차
面茶
miànchá
미엔챠

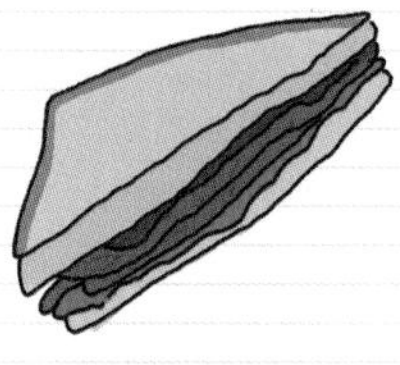

소고기 샌드위치
牛肉罩饼
niúròuzhàobǐng
니우로우쟈오빙

쏸라펀
酸辣粉
suānlàfěn
쑤안라펀

취두부
臭豆腐
chòudòu · fu
쵸우또우푸

훼이미엔
烩面
huìmiàn
훼이미엔

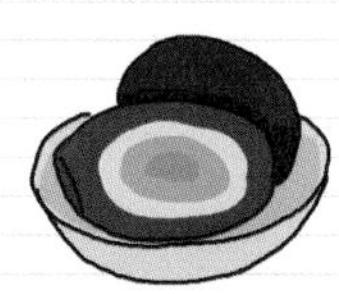

송화단
松花蛋
sōnghuādàn
쏭화딴

거우부리
狗不理包子
gǒubùlǐbāozi
고우부리빠오즈

오리당면탕
鸭血粉丝汤
yāxiěfěnsītāng
야쉐펀스탕

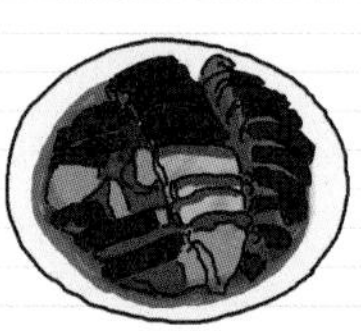

라웨이허정
腊味合蒸
làwèihézhēng
라웨이허쩡

섬서성 가봤으면 양고기국 먹어봤겠다.
你去过陕西，应该吃过羊肉泡馍了?
Nǐ qùguò Shǎnxī, yīnggāi chī guò yángròupàomó le?
니 취구오 샨시, 잉가이 츠 구오 양로우파오모 러

中国料理 zhōngguóliàolǐ 종궈리아오리 ②

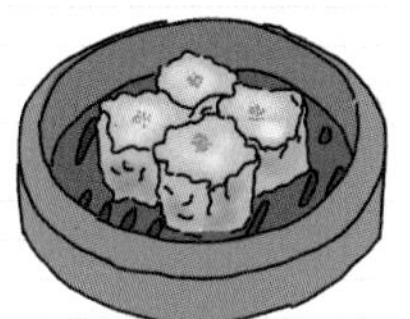

딤섬
点心
diǎnxin
디엔신

월병
月饼
yuèbǐng
위에삥

물만두
饺子
jiǎozi
쟈오즈

훈툰
馄饨
húntun
훈툰

볶음국수
炒面
chǎomiàn
차오미엔

탕수어
糖醋鱼
tángcùyú
탕추위

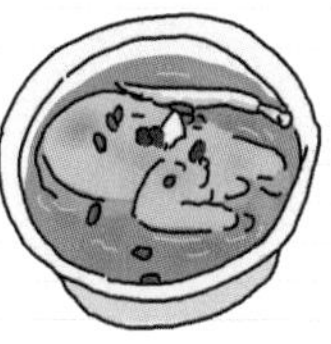

후에이룽탕
飞龙汤
fēilóngtāng
페이롱탕

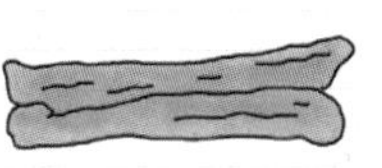

요우티아오
油条
yóutiáo
요우티아오

동안즈지
东安子鸡
Dōngānzǐjī
똥간즈지

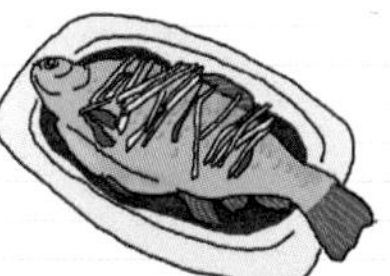

청증무창어
清蒸武昌鱼
qīngzhēng
wǔchāngyú
칭쩡우창위

쌀국수
米线
mǐxiàn
미시엔

라면
拉面
lāmiàn
라미엔

오리당면탕은 남경의 전통 유명 먹거리야.
鸭血粉丝汤是南京的传统名吃。
Yāxiě fěnsī tāng shì Nánjīng de chuántǒng míng chī.
야시에 펀스 탕 쓰 난징 더 추안통 밍 츠

Part 02 의식주

Unit 27 한국 음식 ①

김밥(gimbap)
紫菜包饭
zǐcàibāofàn
즈차이빠오판

김치볶음밥
泡菜饭
pàocàifàn
파오챠이판

돌솥비빔밥
砂锅拌饭
shāguōbànfàn
샤구오빤판

밥(bap)
米饭
mǐfàn
미판

불고기덮밥
牛肉盖饭
niúròugàifàn
니우로우까이판

산채비빔밥
蔬菜拌饭
shūcàibànfàn
슈차이빤판

쌈밥
蔬菜包饭
shūcàibāofàn
슈차이빠오판

영양 돌솥밥
营养石锅饭
yíngyǎng-shíguōfàn
잉양스꾸오판

오징어덮밥
鱿鱼盖饭
yóuyúgàifàn
요우위까이판

콩나물국밥
豆芽汤饭
dòuyátāngfàn
또우야탕판

잣죽
松仁粥
sōngrénzhōu
쏭런죠우

전복죽
鲍鱼粥
bàoyúzhōu
파오위죠우

한국 사람은 국밥을 자주 먹는 것 같더라.
韩国人经常吃汤饭。
Hánguórén jīngcháng chī tāng fàn.
한구오런 징챵 츠 탕 판

韓国料理 hánguóliàolǐ 한궈리아오리 ①

호박죽
南瓜粥
nánguāzhōu
난과죠우

흑임자죽
黑芝麻粥
hēizhīmazhōu
헤이즈마죠우

만두
饺子
jiǎozi
지아오즈

물냉면
冷面
lěngmiàn
렁미엔

비빔국수
拌面
bànmiàn
빤미엔

비빔냉면
拌冷面
bànlěngmiàn
빤렁미엔

수제비
疙瘩汤
gēdatāng
꺼다탕

잔치국수
喜面
xǐmiàn
시미엔

칼국수
手擀面
shǒugǎnmiàn
쇼우간미엔

갈비탕
排骨汤
páigǔtāng
파이구탕

감자탕
猪排骨汤
zhūpáigǔtāng
쥬파이구탕

곰탕
牛肉汤
niúròutāng
니우로우탕

팥칼국수를 만들었어요.
做红豆手擀面。
Zuò hóngdòu shǒu gǎn miàn.
주오 홍또우 쏘우 깐 미엔

한국 음식 ②

떡국
年糕汤
niángāotāng
니엔까오탕

떡만둣국
年糕饺子汤
niángāojiǎozitāng
니엔까오자오즈탕

만둣국
饺子汤
jiǎozitāng
자오즈탕

매운탕
鲜辣鱼汤
xiānlàyútāng
시엔라위탕

미역국
海带汤
hǎidàitāng
하이따이탕

북엇국
明泰鱼汤
míngtàiyútāng
밍타이위탕

삼계탕
参鸡汤
shēnjītāng
션지탕

설렁탕
先农汤
xiānnóngtāng
시엔농탕

우거지갈비탕
干白菜排骨汤
gàn-
báicàipáigǔtāng
깐바이차이파이구탕

육개장
香辣牛肉汤
xiānglàniúròutāng
샹라니우로우탕

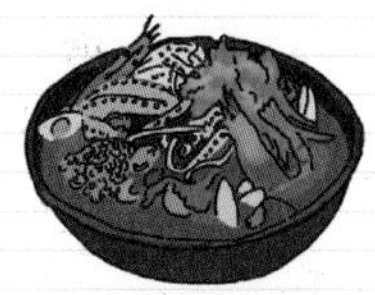

해물탕
海鲜汤
hǎixiāntāng
하이시엔탕

김치찌개
泡菜汤
pàocàitāng
파오챠이탕

한국에 가면 연두부찌개를 자주 먹곤 했어.
我去韩国时经常吃嫩豆腐汤。
Wǒ qù Hánguó shí jīngcháng chī nèndòufutāng.
워 취 한구오 스 징창 츠 넌또우푸탕,

韩国料理 hánguóliàolǐ 한궈리아오리 ②

된장찌개
大酱汤
dàjiàngtāng
따쟝탕

부대찌개
部队锅
bùduìguō
뿌뚜이꾸오

순두부찌개
嫩豆腐汤
nèndòufǔtāng
넌또우푸탕

청국장찌개
清麴酱汤
qīngqūjiàngtāng
칭치찌앙탕

해물순두부찌개
海鲜嫩豆腐汤
hǎixiānnèndòufutāng
하이시엔넌또우푸탕

곱창전골
牛肠火锅
niúchánghuǒguō
니우챵후오꾸오

국수전골
面条火锅
miàntiáohuǒguō
미엔티아오후오꾸오

두부전골
豆腐火锅
dòufuhuǒguō
또우푸후오꾸오

만두전골
饺子火锅
jiǎozihuǒguō
자오즈후오꾸오

불낙전골
牛肉章鱼火锅
niúròuzhāngyúhuǒguō
니우로우짱위후오꾸오

신선로
火锅
huǒguō
후오꾸오

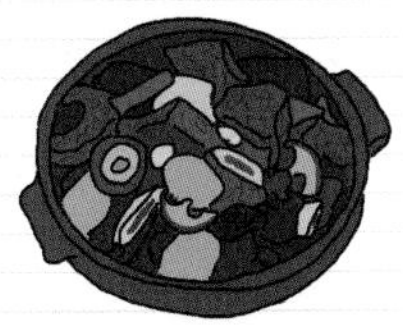

갈비찜
蒸排骨
zhēngpáigǔ
쩡파이구

한국에서는 순두부찌개라 부르지.
在韩国叫纯豆腐汤。
Zài Hánguó jiào chún dòufu tāng.
짜이 한구오 쨔오 춘도우푸탕

Unit 29 한국 음식 ③

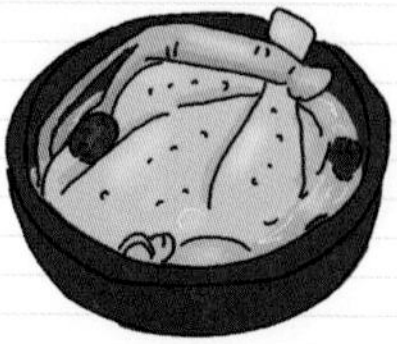

닭백숙
清炖鸡
qīngdùnjī
칭뚠지

보쌈
菜包肉
càibāoròu
차이빠오로우

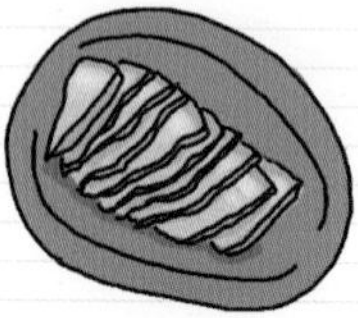

수육
手抓肉
shǒuzhuāròu
쇼우좌로우

아귀찜
辣炖安康鱼
làdùnānkāngyú
라뚠안캉위

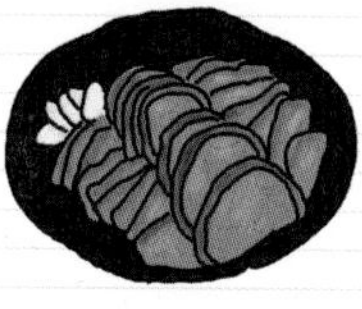

족발
猪蹄
zhūtí
쥬티

해물찜
辣炖海鲜
làdùnhǎixiān
라뚠하이시엔

구절판
九折坂
jiǔzhébǎn
지우져반

나물
素菜
sùcài
쑤차이

도토리묵
橡子凉粉
xiàngziliángfěn
샹쯔량펀

오이선
黄瓜膳
huángguā shàn
황과샨

잡채
什锦炒菜
shíjǐnchǎocài
스진차오차이

탕평채
荡平菜
dàngpíngcài
땅핑차이

제주도에는 갈치가 특산품이지.
韩国济州岛的特产有带鱼。
Hánguó Jǐzhōu dǎo de tèchǎn yǒu dàiyú.
한구오 지조다오 더 터챤 요 다이위

韩国料理 hánguóliàolǐ 한궈리아오리 ③

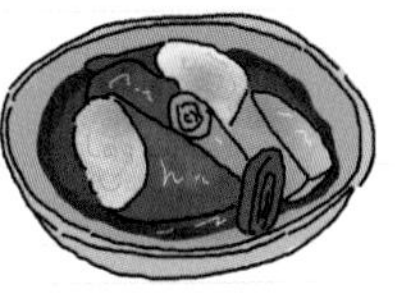

해파리냉채
凉拌海蜇
liángbànhǎizhé
량빤하이져

갈치조림
辣炖带鱼
làdùndàiyú
라뚠따이위

고등어조림
炖青花鱼
dùnqīnghuāyú
뚠칭화위

두부조림
烧豆腐
shāodòufu
샤오또우푸

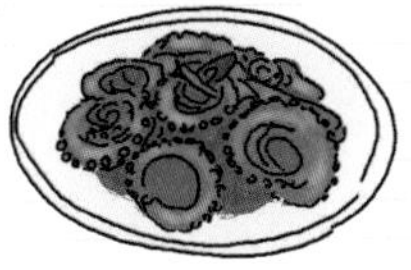

은대구조림
炖银鳕鱼
dùnyínxuěyú
뚠인쉐위

궁중떡볶이
宫廷炒年糕
gōngtíngchǎo
꿍팅챠오니엔까오

낙지볶음
辣炒章鱼
làchǎozhāngyú
라차오쟝위

닭찜
炖鸡
dùnjī
뚠지

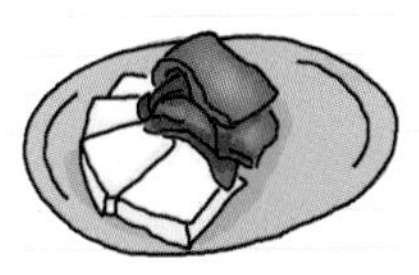

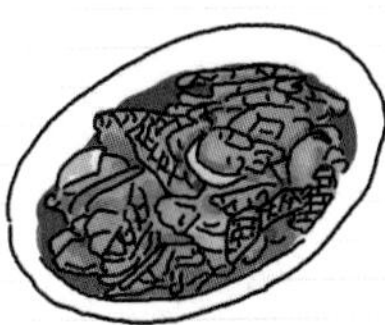

두부김치
辣炒白菜豆腐
làchǎobáicàidòufu
라챠오바이차이또우푸

떡볶이
辣炒年糕
làchǎoniángāo
라챠오니엔까오

오징어볶음
辣炒鱿鱼
làchǎoyóuyú
라챠오요우위

제육볶음
辣炒猪肉
làchǎozhūròu
라챠오쥬로우

특히 갈치조림은 아주 맛있어.
尤其辣炖带鱼很好吃。
Yóuqí là dùn dàiyú hěn hǎochī.
요우치 라 뚠 따이위 헌 하오츠

Unit 30 한국 음식 ④

곱창구이
烤肥肠
kǎoféicháng
카오페이챵

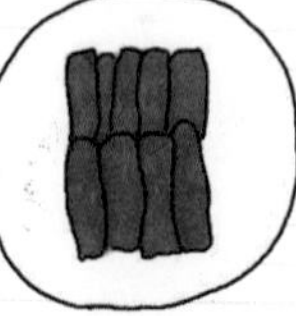

더덕구이
烤沙参
kǎoshāshēn
카오샤션

돼지갈비구이
烤猪排
kǎozhūpái
카오쥬파이

떡갈비
牛肉饼
niúròubǐng
니우로우빙

뚝배기불고기
砂锅烤牛肉
shāguōkǎoniúròu
샤구오캬오니우로우

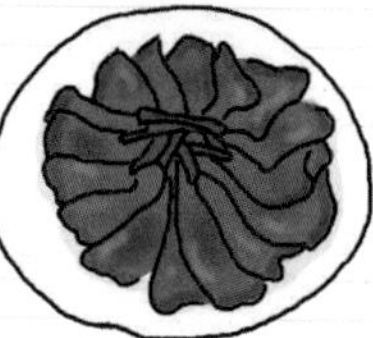

로스편채
肉片菜丝
ròupiàncàisī
로우피엔차이스

불고기
烤牛肉
kǎoniúròu
카오니우로우

삼겹살
烤五花肉
kǎowǔhuāròu
카오우화로우

생선구이
烤鱼
kǎoyú
카오위

소갈비구이
烤牛排
kǎoniúpái
카오니우파이

오리구이
烤鸭
kǎoyā
카오야

춘천닭갈비
春川铁板鸡
chūnchuāntiěbǎnjī
춘추안티에반찌

왜 모든 한국 사람들이 소주에 삼겹살을 좋아하지?
为什么韩国人都喜欢喝烧酒吃烤五花肉?
Wèishénme hánguórén dōu xǐhuan hē shāojiǔ chī kǎo wǔhuāròu?
웨이션머 한구오런 도우 시환 허 샤오지우 츠 카오 우화로우

韩国料理 hánguóliàolǐ 한궈리아오리 ④

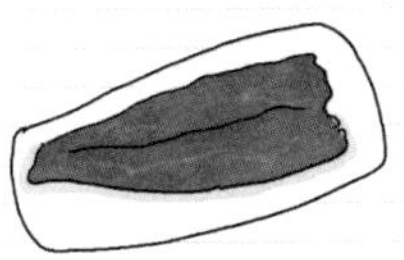

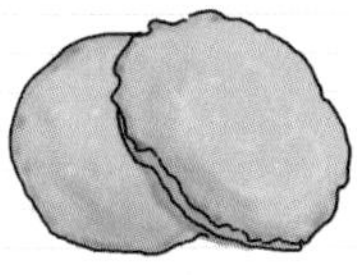

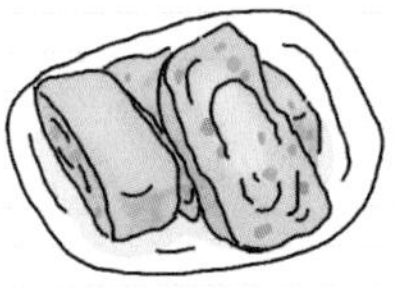

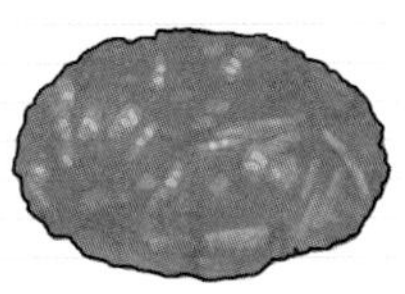

황태구이	감자전	계란말이	김치전
烤干明太鱼	土豆饼	鸡蛋卷	泡菜饼
kǎogànmíngtàiyú	tǔdòubǐng	jīdànjuǎn	pàocàibǐng
카오깐밍타이위	투도우빙	찌단쥇	파오차이빙

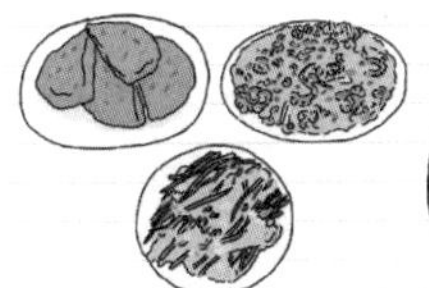

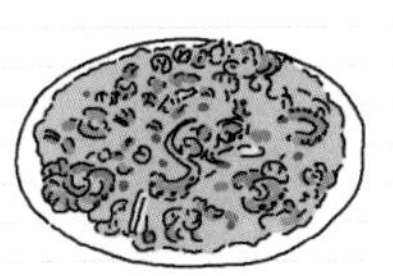

모듬전	빈대떡(녹두빈대떡)	파전	해물파전
什锦饼	绿豆煎饼	葱煎饼	海鲜葱煎饼
shíjǐnbǐng	lǜdòujiānbǐng	cōngjiānbǐng	hǎixiāncōngjiānbǐng
스진빙	뤼또우찌엔빙	총찌엔빙	하이시엔총찌엔빙

생선회	육회	홍어회무침	겉절이
生鱼片	生拌牛肉	生拌斑鳐	鲜辣白菜
shēngyúpiàn	shēngbànniúròu	shēngbànbānyáo	xiānlàbáicài
셩위피엔	셩빤니우로우	셩빤빤야오	시엔라바이차이

홍어 맛은 좀 시궁창 냄새가 나!

吃臭斑鳐，想起来垃圾味！

Chī chòu bān yáo, xiǎng qǐ lái lā jī wèi!

츠 쵸우빤야오, 샹치라이라지웨이

Part 02 의식주

Unit 31 한국 음식 ⑤

깍두기
萝卜块泡菜
luóbokuàipàocài
로보콰이파오차이

나박김치
萝卜泡菜
luóbŭpàocài
로보파오차이

배추김치
辣白菜
làbáicài
라바이차이

백김치
白泡菜
báipàocài
바이파오차이

보쌈김치
包卷泡菜
bāojuànpàocài
빠오쥔파오차이

오이소박이
黄瓜泡菜
huángguāpàocài
황과파오차이

장아찌
酱菜
jiàngcài
찌앙차이

간장게장
酱蟹
jiàngxiè
찌앙시에

젓갈
鱼虾酱
yúxiājiàng
위시아찌앙

경단
琼团
qióngtuán
치옹투안

꿀떡
蜜糕
mìgāo
미까오

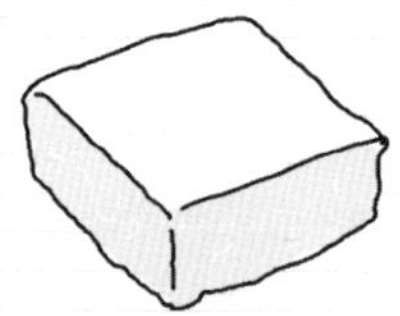

백설기
白米蒸糕
báimǐzhēnggāo
바이미쩡까오

신 김치 버리지 마세요.
已经变酸了的辣白菜不要扔掉。
Yǐjīng biàn suān le de làbáicài búyào rēngdiào.
이징 삐엔 쏸 러 더 라바이챠이 부야오 렁띠아오

韩国料理 hánguóliàolǐ 한궈리아오리 ⑤

약식
韩式八宝饭
hánshìbābǎofàn
한스빠바오판

화전
花煎饼
huājiānbǐng
화지엔빙

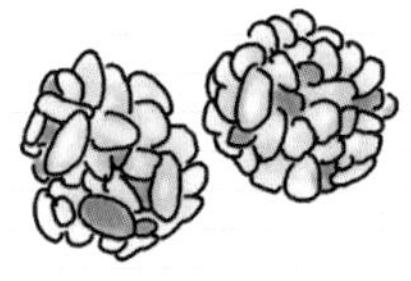

강정
江米块
jiāngmǐkuài
찌앙미콰이

다식
茶食
chá · shí
차스

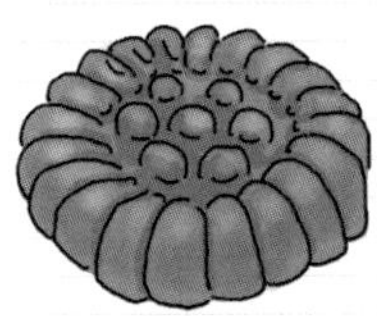

약과
蜜油饼
mìyóubǐng
미요우빙

녹차
绿茶
lǜchá
뤼차

매실차
青梅茶
qīngméichá
칭메이차

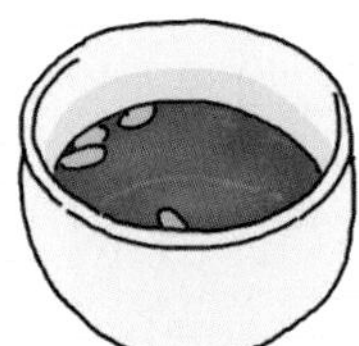

수정과
水正果
shuǐzhèngguǒ
쉐이쩡구오

식혜
甜米露
tiánmǐlù
티엔미루

오미자화채
五味子甜茶
wǔwèizitiánchá
우웨이즈티엔챠

유자차
柚子茶
yòuzichá
요우즈챠

인삼차
人参茶
rénshēnchá
런션챠

녹차를 자주 마시면, 암 예방에 좋고, 지방도 감소되고 다이어트가 된다.
常饮绿茶能防癌，降脂和减肥。
Cháng yǐn lǜ chá néng fáng ái, jiàng zhī hé jiǎn féi.
챵인 뤼챠 넝팡아이, 찌앙즈 허 지엔페이

Unit 32 세계 음식 ①

비프렌당(rendang)
巴东牛肉
bādōngniúròu
빠동니우로우

나시고랭(nasigoreng)
印尼炒饭
yìnníchǎofàn
인니챠오판

스시(sushi)
寿司
shòusī
쇼우쓰

똠얌꿍(tomyamgoong)
冬阴功汤
dōngyīngōngtāng
동인꽁탕

팟타이(padthai)
泰式炒河粉
tàishìchǎohéfěn
타이스챠오허펀

솜탐(papaya salad)
青木瓜沙拉
qīngmùguāshālā
칭무과샤라

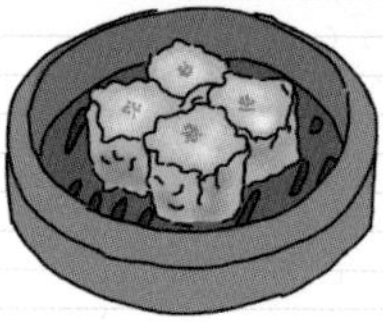

딤섬(dimsum)
点心
diǎn · xin
디엔신

라면(ramen)
拉面
lāmiàn
라미엔

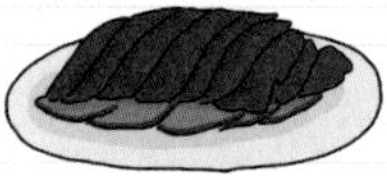

베이징덕
(peking duck)
北京烤鸭
běijīngkǎoyā
베이징카오야

마사만커리
(massaman curry)
玛莎曼咖喱
mǎshāmàngālí
마샤만까리

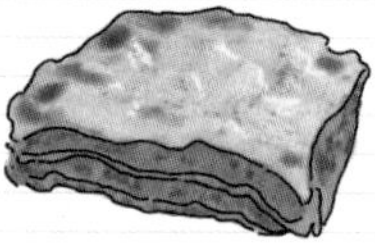

라자냐(lasagna)
烤宽面条
kǎokuānmiàntiáo
카오콴미엔티아오

레천(lechon)
烤乳猪
kǎorǔzhū
카오루쥬

오늘은 초밥이 먹고 싶어요.
今天想吃寿司。
Jīntiān xiǎng chī shòusī.
진티엔 샹 츠 쇼우쓰

各国料理 gèguó liàolǐ 꺼궈리아오리 ①

치킨라이스(chickenrice)
鸡肉饭
jīròufàn
찌로우판

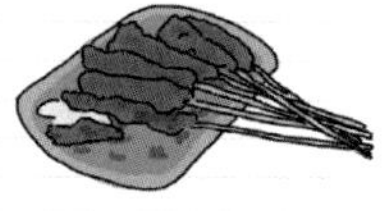

사테(satay)
加香烤肉
jiāxiāngkǎoròu
찌아샹카오로우

아이스크림(icecream)
冰淇淋
bīngqílín
삥치린

케밥(kebab)
卡巴
kǎ · ba
카바

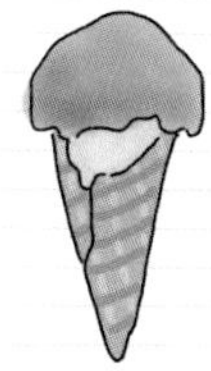

젤라또(gelato)
意大利冰淇淋
yìdàlìbīngqílín
이따리삥치린

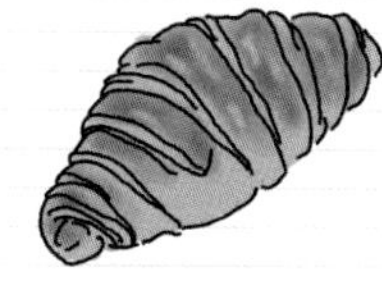

크롸상(croissant)
羊角面包
yángjiǎomiànbāo
양쟈오미엔빠오

그린커리(green curry)
绿咖喱
lǜgālí
뤼까리

포(pho)
越南河粉
yuènánhéfěn
위에난허펀

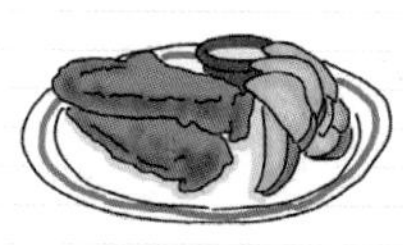

피시앤칩(fish'n'chips)
炸鱼薯条
zháyúshǔtiáo
쟈위슈티아오

에그타르트(eggtart)
蛋挞
사전 : dàntà
실용: dàntǎ
딴타

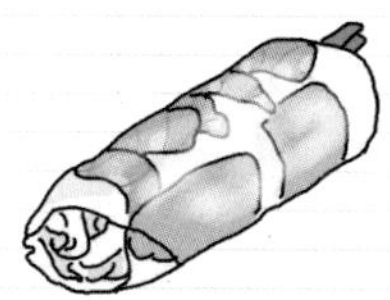

고이꾸온(goicuon)
越南春卷
yuènánchūnjuǎn
위에난춘쥈

볶음밥(friedrice)
炒饭
chǎofàn
챠오판

포는 베트남에서 유명한 오래된 전통 음식이다.
越南河粉是越南百年经典美食。
Yuè nán hé fěn shì yuè nán bǎi nián jīng diǎn měi shí.
위에난허펀 스 위에난 바이니엔 찡디엔 메이스

Unit 33 세계 음식 ②

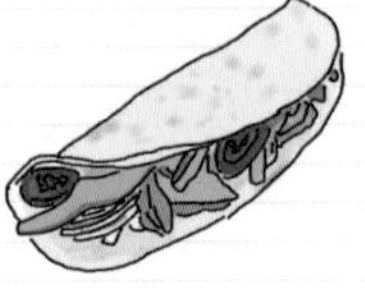

초콜릿	페낭아삼락사	타코	바비큐포크
巧克力	亚参叻沙	玉米面豆卷	叉烧
qiǎokèlì	yàcānlèshā	yùmǐmiàndòujuǎn	chāshāo
치아오커리	야찬러샤	위미미엔또우쥇	챠샤오

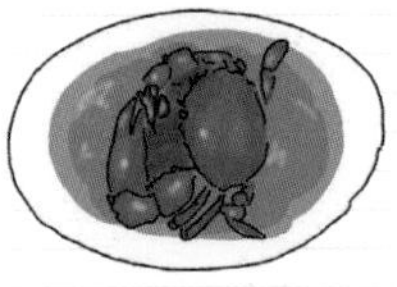

칠리크랩	치즈버거	프라이드치킨	랍스터
辣椒螃蟹	奶酪汉堡	炸鸡	龙虾
làjiāopángxiè	nǎilàohànbǎo	zhájī	lóngxiā
라지아오팡시에	나이라오한바오	쟈지	롱샤

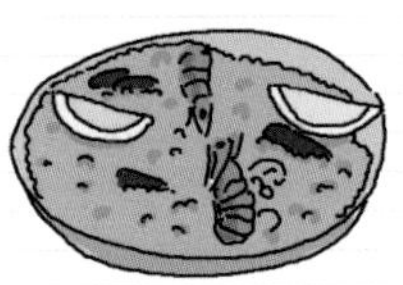

시푸드빠에야	슈림프덤플링	나폴리 피자	무남톡
西班牙海鲜饭	虾饺皇	拿坡里披萨	猪肉沙律
xībānyáhǎixiānfàn	xiājiǎohuáng	nápōlǐpīsà	zhūròushālǜ
씨바냐하이시엔판	샤지아오황	나포리피사	쥬로우샤뤼

저녁에 친구들이랑 치맥 먹을 거야.

晚上要和几个朋友吃炸鸡，喝啤酒。

Wǎn shàng yào hé jǐ gè péng yǒu chī zhá jī , hē pí jiǔ.

완샹 야오 허 지거펑요 츠쟈지 허피지우

各国料理 gèguó liàolǐ 꺼궈리아오리 ②

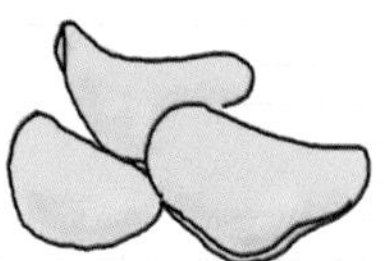

포테이토칩
土豆片
tǔdòupiàn
투또우피엔

브라우니와 바닐라 아이스크림
布朗尼、香草冰淇淋
bùlǎngníxiāngcǎobīngqílín
뿌랑니,샹챠오삥치린

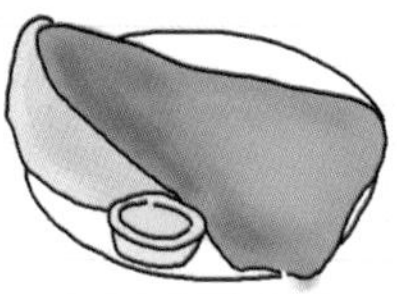

마살라도사
马沙拉薄饼
mǎshālābáobǐng
마샤라바오빙

비빔밥
拌饭
bànfàn
빤판

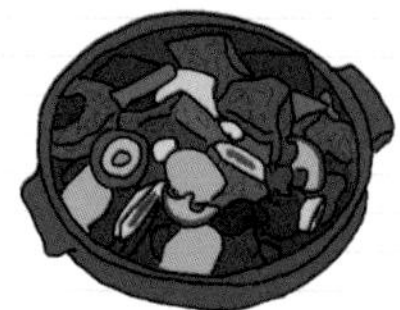

갈비
排骨
páigǔ
파이구

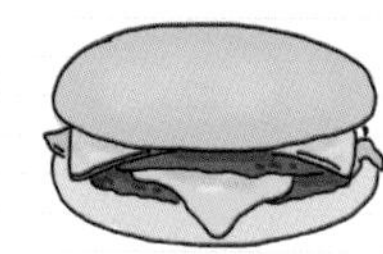

햄버거
汉堡
hànbǎo
한바오

파히타
墨西哥铁板烧
mòxīgētiěbǎnshāo
모시거 티에반샤오

락사
米粉汤面
mǐfěntāngmiàn
미펀탕미엔

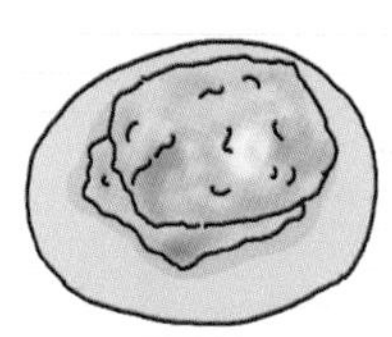

로띠프라타
印度煎饼
yìndùjiānbǐng
인두찌엔빙

메이플 시럽
糖枫汁
tángfēngzhī
탕펑즈

페투치니 알프레도
阿尔弗雷多白脱奶油面
ā'ěrfúléiduōbáituōnǎiyóumiàn
아얼푸레이두오바이투오나이요우미엔

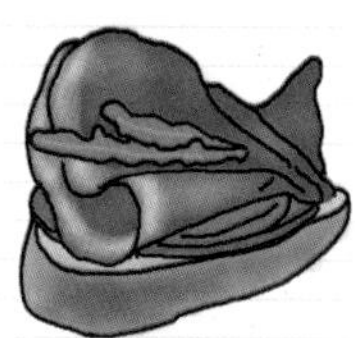

파르마 햄
帕尔玛火腿
pàěrmǎhuǒtuǐ
파얼마후오퇴이

초콜릿에는 어떤 브랜드가 있습니까?
巧克力有哪些品牌?
Qiǎokèlì yǒu nǎxiē pǐnpái?
치아오커리 요우 나시에 핀파이

Unit 34 집의 부속물

테라스
屋顶阳台
wūdǐngyángtái
우딩양타이

맨 위층
顶楼
dǐnglóu
딩로우

드레스룸
衣帽间
yīmàojiān
이마오찌엔

서재
书房
shūfáng
슈팡

창고
仓库
cāngkù
창쿠

식당
餐厅
cāntīng
찬팅

부엌
厨房
chúfáng
츄팡

샤워실
淋浴室
lín yù shì
린위스

거실
客厅
kètīng
커팅

파티오
露台
lùtái
루타이

어서오세요, 어떤 종류의 방을 보러 오셨어요?
欢迎光临，您需要哪一类的房呢？
Huānyíng guānglín, nín xūyào nǎ yílèi de fáng ne?
환잉 광린, 닌 쉬야오 나 이레이 더 팡너

与房屋有关的词汇 yǔ fángwū yǒuguāndecíhuì 위팡우요우꿔안더츠후이

다락방
阁楼
gélóu
거로우

복도
走廊
zǒuláng
조우랑

층계참
楼梯平台
lóutīpíngtái
로우티핑타이

침실
卧室
wòshì
워스

온실
温室
wēnshì
원스

욕실
浴室
yùshì
위스

화장실
卫生间
wèishēngjiān
웨이셩찌엔

발코니
阳台
yángtái
양타이

다용도실
杂物间
záwùjiān
쟈우찌엔

현관
玄关
xuánguān
쉬엔꾸안

차고
车库
chēkù
쳐쿠

지하실
地下室
dìxiàshì
띠샤스

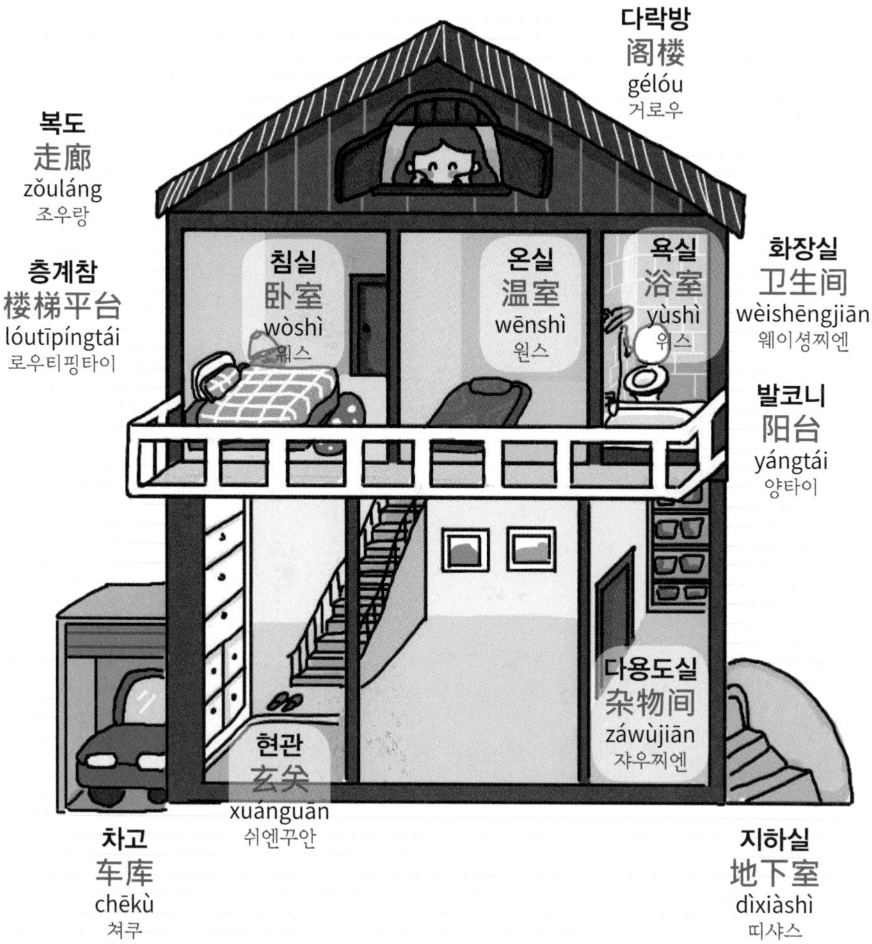

방 하나에 거실 하나인 거요.
我需要一室一厅的。
Wǒ xūyào yíshìyìtīng de.
워 쉬야오 이스이팅 더

Unit 35 가정용품 ①

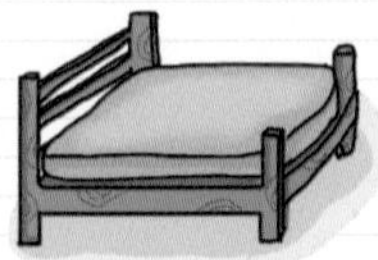

침대
床
chuáng
츄앙

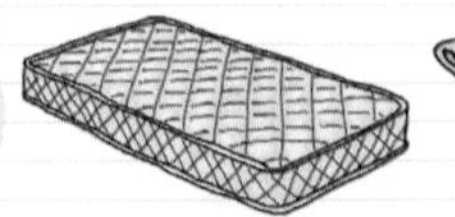

매트리스
床垫
chuángdiàn
츄앙띠엔

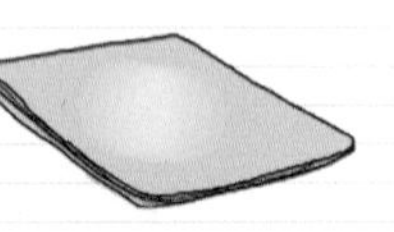

침대 시트
床单
chuángdān
츄앙딴

협탁
床头桌
chuángtóuzhuō
츄앙토우쥬오

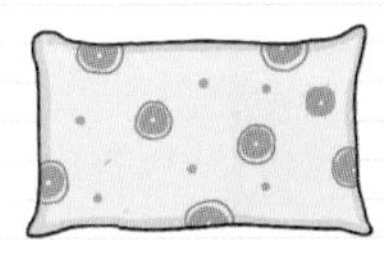

베개
枕头
zhěn · tou
젼토우

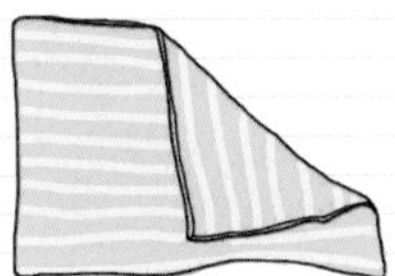

베개 보
枕套
zhěntào
젼타오

이불
被子
bèi · zi
뻬이즈

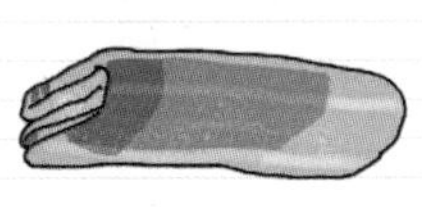

담요
毛毯
máotǎn
마오탄

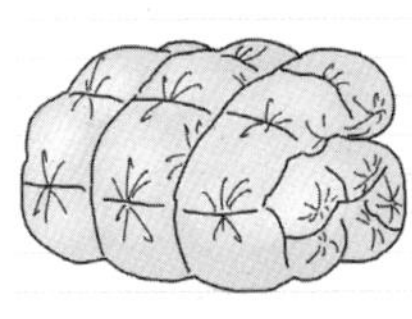

오리털 이불
羽绒被
yǔróngbèi
위롱뻬이

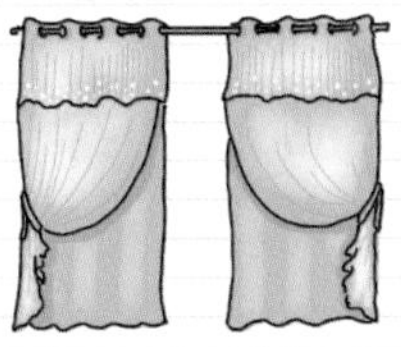

커튼
窗帘
chuānglián
츄앙리엔

책꽂이
书架
shūjià
슈찌아

카펫
地毯
dìtǎn
띠탄

아들, 침대보 갈자.
儿子，你把床单换了洗洗。
Érzi nǐ bǎ chuángdān huànle xǐxǐ.
얼즈, 니 바 창단 환러 시시

日用品 rìyòngpǐn 르용핀 ①

시계
钟
zhōng
종

옷걸이
衣物架
yīwùjià
이우찌아

아기 침대
婴儿床
yīngérchuáng
잉얼츄앙

쿠션
垫子
diàn · zi
띠엔즈

책상
桌子
zhuō · zi
쮸오즈

화장대
化妆台
huàzhuāngtái
화좡타이

팬
扇
shàn
샨

모자 걸이
帽架
màojià
마오찌아

의상함
嫁妆箱
jiàzhuangxiāng
찌아좡시앙

다림질 판
烫衣板
tàngyībǎn
탕이반

탁상등
台灯
táidēng
타이떵

거울
镜子
jìng · zi
찡즈

이불 좀 널어서 말리세요.
把被子晾一晾。
Bǎ bèizi liàng yī liàng.
바 베이즈 리앙 이 리앙

Unit 36 가정용품 ②

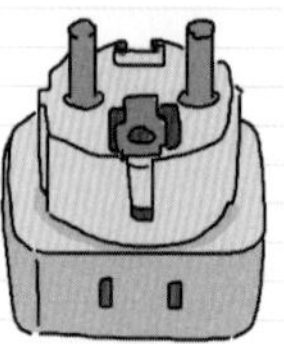

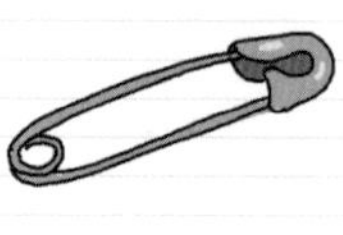

바늘	플러그	콘센트	안전핀
针	插头	插座	安全别针
zhēn	chātóu	chāzuò	ānquánbiézhēn
젼	챠토우	챠쭈오	안췐비에젼

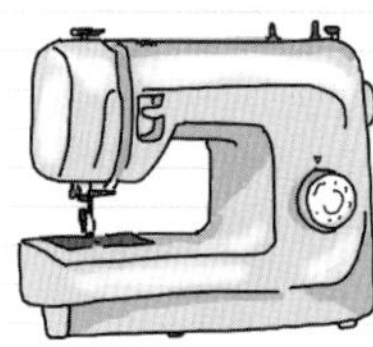

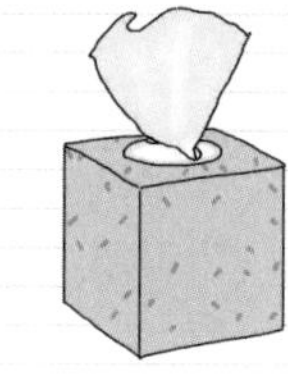

재봉틀	구두약	분무통	티슈
缝纫机	擦鞋油	喷雾器	纸巾
féngrènjī	cāxiéyóu	pēnwùqì	zhǐjīn
펑런지	차시에요우	펀우치	즈진

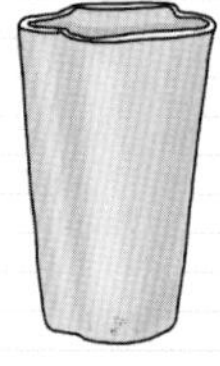

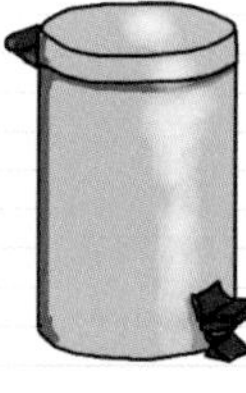

전등	화병	휴지통	환풍기
手电筒	花瓶	垃圾桶	通风机
shǒudiàntǒng	huāpíng	lājītǒng	tōngfēngjī
쇼우띠엔통	화핑	라찌통	통펑지

한국 거리엔 어떻게 쓰레기통이 없네요?

怎么在韩国的街道上一个垃圾桶也没有呢?

Zěnme zài Hánguó de jiēdào shàng yígè lājītǒng yě méiyǒu ne?

젼머 짜이 한구오 더 찌에따오 샹 이거 라지통 예 메이요우너

日用品 rìyòngpǐn 르용핀 ②

표백제
漂白剂
piǎobáijì
피아오바이찌

세탁세제
洗衣粉
xǐyīfěn
시이펀

먼지 터는 솔
掸子
dǎn · zi
단즈

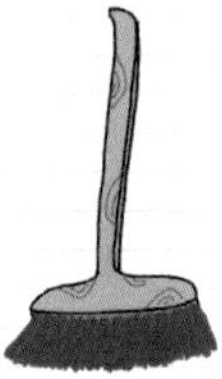

빗자루
扫把
sàobǎ
싸오바

쓰레받기
簸箕
bò · ji
보우찌

마루걸레
拖布
tuōbù
투오뿌

접착제
胶水
jiāoshuǐ
지아오쉐이

아이스박스
冰柜
bīngguì
삥꾸이

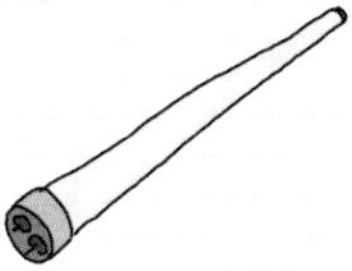

조명 용구
灯具
dēngjù
떵쥐

전구
灯泡
dēngpào
떵파오

전등스위치
电灯开关
diàndēngkāiguān
띠엔덩카이꽌

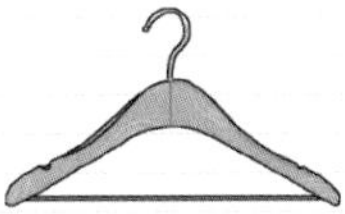

옷걸이
衣架
yījià
이지아

불 좀 켜주세요
请开灯。
Qǐng kāi dēng.
칭 카이 떵

Unit 37 욕실용품

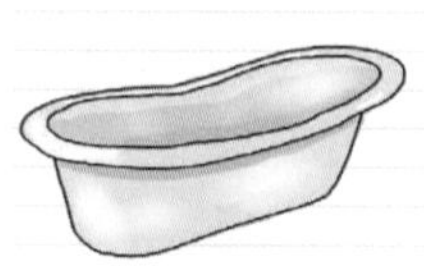

욕조
浴缸
yùgāng
위깡

거울
镜子
jìng · zi
찡즈

샴푸
洗发水
xǐfàshuǐ
시파쉐이

린스
护发素
hùfàsù
후파쑤

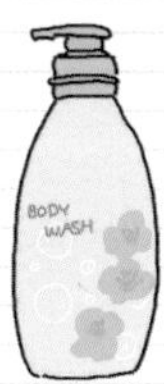

바디워시
沐浴液
mùyùyè
무위예

클렌징폼
洗面奶
xǐmiànnǎi
시미엔나이

비누
香皂
xiāngzào
시앙짜오

칫솔
牙刷
yáshuā
야슈아

치약
牙膏
yágāo
야까오

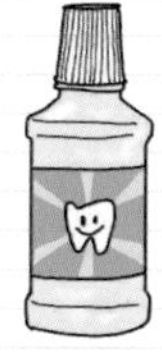

가그린
漱口液
shùkǒuyè
슈코우예

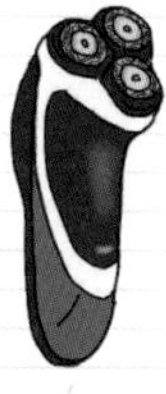

면도기
剃须刀
tìxūdāo
티쉬따오

면도거품
剃须膏
tìxūgāo
티쉬까오

목이 아프면 매일 아침 소금물로 가글하세요.
如果你嗓子疼，每天早上用盐水漱口。
Rúguǒ nǐ sǎngzi téng měitiān zǎoshang yòng yánshuǐ shùkǒu.
루구오 니 상즈 텅 메이티엔 자오쌍 용 엔쑤이 슈코우

浴室用品 yùshì yòngpǐn 위쓰용핀

빗
梳子
shū · zi
슈즈

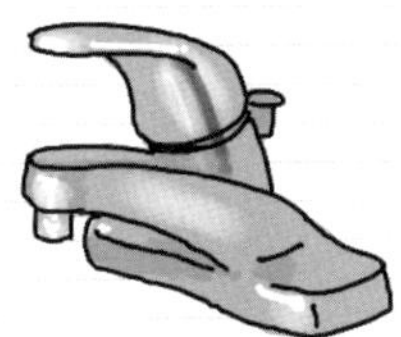

수도꼭지
水龙头
shuǐlóngtóu
쉐이롱토우

향수
香水
xiāngshuǐ
시앙쉐이

체중계
体重计
tǐzhòngjì
티쭝찌

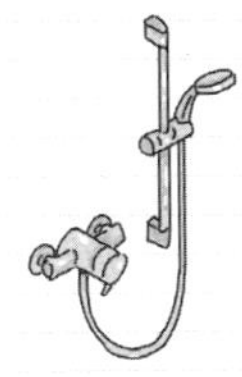

샤워기
淋浴器
línyùqì
린위치

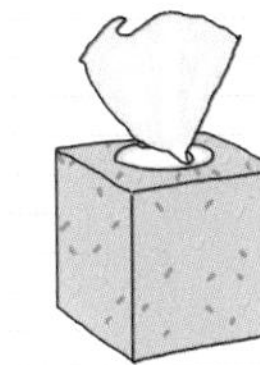

화장지
卫生纸
wèishēngzhǐ
웨이셩즈

두루마리 화장지
卷纸
juànzhǐ
쥉즈

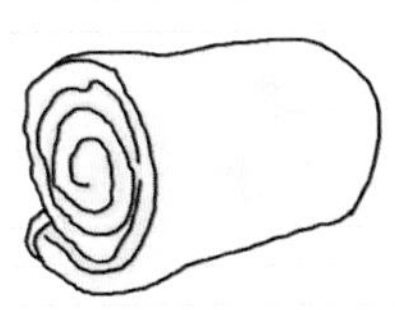

수건
毛巾
máojīn
마오진

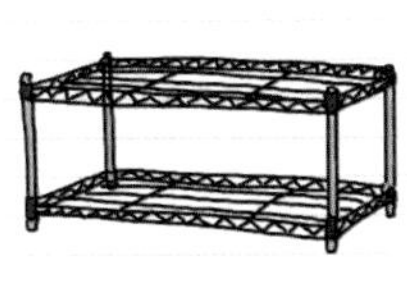

탑 형 걸이
毛巾架
máojīnjià
마오진찌아

좌변기
坐便器
zuòbiànqì
쭈오삐엔치

비데
洁身器
jiéshēnqì
지에션치

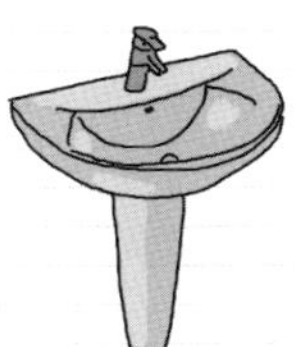

세면대
洗手盆
xǐshǒupén
시쇼우펀

화장실 휴지가 다 떨어졌네, 한 개만 갖다줘, 고마워.
厕所卷纸用完了，帮我拿一个，谢谢。
Cè suǒ juǎn zhǐ yòng wán le, bāng wǒ ná yī gè, xiè xiè.
처쏘우쥉즈 용완러, 빵워 나이거, 쎼쎼

Unit 38 주방용품 ①

식탁보
餐桌布
cānzhuōbù
찬쥬오뿌

집게
厨房夹子
chúfángjiāzi
츄팡찌아즈

계량컵
量杯
liángbēi
리앙뻬이

믹서
搅拌机
jiǎobànjī
지아오빤지

냅킨
餐巾纸
cānjīnzhǐ
찬진즈

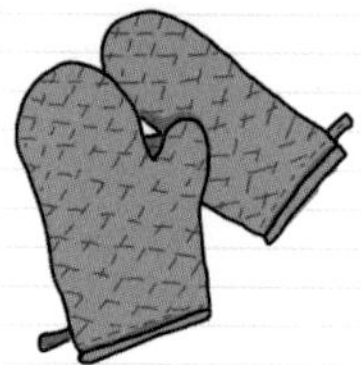
오븐용 장갑
烤炉手套
kǎolúshǒutào
카오루쇼우타오

압력밥솥
高压电饭锅
gāoyādiànfànguō
까오야띠엔판꾸오

밀대
擀面杖
gǎnmiànzhàng
간미엔짱

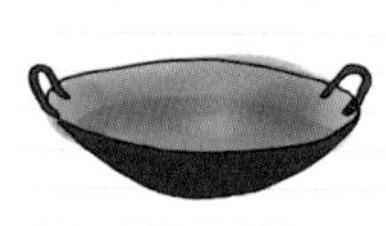
볶음용 냄비(웍)
炒菜锅
chǎocàiguō
챠오차이꾸오

찜통
蒸锅
zhēngguō
쪙꾸오

국그릇
汤盆
tāngpén
탕펀

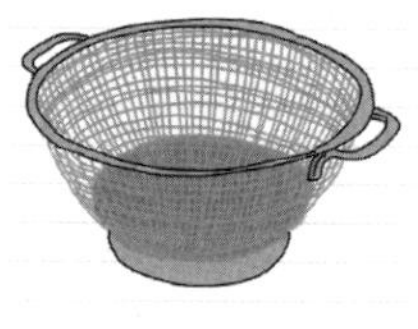
거르개
滤网
lǜwǎng
뤼왕

이쑤시개 있나요? 뭐가 끼였네요.
有牙签吗? 我塞牙了。
Yǒu yáqiān ma? wǒ sāi yá le.
요우 야치엔 마 워 싸이 야 러

厨房用品 chúfángyòngpǐn 추팡용핀 ①

토스터
烤面包机
kǎomiànbāojī
카오미엔빠오지

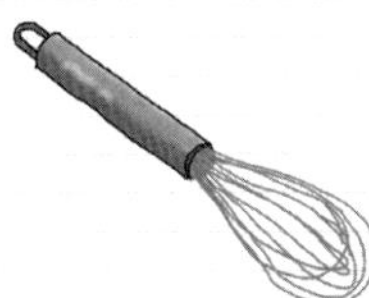

이쑤시개
牙签
yáqiān
야치엔

거품기
打泡器
dǎpàoqì
다파오치

앞치마
围裙
wéiqún
웨이췬

바구니
篮
lán
란

설거지하다
洗碗
xǐwǎn
시완

착즙기
榨汁机
zhàzhījī
쟈즈지

강판
擦菜板
cācàibǎn
차차이반

찜통
蒸架
zhēngjià
쩡지아

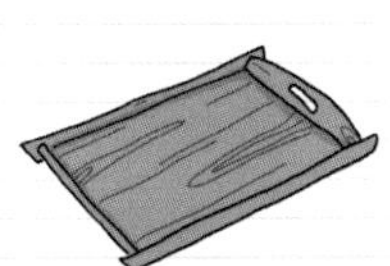

쟁반
托盘
tuōpán
투오판

알루미늄호일
铝箔纸
lǚbózhǐ
뤼보어쯔

포크
叉子
chāzi
챠즈

설거지 좀 해 줘.
帮我洗一下碗。
Bāng wǒ xǐ yíxià wǎn.
빵워 시이샤완

Unit 39 주방용품 ②

젓가락
筷子
kuài · zi
콰이즈

숟가락
勺子
sháo · zi
샤오즈

밥주걱
饭勺
fànsháo
판샤오

국자
汤勺
tāngsháo
탕샤오

컵
杯子
bēi · zi
뻬이즈

유리컵
玻璃杯
bō · libēi
뽀리뻬이

그릇
碗
wǎn
완

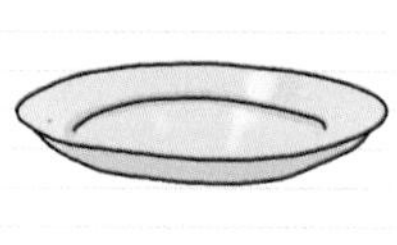

접시
碟
dié
디에

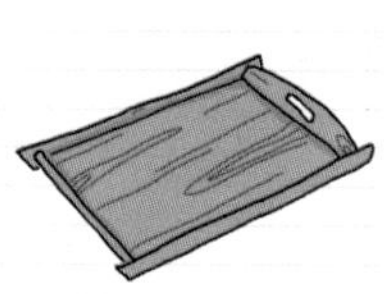

쟁반
托盘
tuōpán
투오판

주전자
壶
hú
후

구멍이 숭숭 뚫린 국자
漏勺
lòusháo
로우샤오

주방용 가위
厨房剪刀
chúfángjiǎndāo
츄팡지엔따오

엄마~ 과도 어디에 있어요? 사과 먹으려고 하는데.
妈～水果刀放哪了？我想吃苹果。
Mā shuǐguǒdāo fàng nǎ le? wǒ xiǎng chī píngguǒ.
마, 쉐이구오따오 팡 나 러? 워 샹 츠 핑구오

厨房用品 chúfángyòngpǐn 추팡용핀 ②

		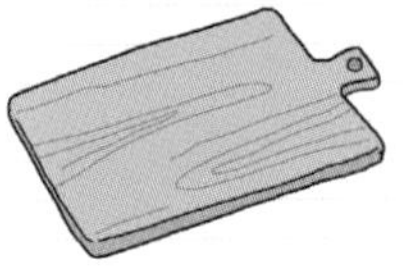	
솥 锅 guō 꾸오	**냄비** 汤锅 tāngguō 탕꾸오	**도마** 砧板 zhēnbǎn 젼반	**고기 칼** 切肉刀 qiēròudāo 치에로우따오
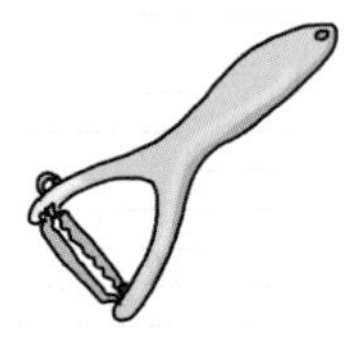		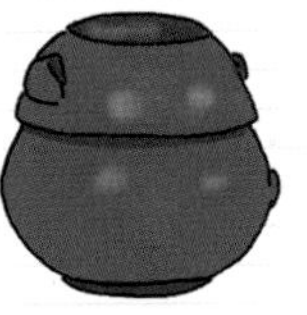	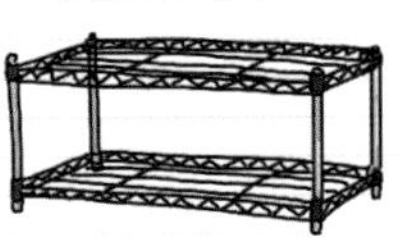
껍질 벗기는 칼 削皮刀 xiāopídāo 시아오피따오	**과도** 水果刀 shuǐguǒdāo 쉐이구오따오	**단지** 罐子 guàn · zi 꽌즈	**식기선반** 碗架 wǎnjià 완찌아
			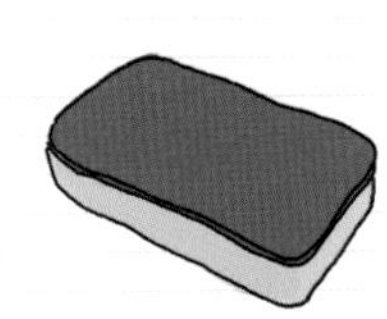
주방 세제 洗洁精 xǐjiéjīng 시지에찡	**프라이팬** 平底锅 píngdǐguō 핑디꾸오	**석쇠** 烤架 kǎojià 카우찌아	**수세미** 洗碗布 xǐwǎnbù 시완뿌

왜 중국인들은 웍을 더 잘 사용하지?

为什么中国人爱用圆底锅?

Wèi shén·me zhōng guó rén ài yòng yuán dǐ guō?

웨이션머 종구오런 아이용 위엔디구오

Unit 40 전자제품 ①

TV
电视
diànshì
띠엔스

스마트 TV
智能电视
zhìnéngdiànshì
즈넝띠엔스

리모콘
遥控器
yáokòngqì
야오콩치

라디오
收音机
shōuyīnjī
쇼우인찌

컴퓨터
电脑
diànnǎo
띠엔나오

데스크톱
台式电脑
táishìdiànnǎo
타이스띠엔나오

모니터
显示器
xiǎnshìqì
시엔스치

스피커
音箱
yīnxiāng
인샹

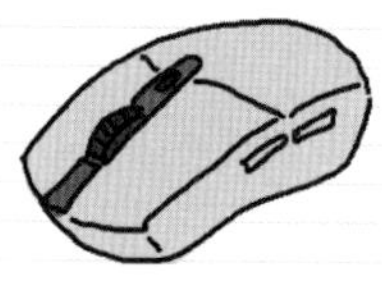

마우스
鼠标
shǔbiāo
슈비아오

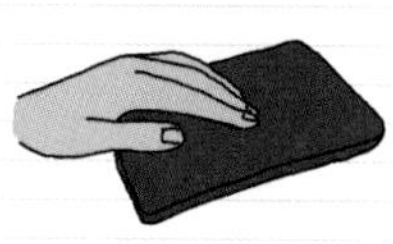

터치 패드
触摸板
chùmōbǎn
추모반

노트북
笔记本电脑
bǐjìběndiànnǎo
비지번띠엔나오

스마트폰
智能手机
zhìnéngshǒujī
즈넝쇼우찌

리모컨 본적 있니? 어째서 안 보이는 거지?
见过遥控器吗？怎么找不到呢？
Jiànguò yáokòngqì ma? zěnme zhǎobúdào ne?
찌엔구오 야오콩치 마? 젼머 쟈오부따오 너

电子产品 diànzǐchǎnpǐn 띠엔즈찬핀 ①

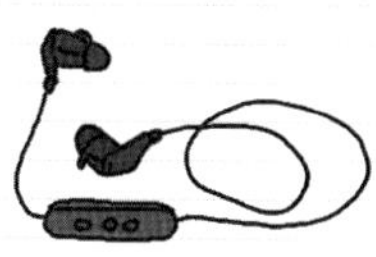

이어폰
耳机
ěrjī
얼지

스마트 워치
智能手表
zhìnéngshǒubiǎo
즈넝쇼우비아오

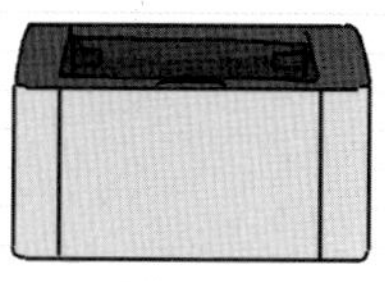

프린터
打印机
dǎyìnjī
다인지

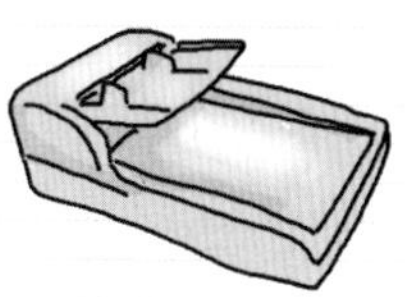

스캐너
扫描仪
sǎomiáoyí
싸오미아오이

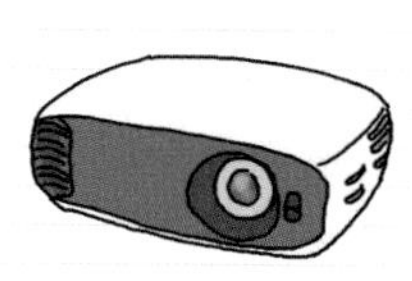

프로젝터
投影仪
tóuyǐngyí
토우잉이

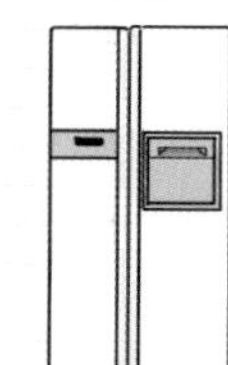

냉장고
冰箱
bīngxiāng
삥샹

세탁기
洗衣机
xǐyījī
시이찌

드럼세탁기
滚筒洗衣机
gǔntǒngxǐyījī
군통시이찌

건조기
干衣机
gānyījī
깐이찌

가습기
加湿器
jiāshīqì
찌아스치

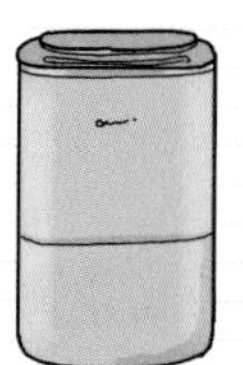

제습기
除湿器
chúshīqì
츄스치

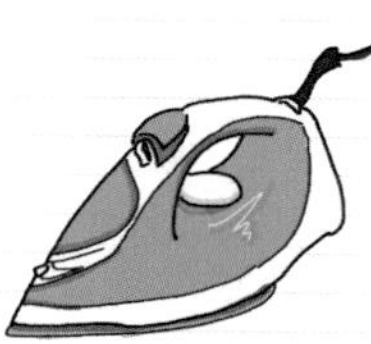

다리미
熨斗
yùndǒu
윈도우

공기가 너무 건조해, 가습기 틀자.
空气太干了，开加湿器吧！
Kōng qì tài gān le, kāi jiā shī qì ba.
콩치 타이깐러, 카이쟈스치바

Unit 41 전자제품 ②

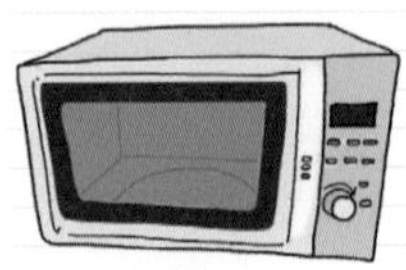

전자레인지
微波炉
wēibōlú
웨이뽀루

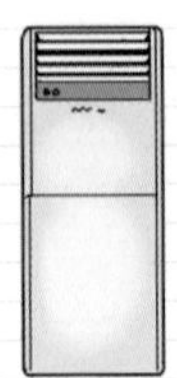

에어컨
空调
kōngtiáo
콩티아오

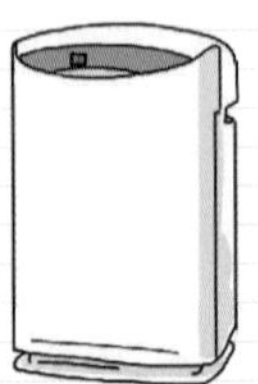

공기청정기
空气清洁器
kōngqìqīngjiéqì
콩치칭지에치

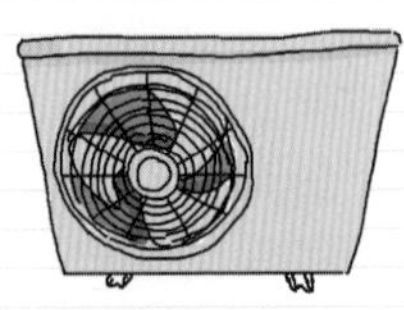

에어컨 실외기
空调室外机
kōngtiáoshìwàijī
콩티아오스와이찌

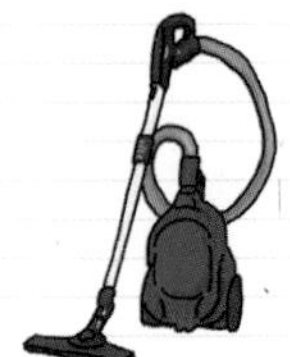

진공청소기
吸尘器
xīchénqì
시천치

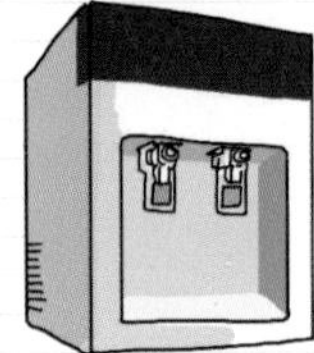

정수기
净水器
jìngshuǐqì
찡쉐이치

천정 팬
吊扇
diàoshàn
띠아오샨

식기세척기
洗碟机
xǐdiéjī
시디에찌

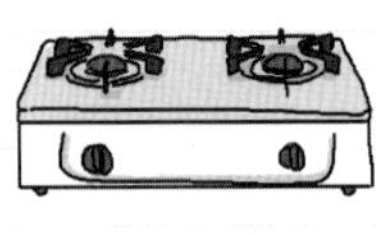

가스레인지
炉灶
lúzào
루짜오

레인지후드
油烟机
yóuyānjī
요우옌지

오븐
烤箱
kǎoxiāng
카오샹

식기세척기
洗碗机
xǐwǎnjī
시완찌

요 며칠 미세먼지 너무 심하다. 공기청정기 사야겠다.
这几天雾霾太严重了，该买个空气清洁器了。
Zhè jǐtiān wù mái tài yánzhòng le, gāi mǎi gè kōngqì qīngjié qì le.
져 지티엔 우 마이 타이 옌쭝 러, 가이 마이 거 콩치칭지에 치 러

电子产品 diànzǐchǎnpǐn 띠엔즈찬핀 ②

2G폰
2G手机
èrGshǒujī
얼지쇼우지

전기포트
电热水壶
diànrèshuǐhú
띠엔러쑤이후

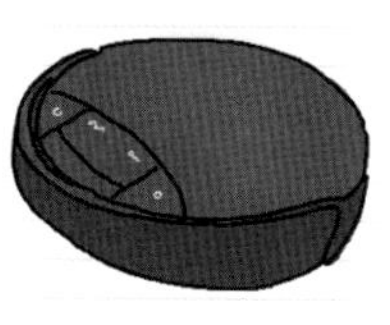

로봇청소기
扫地机器人
sǎodìjīqìrén
사오디지치런

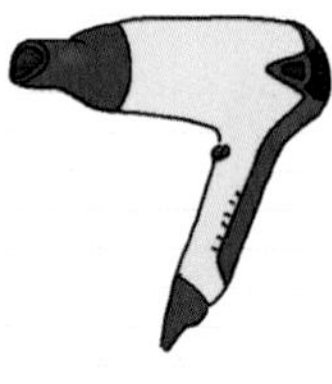

드라이기
吹风机
chuīfēngjī
추이펑지

매직고데기
直发器
zhífāqì
쯔파치

보조배터리
移动电源
yídòngdiànyuán
이동디엔위엔

타블렛
数位板
shùwèibǎn
쑤웨이빤

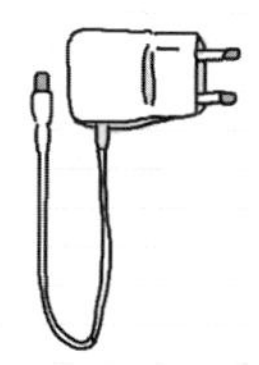

핸드폰 충전기
手机充电器
shǒujīchōng
쏘우지총디엔치

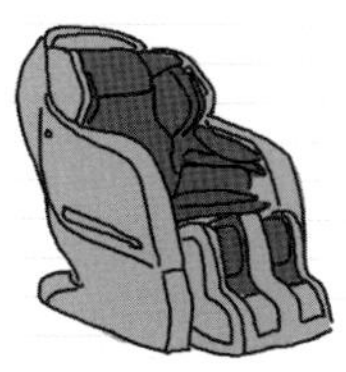

안마의자
按摩椅
ànmóyǐ
안모어이

스피커
音箱
yīnxiāng
인시앙

선풍기
电风扇
diànfēngshàn
디엔펑싼

전기레인지
电池炉
diànchílú
디엔츠루

무선청소기 샀어, 진짜 편해.
买了无线的吸尘器，清洁真方便。
Mǎi le wú xiàn de xī chén qì, qīng jié zhēn fāng biàn.
마이러우시엔더 시쳔치, 칭지에쩐팡삐엔

Unit 42 가구

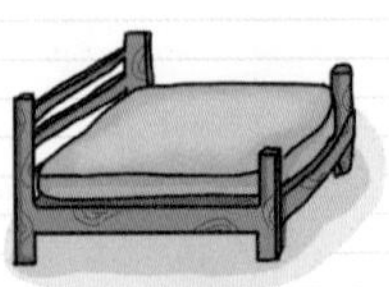

침대
床
chuáng
츄앙

침대 머리
床头柜
chuángtóuguì
츄앙토우꿰이

침대 끝 의자
床尾凳
chuángwěidèng
츄앙웨이떵

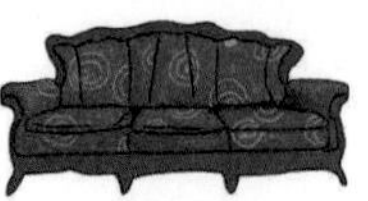

소파
沙发
shāfā
샤파

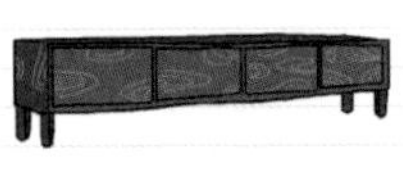

TV테이블
电视柜
diànshìguì
띠엔스꿰이

책장
书柜
shūguì
슈꿰이

책꽂이
书架
shūjià
슈지아

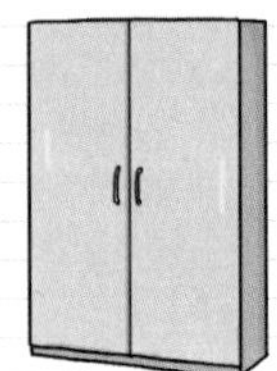

캐비닛
柜橱
guìchú
꾸이츄

서랍장
衣柜
yīguì
이꾸이

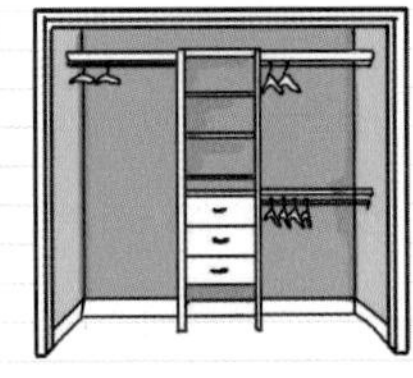

벽장
壁柜
bìguì
삐꾸이

옷걸이
衣帽架
yīmàojià
이마오지아

찬장
碗柜
wǎnguì
완꾸이

애들이 입학을 해서 책상을 사야겠어요.
孩子上学了，我得给他买桌子。
Háizi shàngxuéle, wǒ děi gěi tā mǎi zhuōzi.
하이즈 샹쉐러, 워 데이 게이 타 마이 쥬오즈

家具 jiāju 지아쥐

책상
桌子
zhuō · zi
쥬오즈

의자
椅子
yǐ · zi
이즈

식탁
餐桌
cānzhuō
찬쥬오

진열장
展示柜
zhǎnshìguì
쟌스꾸이

화장대
化妆台
huàzhuāngtái
화쥬앙타이

신발장
鞋柜
xiéguì
시에꾸이

식기 수납장
餐具橱
cānjùchú
찬쥐츄

식탁
餐桌
cānzhuō
찬죠우

주류진열장
酒柜
jiǔguì
지우꾸이

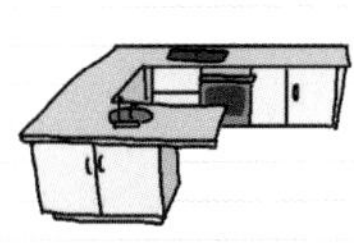

싱크대
橱柜
chúguì
츄꾸이

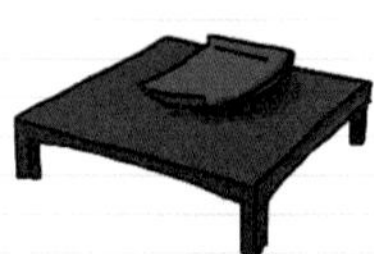

차 탁자
茶几
chájī
챠지

흔들의자
摇椅
yáoyǐ
야오이

싱크대 디자인 예쁘네요.
我喜欢这橱柜的设计风格。
Wǒ xǐ huān zhè chú guì de shè jì fēng gé.
워시환쩌추꾸이더 셔지펑거

Unit 43 인테리어

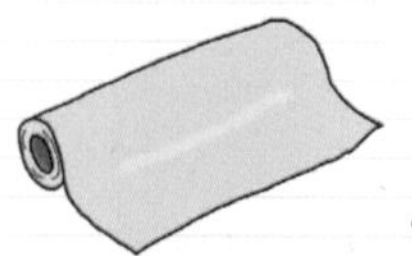

벽지
壁纸
bìzhǐ
삐즈

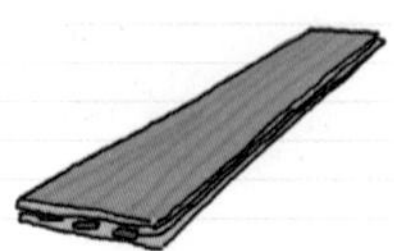

목제 마루
木地板
mùdìbǎn
무띠반

대리석 마루
大理石地板
dàlǐshídìbǎn
따리스띠반

페인트
油漆
yóuqī
요우치

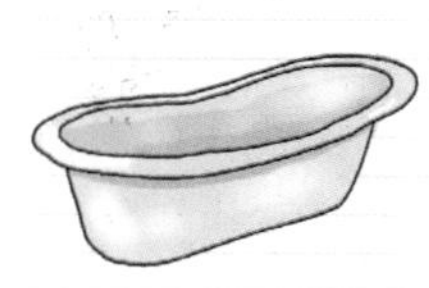

욕조
浴缸
yùgāng
위깡

변기
坐便器
zuòbiànqì
쪼우삐엔치

세면대
洗面台
xǐmiàntái
시미엔타이

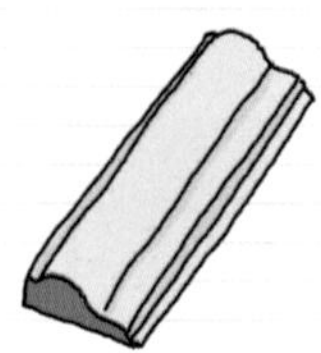

천정 몰딩
天花线
tiānhuāxiàn
티엔화시엔

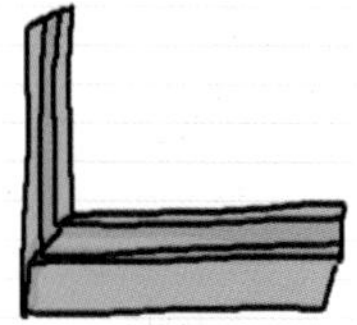

걸레받이
地脚线
dìjiǎoxiàn
띠쟈오시엔

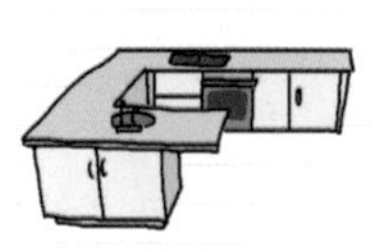

싱크대
橱柜
chúguì
츄꾸이

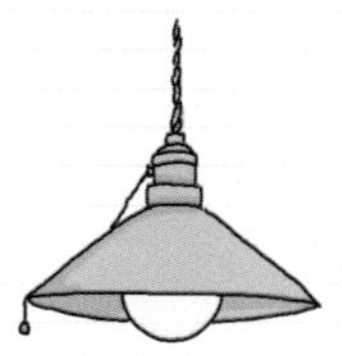

조명
照明
zhàomíng
쨔오밍

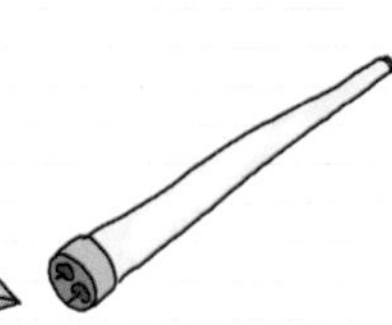

형광등
荧光灯
yíngguāngdēng
잉광떵

벽은 어떻게 꾸미실 건가요? 페인트 아니면 벽지?
墙面怎么处理？你要刷漆还是贴壁纸？
Qiángmiàn zěnme chǔlǐ? nǐ yào shuā qī háishì tiē bìzhǐ?
챵미엔 젼머 추리? 니 야오 솨 치 하이스 티에 삐즈

装饰 zhuāngshì 쭈앙쓰

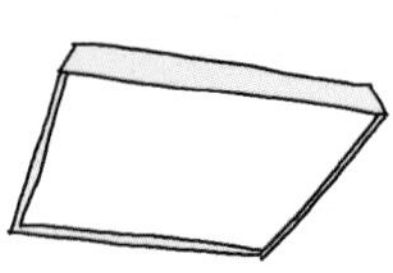

LED등
LED灯
LED dēng
LED떵

실내문
室内门
shìnèimén
스네이먼

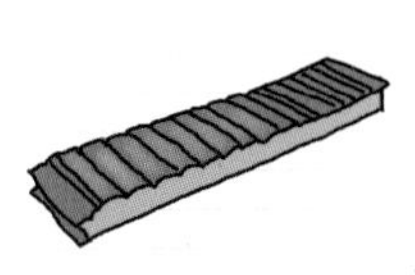

샌드위치패널
三夹板
sānjiābǎn
싼지아반

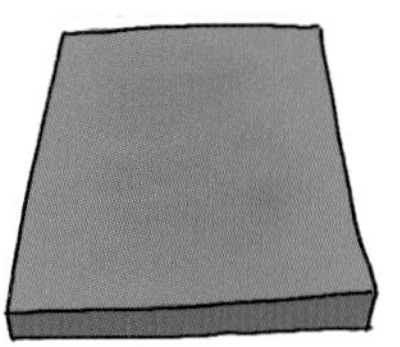

MFD판
密度板
mìdùbǎn
미뚜반

아트월
电视墙
diànshìqiáng
띠엔스치앙

신발장
鞋柜
xiéguì
시에꾸이

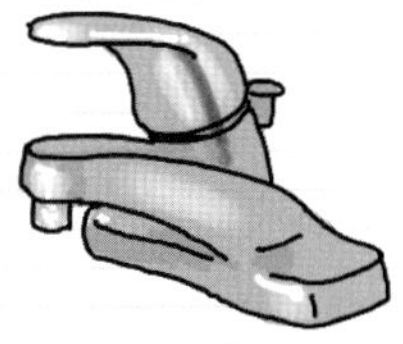

수도꼭지
水龙头
shuǐlóngtóu
쉐이롱토우

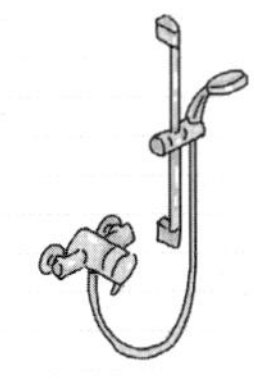

샤워기
淋浴器
línyùqì
린위치

화장대
化妆台
huàzhuāngtái
화쥬앙타이

보일러
锅炉
guōlú
꾸오루

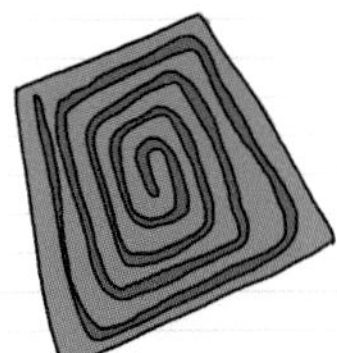

온돌파이프
地热管
dìrèguǎn
띠러관

소파
沙发
shāfā
샤파

바닥 온돌 까셨어요?
你们家用了地热吗?
Nǐ men jiā yòng le dì rè ma?
니먼쟈 용러 띠러마

Unit 44 공구

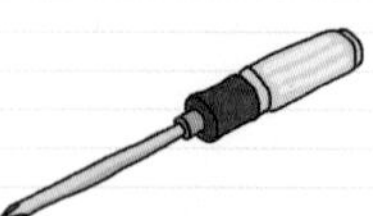

십자드라이버
十字螺丝刀
shízìluósīdāo
스즈루오쓰따오

일자드라이버
一字螺丝刀
yízìluósīdāo
이즈루오쓰따오

스패너
扳手
bān · shou
반쇼우

전기드릴
电转
diànzhuàn
띠엔쮸안

그라인더
研磨机
yánmójī
옌모지

자
尺子
chǐ · zi
츠즈

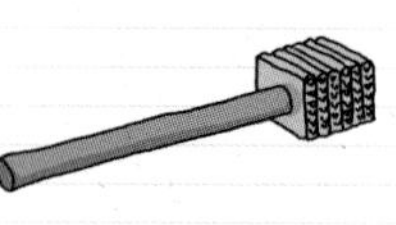

망치
锤子
chuí · zi
췌이즈

톱
钢锯
gāngjù
깡쥐

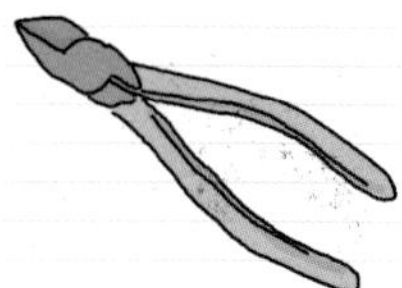

니퍼
钳子
qián · zi
치엔즈

회로계
试电笔
shìdiànbǐ
스띠엔비

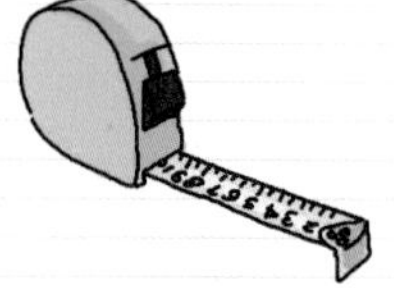

줄자
卷尺
juǎnchǐ
쥈츠

커터칼
美工刀
měigōngdāo
메이꽁따오

아들, 드라이버 본 적 있니?
儿子，见过螺丝刀吗?
Érzi jiànguò luósīdāo ma?
얼즈,찌엔구오 로스따오 마

工具 gōngjù 꽁쥐

수평계
水平尺
shuǐpíngchǐ
쉐이핑츠

줄
锉刀
cuòdāo
추오따오

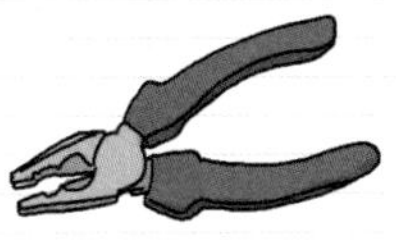

펜치
钢丝钳
gāngsīqián
깡쓰치엔

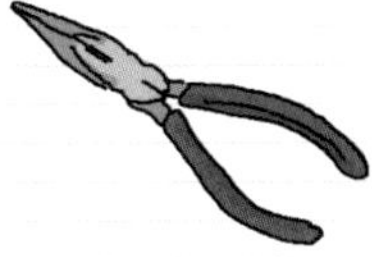

긴 입 펜치
尖嘴钳
jiānzuǐqián
찌엔쥐이치엔

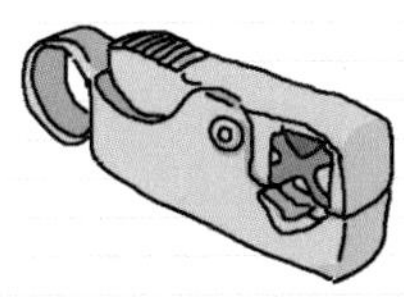

케이블 탈피기
剥线钳
bōxiànqián
보시엔치엔

멀티미터
万用表
wànyòngbiǎo
완용비아오

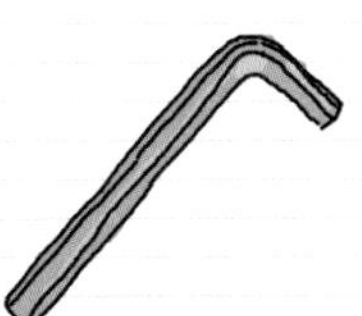

6각 렌치
六角扳手
liùjiǎobānshǒu
리우쟈오반쇼우

손전등
手电筒
shǒudiàntǒng
쇼우띠엔통

전기 절연 테이프
电工绝缘胶带
diàngōngjuéyuán jiāodài
띠엔꽁쥐에위엔자오따이

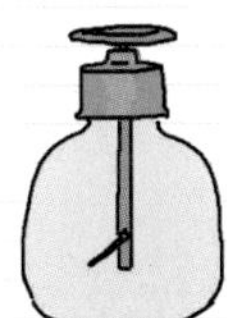

검전기
验电器
yàndiànqì
옌띠엔치

볼트
螺栓
luóshuān
루오슈안

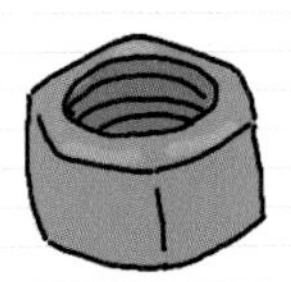

너트
螺母
luómǔ
루오무

공구함에 있겠죠!
应该在工具箱！
Yīnggāi zài gōngjù xiāng!
잉가이 짜이 공쥐 샹

Part 03

일상생활

시간

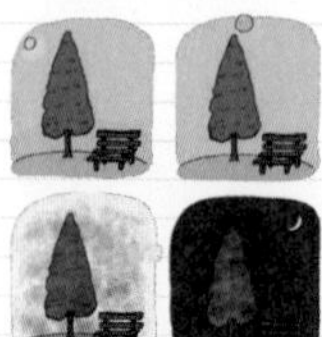

월	일	주	하루
月	日	星期	一天
yuè	rì	xīngqī	yìtiān
위에	르	씽치	이티엔

반나절	시	분	초
半天	点	分钟	秒
bàntiān	diǎn	fēnzhōng	miǎo
빤티엔	디엔	펀종	미아오

새벽	아침	오전	정오
凌晨	早晨	上午	中午
língchén	zǎo · chen	shàngwǔ	zhōngwǔ
링쳔	자오쳔	샹우	종우

너희들 내일 돌아오지? 시장 좀 봐야겠다.
你们明天回来吧? 我去市场买菜。
Nǐmen míngtiān huílái bā? wǒ qù Shìchǎng mǎicài.
니먼 밍티엔 후이라이 바. 워 취 스챵 마이챠이

时间

오후
下午
xiàwǔ
시아우

저녁
晚上
wǎn · shang
완샹

밤
夜间
yè · jiān
예찌엔

자정
午夜
wǔyè
우예

어제
昨天
zuótiān
주오티엔

오늘
今天
jīntiān
찐티엔

내일
明天
míngtiān
밍티엔

모레
后天
hòutiān
호우티엔

달력
月历
yuèlì
위에리

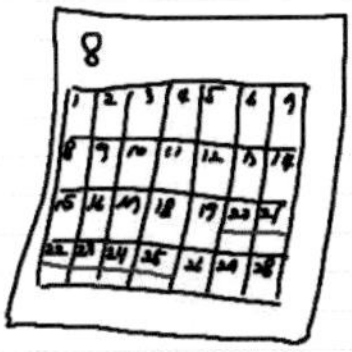

스케쥴
日程
rìchéng
르청

음력
阴历
yīnlì
인리

양력
阳历
yánglì
양리

저녁 같이 먹을래?
晚上一起吃饭好吗?
Wǎn shàng yī qǐ chī fàn hǎo ma?
완샹이치 츠판 하오마

Unit 46

24절기

입춘
立春
lìchūn
리츈

우수
雨水
yǔshuǐ
위쉐이

경칩
惊蛰
jīngzhé
찡져

춘분
春分
chūnfēn
춘펀

청명
清明
qīngmíng
칭밍

곡우
谷雨
gǔyǔ
구위

입하
立夏
lìxià
리샤

소만
小满
xiǎomǎn
샤오만

망중
芒种
mángzhòng
망죵

하지
夏至
xiàzhì
샤쯔

소서
小暑
xiǎoshǔ
시아오슈

대서
大暑
dàshǔ
따슈

입춘인데 왜 아직 춥지?
都立春了怎么还这么冷?
Dōu lì chūn le zěn me hái zhè me lěng?
또 리츈러 젼머하이쩌머렁

二十四节气 èrshísì jiéqì 얼쓰스지에치

입추	처서	백로	추분
立秋	处署	白露	秋分
lìqiū	chǔshǔ	báilù	qiūfēn
리치우	츄슈	바이루	치우펀

한로	상강	입동	소설
寒露	霜降	立冬	小雪
hánlù	shuāngjiàng	lìdōng	xiǎoxuě
한루	슈앙찌앙	리동	시아오쉐

대설	동지	소한	대한
大雪	冬至	小寒	大寒
dàxuě	dōngzhì	xiǎohán	dàhán
따쉬에	동쯔	샤오한	따한

북쪽 사람들은 동지에 교자를 먹어.
北方人在冬至吃饺子。
Běi fāng rén zài dōng zhì chī jiǎo zǐ.
베이팡런 짜이 동즈츠쟈오즈

Unit 47

요일과 12지신

월요일
星期一
xīngqīyī
씽치이

화요일
星期二
xīngqī'èr
씽치얼

수요일
星期三
xīngqīsān
씽치싼

목요일
星期四
xīngqīsì
씽치쓰

금요일
星期五
xīngqīwǔ
씽치우

토요일
星期六
xīngqīliù
씽치리우

일요일
星期天
xīngqītiān
씽치티엔

띠(12지신)
属相
shǔ · xiang
슈샤앙

쥐
属老鼠
shǔlǎoshǔ
슈라오슈

소
属牛
shǔniú
슈니우

호랑이
属老虎
shǔlǎohǔ
슈라오후

토끼
属兔
shǔtù
슈투

양띠세요?
你是属羊的?
Nǐ shì shǔ yáng de?
니 스 슈 양 더

星期和十二生肖 xīngqī héshíèrshēngxiào 싱치허쓰얼썽씨아오

용
属龙
shǔlóng
슈롱

뱀
属蛇
shǔshé
슈셔어

말
属马
shǔmǎ
슈마

양
属羊
shǔyáng
슈양

원숭이
属猴
shǔhóu
슈호우

닭
属鸡
shǔjī
슈찌

개
属狗
shǔgǒu
슈고우

돼지
属猪
shǔzhū
슈쮸

올해
今年
jīnnián
찐니엔

작년
去年
qùnián
취니엔

내년
明年
míngnián
밍니엔

내후년
后年
hòunián
호우니엔

아니오, 뱀띠예요
不是，我属蛇。
Bú shì, wǒ shǔ shé.
부스, 워슈셔

Unit 48 날씨, 기후

날씨
天气
tiānqì
티엔치

날씨예보
天气预报
tiānqìyùbào
티엔치위빠오

맑은 날씨
晴天
qíngtiān
칭티엔

흐린 날씨
阴天
yīntiān
인티엔

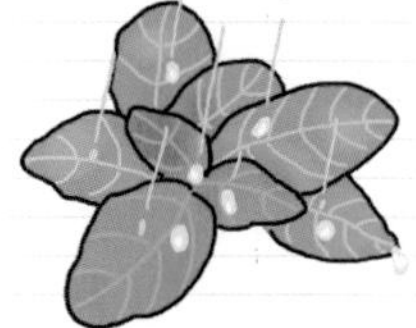

비가 오다
下雨
xiàyǔ
시아위

눈이 오다
下雪
xiàxuě
시아쉐

바람 불다
刮风
guāfēng
꽈펑

태풍
台风
táifēng
타이펑

소나기
阵雨
zhènyǔ
쪈위

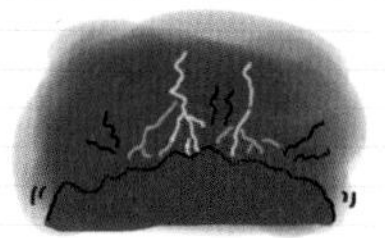

천둥
雷
léi
레이

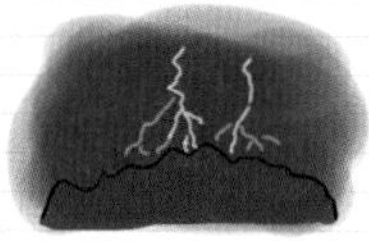

번개
闪电
shǎndiàn
샨띠엔

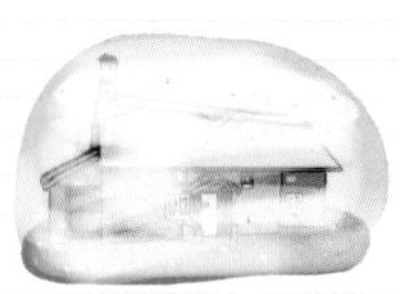

안개
雾
wù
우

일기예보에서 내일 비 온다네, 옷 좀 더 입어.
天气预报说明天有雨了，你多穿点。
Tiānqìyùbào shuō míngtiān yǒuyǔ le, nǐ duō chuāndiǎn.
티엔치위빠오쇼밍티엔요위러, 니도촨디엔

天气和气候 tiānqìhéqìhòu 티엔치허치호우

우박
冰雹
bīngbáo
삥바오

회오리바람
龙卷风
lóngjuǎnfēng
롱쥐엔펑

햇빛
阳光
yángguāng
양꽝

구름
云彩
yún · cai
윈차이

미세먼지
雾霾
wùmái
우마이

봄
春天
chūntiān
춘티엔

여름
夏天
xiàtiān
시아티엔

가을
秋天
qiūtiān
치우티엔

겨울
冬天
dōngtiān
동티엔

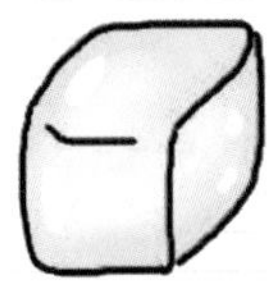

얼음
冰块
bīngkuài
삥콰이

온도
温度
wēndù
원두

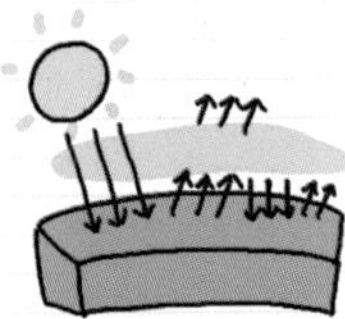

온실효과
温室效应
wēnshìxiàoyìng
원스샤오잉

오늘 미세먼지가 심하네, 마스크 써야겠다.
今天雾霾严重，应该戴口罩了。
Jīn tiān wù mái yán zhòng, yīng gāi dài kǒu zhào le.
진티엔우마이옌쭝, 잉가이따이코우쟈오러

Unit 49 기념일

원단
元旦
yuándàn
위엔단

춘절
春节
chūnjié
춘지에

청명절
清明节
qīngmíngjié
칭밍지에

노동절
劳动节
láodòng jié
라오동지에

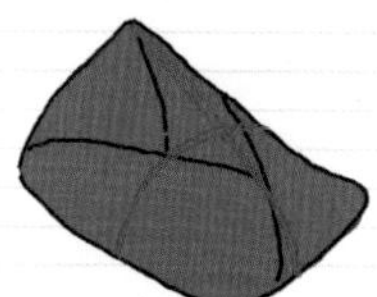

단오절
端午节
duānwǔjié
뚜안우지에

중추절
中秋节
zhōngqiūjié
중치우지에

국경절
国庆节
guóqìngjié
구오칭지에

라바절
腊八节
làbājié
라바지에

섣달 그믐날
除夕
chúxī
추시

12월 23일
小年
xiǎonián
시아오니엔

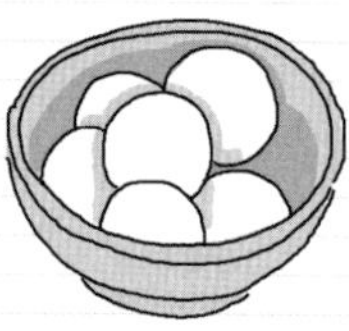

정월 대보름날
元宵节
yuánxiāojié
위엔샤오지에

음력 2월 2일
龙抬头
lóngtáitóu
롱타이토우

내일 단오절이야, 쫑즈 먹는 날이지.
明天是端午节，吃粽子。
Míngtiān shì duānwǔjié, chī zòngzi.
밍티엔스돤우지에, 츠쫑즈

纪念日 jìniànrì 지니엔르

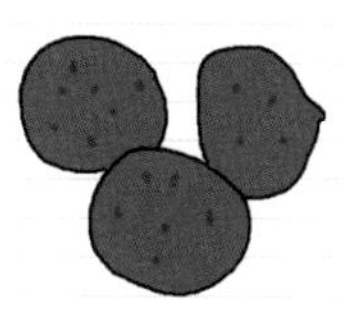

한식
寒食节
hánshíjié
한스지에

건군제
八一建军节
bāyījiànjūnjié
파이찌엔쥔지에

칠월칠석 연인의 날
七夕情人节
qīxīqíngrénjié
치시칭런지에

백중날
中元节
zhōngyuánjié
종위엔지에

중양절
(음력 9월 9일)
重阳节
chóngyángjié
총양지에

국제 여성의 날
三八妇女节
sānbāfùnǚjié
산빠푸뉘지에

국제 아동절
国际儿童节
guójìértóngjié
구오지얼통지에

할로윈 데이
万圣节
wànshèngjié
완셩지에

크리스마스이브
平安夜
píng'ānyè
핑안예

크리스마스
圣诞节
shèngdànjié
셩단지에

독신자의 날
光棍节
guānggùnjié
광꾼지에

아버지날
父亲节
fùqīnjié
푸친지에

이번 크리스마스에는 눈이 온대요.
据说今年圣诞节会下雪。
Jùshuō jīnnián shèngdànjié huì xià xuě.
쥐쑤오 진니엔 썽단지에 후이 시아 쉬에

Unit 50 레저

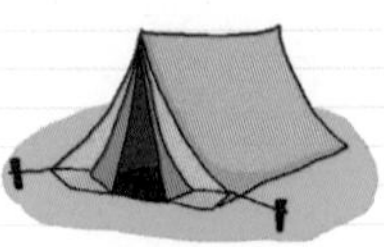

캠핑
野营
yěyíng
예잉

등산
登山
dēngshān
떵샨

낚시
钓鱼
diàoyú
띠아오위

수영
游泳
yóuyǒng
요우용

사이클 타기
骑自行车
qízìxíngchē
치즈싱쳐

산악자전거
山地车
shāndìchē
샨디쳐

패러글라이딩
滑翔伞
huáxiángsǎn
화샹싼

번지점프
蹦极
bèngjí
뻥지

스키
滑雪
huáxuě
화쉐에

보드
滑板
huábǎn
화반

암벽 타기
攀岩
pānyán
판옌

카누
独木舟
dúmùzhōu
뚜무죠우

번지점프 해봤니?
有人蹦过极吗?
Yǒu rén bèngguòjí ma?
요우 런 뻥구오지 마

休闲 xiūxián 시우시엔

래프팅
漂流
piāoliú
피아오리우

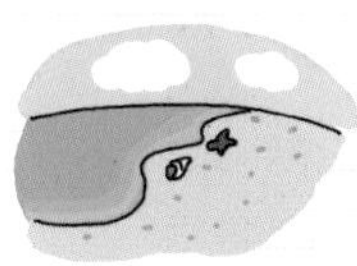

해수욕장
海水浴场
hǎishuǐyùchǎng
하이쉐이위챵

수상스키
滑水
huáshuǐ
화쉐이

윈드서핑
风帆冲浪
fēngfānchōnglàng
펑판총랑

헬스
健美
jiànměi
찌엔메이

요가
瑜伽
yújiā
위찌아

태극권
太极拳
tàijíquán
타이지취엔

다트
投镖
tóubiāo
토우비아오

인라인스케이트
直排轮滑
zhípáilúnhuá
즈파이룬화

필라테스
普拉提
pǔlātí
푸라티

힙합 댄스
街舞
jiēwǔ
찌에우

연 날리기
放风筝
fàngfēng · zheng
팡펑졍

오후에 윈드서핑 하러 갈 거야.
下午我要去风帆冲浪。
Xià wǔ wǒ yào qù fēng fān chōng làng.
샤우 워 야오취 펑판 총랑

Unit 51 레저용품

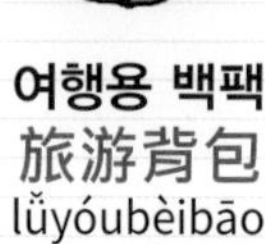

여행용 백팩
旅游背包
lǚyóubèibāo
뤼요우뻬이빠오

요대
腰包
yāobāo
야오빠오

등산화
登山鞋
dēngshānxié
떵샨시에

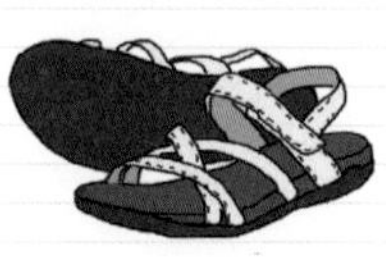

샌들
凉鞋
liángxié
량시에

캐주얼화
休闲鞋
xiūxiánxié
시우시엔시에

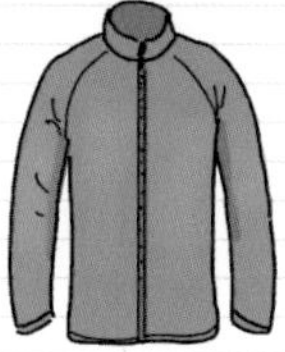

바람막이
冲锋衣
chōngfēngyī
총펑이

모자
帽子
mào · zi
마오쯔

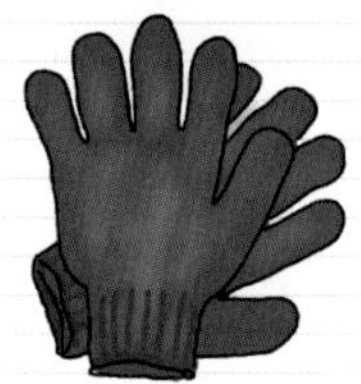

장갑
手套
shǒutào
쇼우타오

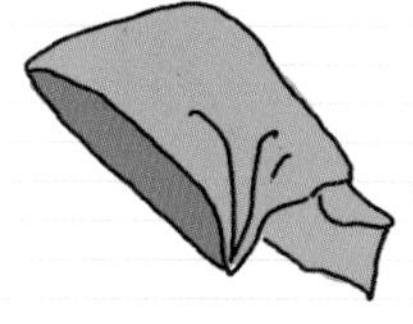

두건
头巾
tóujīn
토우찐

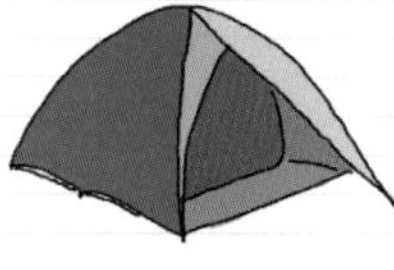

텐트
帐篷
zhàng · peng
쟝펑

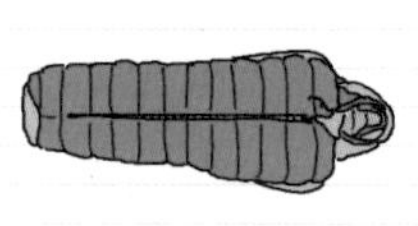

침낭
睡袋
shuìdài
쉐이따이

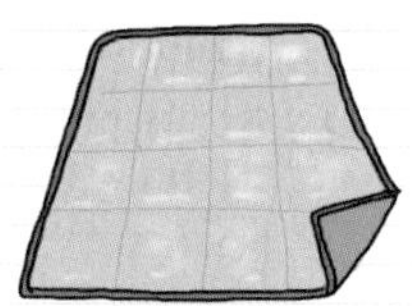

방습 패널
防潮垫
fángcháodiàn
팡챠오띠엔

내일 등산 가니 모자를 준비하렴.
我们明天去爬山，准备帽子 。
Wǒmen míngtiān qù páshān, zhǔnbèi màozi.
워먼 밍텐 취 파샨, 쥰뻬이 마오즈

休闲用品 xiūxiányòngpǐn 시우시엔용핀

주전자
水壶
shuǐhú
쉐이후

칼
刀具
dāojù
따오쥐

손전등
手电筒
shǒudiàntǒng
쇼우띠엔통

망원경
望远镜
wàngyuǎnjìng
왕위엔찡

서핑보드
冲浪板
chōnglàngbǎn
총랑반

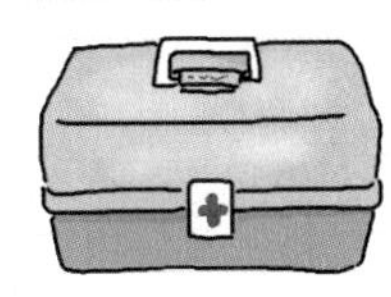

구급함
急救包
jíjiùbāo
지찌우빠오

리드줄
牵引绳
qiānyǐnshéng
체엔인셩

나침반
指南针
zhǐnánzhēn
즈난쪈

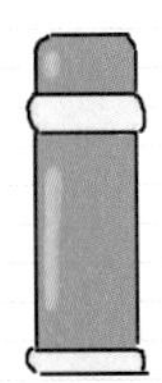

물병
水瓶
shuǐpíng
쉐이핑

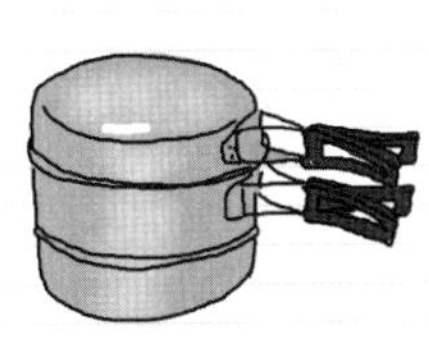

코펠
野营锅具
yěyíngguōjù
예잉꾸오쥐

버너
野营炉子
yěyínglúzi
예잉루즈

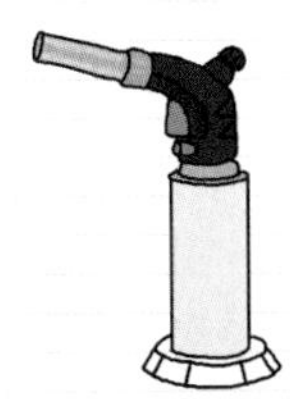

토우치
喷灯
pēndēng
펀떵

정전됐어, 손전등 켜고 두꺼비집 좀 봐줘.
停电了，拿手电筒看看保险盒。
tíng diàn le, ná shǒu diàn tǒng kàn kàn bǎo xiǎn hé.
팅띠엔러, 나쇼우띠엔통칸칸바오시엔허

Unit 52 취미

독서하다
读书
dúshū
두슈

운동하다
运动
yùndòng
윈동

요리하다
烹饪
pēngrèn
펑런

맛있는 음식을 먹다
吃美食
chīměishí
츠메이스

여행하다
旅游
lǚyóu
뤼요우

음악 듣기
听音乐
tīngyīnyuè
팅인위에

영화 보기
看电影
kàndiànyǐng
칸띠엔잉

물건 모으기
收藏物品
shōucángwùpǐn
쇼우챵우핀

그림 그리기
绘画
huìhuà
후이화

인터넷하기
上网
shàngwǎng
샹왕

쇼핑하기
购物
gòuwù
꼬우우

만들기
制作
zhìzuò
쯔쭈오

이번 주말엔 뭐 하실 건가요?
你在这周末要干什么?
Nǐ zài zhèzhōumò yào gànshénme?
니 짜이 쪄조모 야오 깐션머

爱好 àihào 아이하오

명상하기
冥想
míngxiǎng
밍샹

물고기 기르기
养鱼
yǎngyú
양위

강아지 산책
遛狗
liùgǒu
리우고우

산책
散步
sànbù
싼뿌

게임하기
玩游戏
wányóuxì
완요우시

술 마시기
喝酒
hējiǔ
허지우

차 마시기
喝茶
hēchá
허차

사진 찍기
拍照片
pāizhàopiàn
파이짜오피엔

기타 치기
弹吉他
tánjítā
탄지타

피아노 치기
弹钢琴
tángāngqín
탄깡친

잠자기
睡觉
shuìjiào
쉐이쟈오

춤추기
跳舞
tiàowǔ
티아오우

저는 잠을 자야 해요. 요 며칠 야근으로 밤을 세웠거든요.
我得睡觉，这几天加班熬夜了。
Wǒ děi shuìjiào, zhè jǐtiān jiābān áoyèle.
워 데이 쉐이쟈오, 져 지텐 쟈빤 아오예러

Unit 53 영화

영화
电影
diànyǐng
띠엔잉

영화관
电影院
diànyǐngyuàn
띠엔잉위엔

만화영화
动画片
dònghuàpiàn
동화피엔

주인공
主人公
zhǔréngōng
쥬런꽁

배우
演员
yǎnyuán
옌위엔

주연배우
主演
zhǔyǎn
쥬옌

조연배우
配角演员
pèijuéyǎnyuán
페이쥐에옌위엔

카메오
客串演员
kèchuànyǎnyuán
커촤안옌위엔

감독
导演
dǎoyǎn
다오옌

관객
观众
guānzhòng
꽌중

로맨스
言情片
yánqíngpiàn
옌칭피엔

희극영화
喜剧片
xǐjùpiàn
시쥐피엔

영화 좋아하세요?
喜欢看电影吗?
Xǐhuan kàn diànyǐng ma?
시환 칸 띠엔잉 마

电影 diànyǐng 띠엔잉

재난 영화	갱영화	공포영화	누아르 영화
灾难片	流氓电影	恐怖电影	黑色电影
zāinànpiàn	liúmángdiànyǐng	kǒngbùdiànyǐng	hēisèdiànyǐng
자이난피엔	리우망띠엔잉	콩뿌디엔잉	헤이서 띠엔잉

멜로 영화	블록버스터	매표소	공상과학영화
爱情片	大轰动	售票厅	科幻片
àiqíngpiān	dàhōngdòng	shòupiàotīng	kēhuànpiàn
아이칭피엔	따홍똥	쇼우비이아오팅	커환피엔

영화자막	스포일러	영화 예고편	팝콘
屏幕	剧透	预告片	爆米花
píngmù	jùtòu	yùgàopiān	bàomǐhuā
핑무	쥐토우	위까오피엔	빠오미화

네, 전 재난영화가 좋더라고요.
喜欢。我喜欢看灾难片。
Xǐhuan. wǒ xǐhuan kàn zāinàn piàn.
시환. 워 시환 칸 자이난 피엔

Unit 54 음악

음악가
音乐家
yīnyuèjiā
인위에쟈

클래식 음악
古典音乐
gǔdiǎnyīnyuè
구디엔인위에

블루스
蓝调歌曲
lándiàogēqǔ
란티아오꺼취

락
摇滚乐
yáogǔnyuè
야오군위에

재즈
爵士乐
juéshìyuè
쥐에스위에

관현악
管弦乐
guǎnxiányuè
관시엔위에

현대음악
现代音乐
xiàndàiyīnyuè
시엔따이인위에

타악
打击乐
dǎjīyuè
다지위에

취주악
吹奏乐
chuīzòuyuè
췌이쪼우위에

협주곡
协奏曲
xiézòuqǔ
시에쪼우취

현악
弦乐
xiányuè
시엔위에

교향곡
交响曲
jiāoxiǎngqǔ
쟈오샹취

저한테 한 곡만 작곡해 주실 수 있어요?
能帮我作一首曲吗?
Néng bāng wǒ zuòyìshǒuqǔ ma?
넝 빵 워 쭈오이쇼우취 마

音乐 yīnyuè 인위에

헤비메탈
重金属音乐
zhòngjīn-shǔyīnyuè
중진슈인위에

알토
女低音
nǚdīyīn
뉘띠인

메조소프라노
女中音
nǚzhōngyīn
뉘종인

소프라노
女高音
nǚgāoyīn
뉘까오인

베이스
男低音
nándīyīn
난띠인

바리톤
男中音
nánzhōngyīn
난중인

테너
男高音
nángāoyīn
난까오인

작곡가
作曲家
zuòqǔjiā
쮸오취쟈

지휘자
指挥
zhǐhuī
즈훼이

전자음악
电子音乐
diànzǐyīnyuè
띠엔즈인위에

애국가
国歌
guógē
구오꺼

오페라
歌剧
gējù
꺼쥐

어떤 헤비메탈 음악이 추천할 만한가요?
有哪些重金属音乐值得推荐?
Yǒu nǎxiē zhòngjīnshǔ yīnyuè zhídé tuījiàn?
요우 나시에 쭝진쑤 인위에 쯔더 투이지엔

Unit 55 악기

악기
乐器
yuèqì
위에치

연주자
演奏者
yǎnzòuzhě
옌쪼우져

현악기
弦乐器
xiányuèqì
시엔위에치

타악기
打击乐器
dǎjīyuèqì
다지위에치

목관악기
木管乐器
mùguǎnyuèqì
무관위에치

금관악기
铜管乐器
tóngguǎnyuèqì
통관위에치

건반악기
键盘乐器
jiànpányuèqì
찌엔판위에치

바이올린
小提琴
xiǎotíqín
샤오티친

첼로
大提琴
dàtíqín
따티친

더블베이스
倍低音提琴
bèidīyīntíqín
뻬이띠인티친

하프
竖琴
shùqín
슈친

기타
吉他
jítā
지타

기타 칠 줄 아세요?
你会弹吉他吗?
Nǐ huìdàn jítā ma?
니 후이탄 지타마

乐器 yuèqì 위에치

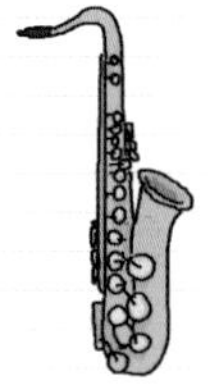

플룻	클라리넷	오보에	색소폰
长笛	竖笛	欧巴	萨克斯管
chángdí	shùdí	ōubā	sàkèsīguǎn
챵디	슈디	오우빠	싸커스관

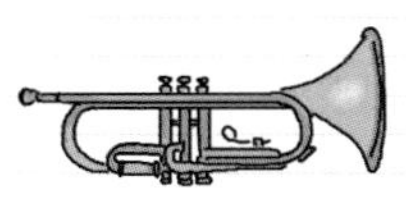

트럼펫	트롬본	피아노	전자 키보드
吹喇叭	长号	钢琴	电子琴
chuīlǎ · ba	chánghào	gāngqín	diànzǐqín
추이라빠	챵하오	깡친	띠엔즈친

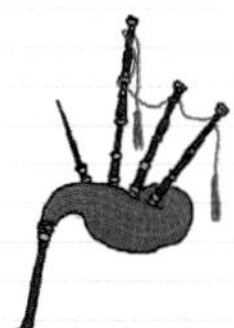

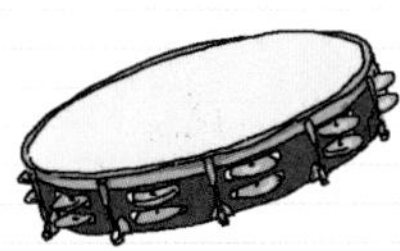

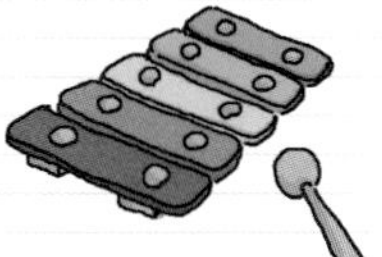

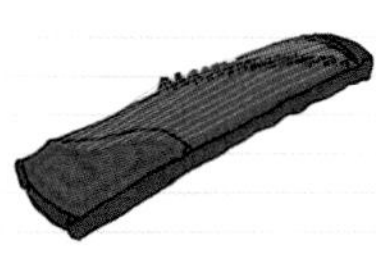

백파이프	탬버린	실로폰	쟁
风笛	铃鼓	木琴	古筝
fēngdí	línggǔ	mùqín	gǔzhēng
펑디	링구	무친	구쩡

그럼요, 피아노도 치는 걸요.

会呀！ 还会弹钢琴呢。

Huì ya! hái huì tán gāng qín ne.

후이아 하이후이 탄 깡친너

Unit 56 미술

벽화 壁画 bìhuà 삐화	조각 雕塑 diāosù 띠아오쑤	점 点 diǎn 디엔	선 线 xiàn 시엔

면 面 miàn 미엔	곡선 曲线 qūxiàn 취시엔	색상 颜色 yánsè 옌써	톤 色调 sèdiào 써띠아오

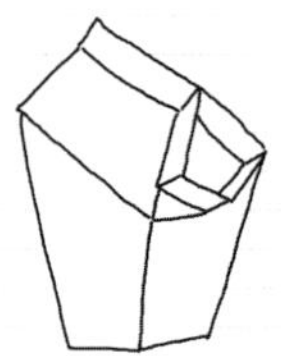

명암 明暗 míng'àn 밍안	형태 形状 xíngzhuàng 싱쫭	공간 空间 kōngjiān 콩찌엔	대비 对比 duìbǐ 뚜이비

반 고흐의 유명한 작품은 뭐가 있니?
梵高最有名的油画作品是什么?
Fàngāo zuì yǒumíng de yóuhuàzuòpǐn shì shénme?
판까오 쮜이 요우밍 더 요우화쪼우핀 스 션머

美术 měishù 메이슈

원근법
远近画法
yuǎnjìnhuàfǎ
위엔찐화파

추상화
抽象画
chōuxiànghuà
쵸우샹화

수묵화
水墨画
shuǐmòhuà
쉐이모화

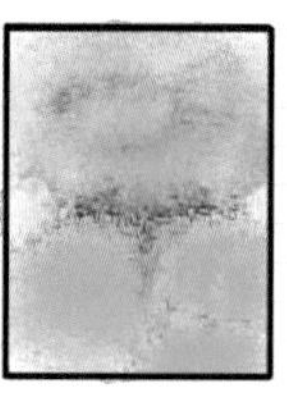

수채화
水彩画
shuǐcǎihuà
쉐이차이화

유화
油画
yóuhuà
요우화

풍경화
风景画
fēngjǐnghuà
펑징화

정물화
静物画
jìngwùhuà
찡우화

인물화
人物画
rénwùhuà
런우화

스케치
素描
sùmiáo
쑤미아오

화랑
画廊
huàláng
화랑

이젤
画架
huàjià
화쟈

그림붓
画笔
huàbǐ
화비

많지, 별밤, 해바라기, 사이프러스와 별이 있는 길 등등.
多了，星夜、向日葵、有丝柏的道路等等。
Duō le, xīngyè, xiàngrìkuí, yǒu sī bǎi de dàolù děngděng.
뚜어 러, 씽예, 샹르쿠이, 요으 쓰 바이 더 따오루 덩덩

Unit 57 스포츠 ①

축구	배구	농구	야구
足球	排球	篮球	棒球
zúqiú	páiqiú	lánqiú	bàngqiú
쥬치우	파이치우	란치우	빵치우

하키	배드민턴	수구	크리켓
曲棍球	羽毛球	水球	板球
qūgùnqiú	yǔmáoqiú	shuǐqiú	bǎnqiú
취군치우	위마오치우	쉐이치우	반치우

럭비	소프트볼	스쿼시	골프
橄榄球	垒球	壁球	高尔夫球
gǎnlǎnqiú	lěiqiú	bìqiú	gāo'ěrfūqiú
간란치우	레이치우	삐치우	까오얼푸치우

지금 중국 애들은 NBA 보는 것을 좋아한다.

现在中国的孩子们喜欢看美国职业篮球赛。

Xiànzài Zhōngguó de háizǐmen xǐhuan kàn Měiguó zhíyè lánqiúsài.

시엔자이 즁구오 더 하이즈먼 시환 칸 메이구오 즈예 란치우싸이

运动 yùndòng 원똥 ①

탁구
乒乓球
pīngpāngqiú
핑팡치우

테니스
网球
wǎngqiú
왕치우

수영
游泳
yóuyǒng
요우용

접영
蝶泳
diéyǒng
디에용

자유형
自由泳
zìyóuyǒng
즈요우용

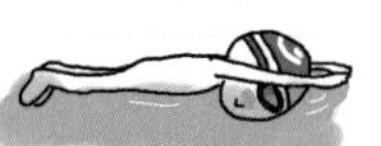

평영
蛙泳
wāyǒng
와용

배영
仰泳
yǎngyǒng
양용

육상경기
田径
tiánjìng
티엔찡

사격
射击
shèjī
셔찌

펜싱
击剑
jījiàn
찌찌엔

태권도
跆拳道
táiquándào
타이췐따오

유도
柔道
róudào
로우따오

수영은 배우기가 어려워요.
游泳不好学。
Yóuyǒng bù hǎo xué.
요우용 부 하우 쉬에

Unit 58 스포츠 ②

권투
拳击
quánjī
췐찌

씨름
摔跤
shuāijiāo
슈아이지아오

중국 우슈
中国武术
zhōngguówǔshù
종구오우슈

마술
马术
mǎshù
마슈

등산
爬山
páshān
파샨

역도
举重
jǔzhòng
쥐쫑

싸이클
自行车
zìxíngchē
쯔싱쳐

크로스컨트리
越野赛
yuèyěsài
위에예싸이

마라톤
马拉松
mǎlāsōng
마라쏭

카누
划艇
huátǐng
화팅

윈드서핑
冲浪
chōnglàng
총랑

암벽 타기
攀岩
pānyán
판옌

마라톤은 장거리 경주이다.
马拉松赛是一项长跑比赛项目。
Mǎlāsōngsài shì yíxiàng chángpǎobǐsài xiàngmù.
마라쏭싸이 스 이샹 챵파오비싸이 샹무

运动 yùndòng 윈똥 ②

번지점프
蹦极
bèngjí
뼁지

양궁
射箭
shèjiàn
셔찌엔

체조
体操
tǐcāo
티챠오

리듬체조
艺术体操
yìshùtǐcāo
이슈티챠오

패러글라이딩
滑翔伞
huáxiángsǎn
후아씨앙산

낚시
钓鱼
diàoyú
띠아오위

줄넘기
跳绳
tiàoshéng
티아오셩

스케이트보드
滑板
huábǎn
화반

인라인스케이트
溜冰鞋
liūbīngxié
리우삥시에

당구
台球
táiqiú
타이치우

볼링
保龄球
bǎolíngqiú
바오링치우

스키
滑雪
huáxuě
화쉐

우리 볼링 치러 가자.
咱们去玩保龄球吧！
Zán men qù wán bǎo líng qiú ba!
잔먼취완 바오링치우바

Unit 59 학용품

공부하다
学习
xuéxí
슈에시

연필
铅笔
qiānbǐ
치엔비

볼펜
圆珠笔
yuánzhūbǐ
위엔쥬비

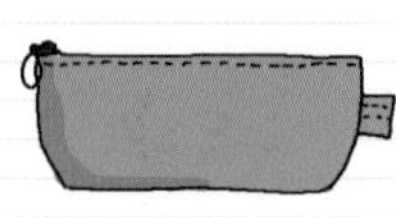

필통
文具盒
wénjùhé
원쥐허

자
尺子
chǐ · zi
츠즈

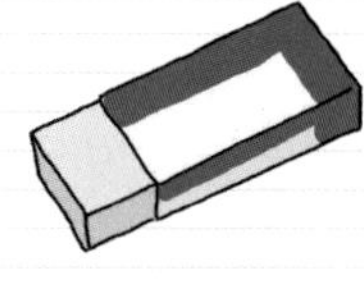

지우개
橡皮
xiàngpí
샹피

가방
书包
shūbāo
슈빠오

붓
毛笔
máobǐ
마오비

공책
笔记本
bǐjìběn
비찌번

교재
教材
jiàocái
찌아오차이

스케치북
素描本
sùmiáoběn
쑤미아오번

수채화 물감
水彩画颜料
shuǐcǎihuà yánliào
쉐이차이화옌랴오

지우개 좀 빌려줘.
借我一下橡皮。
Jiè wǒ yíxià xiàngpí.
찌에워이샤샹피

学生用品 xuéshēngyòngpǐn 쉬에썽용핀

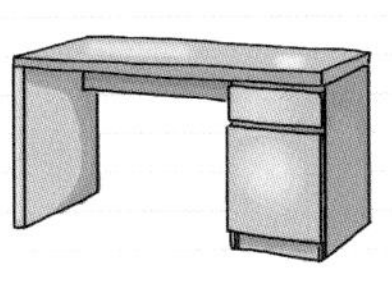

책상
学习桌
xuéxízhuō
쉐이시주오

의자
学习椅子
xuéxíyǐzi
쉐이시이즈

가위
剪刀
jiǎndāo
지엔따오

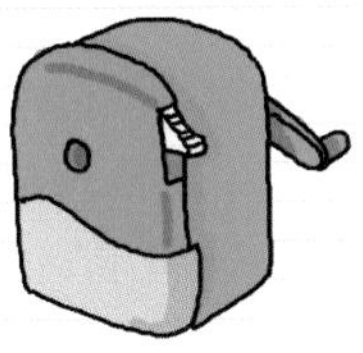

연필깎기
铅笔刀
qiānbǐdāo
치엔비따오

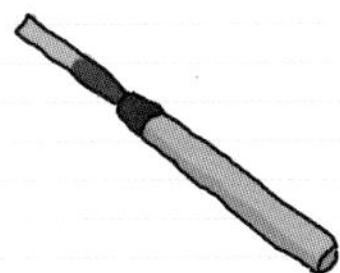

조각칼
刻刀
kèdāo
커따오

수정테이프
修正带
xiūzhèngdài
시우졍따이

형광펜
荧光笔
yíngguāngbǐ
잉광비

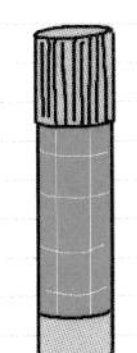

딱풀
胶棒
jiāobàng
지아오빵

셀로판테이프
透明胶带
tòumíngjiāodài
토우밍쟈오따이

색연필
彩色铅笔
cǎisèqiānbǐ
차이써치엔비

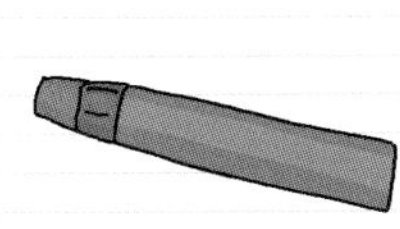

크레파스
蜡笔
làbǐ
라비

포스트잇
记事贴
jìshìtiē
찌스티에

나는 형광펜을 샀다.
我买了荧光笔。
Wǒ mǎile yíngguāng bǐ.
워 마이러 잉구앙 비

Unit 60

선과 도형

실선	파선	점선	곡선
实线	短划线	虚线	曲线
shíxiàn	duǎnhuáxiàn	xūxiàn	qūxiàn
스시엔	뚜안화시엔	쉬시엔	취시엔

대각선	수평선	수직선	평행선
对角线	横线	竖线	平行线
duìjiǎoxiàn	héngxiàn	shùxiàn	píngxíngxiàn
뚜이쟈오시엔	헝시엔	슈시엔	핑싱시엔

직선의	물결 모양	지그재그	원
直线的	波浪形	锯齿形	圆
zhíxiànde	bōlàngxíng	jùchǐxíng	yuán
즈시엔더	뽀랑싱	쮜츠싱	옌

정삼각형은 정삼변형이라고도 한다.

正三角形又称正三边形。

Zhèngsānjiǎoxíng yòu chēng zhèngsānbiānxíng.

쩡산쟈오싱 요우 청쩡싼삐엔싱

线和图形 xiànhétúxíng 시엔허투씽

타원형
椭圆形
tuǒyuánxíng
투오옌싱

정삼각형
正三角形
zhèngsānjiǎoxíng
쩡산쟈오싱

삼각형
三角形
sānjiǎoxíng
싼쟈오싱

정사각형
正方形
zhèngfāngxíng
쩡팡싱

직사각형
长方形
chángfāngxíng
챵팡싱

마름모
菱形
língxíng
링싱

평행사변형
平行四边形
píngxíng sìbiānxíng
핑싱쓰비엔싱

사다리꼴
梯形
tīxíng
티싱

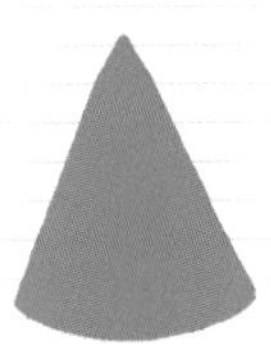

오각형
五角形
wǔjiǎoxíng
우쟈오싱

육각형
六角形
liùjiǎoxíng
리우쟈오싱

팔각형
八角形
bājiǎoxíng
빠쟈오싱

원뿔
圆锥
yuánzhuī
위엔쭈이

수직선 하나를 긋다.
画一条竖线。
Huà yìtiáo shùxiàn.
후아 이티아오 쑤시엔

Unit 61 색상

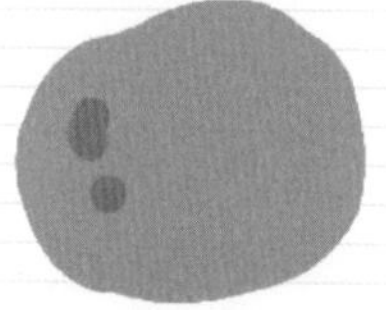

흰색	검은색	회색	빨간색
白色	黑色	灰色	红色
báisè	hēisè	huīsè	hóngsè
바이써	헤이써	회이써	호옹써

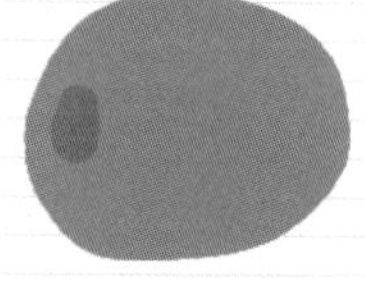

주황색	노란색	초록색	파란색
橙色	黄色	绿色	蓝色
chéngsè	huángsè	lǜsè	lánsè
쳥써	후앙써	뤼이써	라안써

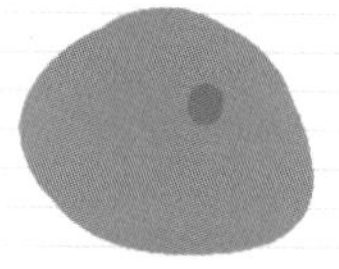

남색	보라색	분홍색	와인색
深蓝色	紫色	粉色	酒红色
shēnlánsè	zǐsè	fěnsè	jiǔhóngsè
션란써	쯔으써	펀써	지우홍써

보라색은 빨간색과 파란색을 혼합해서 만든다.

紫色是由红色和蓝色混合而成。

Zǐsè shì yóu hóngsè hé lánsè hùnhé érchéng.

즈써스요우홍써허란써훈허얼쳥

颜色 yánsè 옌써

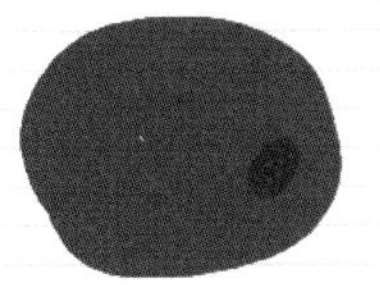

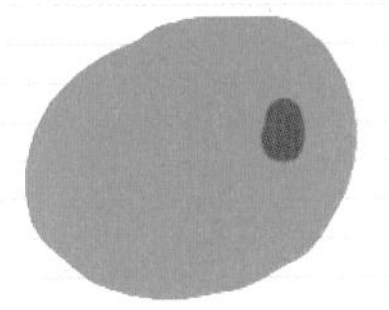

갈색
棕色
zōngsè
쫑써

청녹색
青绿色
qīnglǜsè
칭뤼써

연두색
淡绿色
dànlǜsè
딴뤼써

상아색
象牙色
xiàngyásè
시앙야써

미색
米色
mǐsè
미이써

금색
金色
jīnsè
찐써

은색
银色
yínsè
인써

황토색
土黄色
tǔhuángsè
투황써

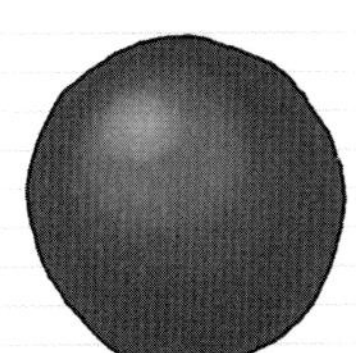

하늘색
淡蓝色
dànlánsè
딴란써

형광색
荧光色
yíngguāngsè
잉광써

색조
色调
sèdiào
써띠아오

명암
明暗
míng'àn
미잉안

미색은 어떻게 조합한 거죠?
米色是怎么调出来的?
Mǐ sè shì zěn me tiáo chū lái de?
미써스 젼머 티아오추라이더

Unit 62 부호

。	?	!	，
마침표 。	물음표 ?	느낌표 !	쉼표 ,
句号	问号	叹号	逗号
jùhào	wènhào	tànhào	dòuhào
쥐하오	원하오	탄하오	또우하오

、	；	：	“”‘’
모점 、	세미콜론 ;	콜론 :	따옴표 “”‘’
顿号	分号	冒号	引号
dùnhào	fēnhào	màohào	yǐnhào
뚠하오	펀하오	마오하오	인하오

( )	[ ]	——	……
소괄호 ()	대괄호 [ ]	풀이표(대시) ——	줄임표 ……
小括号	大括号	破折号	省略号
xiǎokuòhào	dàkuòhào	pòzhéhào	shěnglüèhào
샤오콰하오	따콰하오	포저하오	셩뤼에하오

언제 대괄호를 쓰죠?
什么时候用大括号?
Shén·me shí hòu yòng dà kuò hào?
션머스호우용 따콰하오

符号 fúhào 푸하오

하이픈 –
连接号
liánjiēhào
리엔지에하오

중점 ·
间隔号
jiàngéhào
찌엔거하오

책이름표 《》〈〉
书名号
shūmínghào
슈밍하오

고유명칭 부호 ——
专名号
zhuānmínghào
쥬안밍하오

더하기 부호 +
加号
jiāhào
찌아하오

빼기 부호 –
减号
jiǎnhào
지엔하오

곱하기 부호 ×
乘号
chénghào
쳥하오

나누기 부호 ÷
除号
chúhào
츄하오

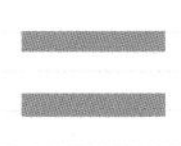

등호 =
等号
děnghào
덩하오

부등호 ≠
不等号
bùděnghào
뿌덩하오

~보다 작은 <
小于
xiǎoyú
샤오위

~보다 큰 >
大于
dàyú
따위

부등호는 어떤 게 있나요?
不等号有哪些?
Bù děng hào yǒu nǎ xiē?
뿌덩하오 요우 나시에

Part 04

여행

Unit 63 교통수단

자전거
自行车
zìxíngchē
쯔싱쳐

오토바이
摩托车
mótuōchē
모토우쳐

스쿠터
小型摩托车
xiǎoxíngmótuōchē
샤오싱모토우쳐

자동차
汽车
qìchē
치쳐

택시
出租车
chūzūchē
츄쭈쳐

버스

巴士
bāshì
빠스

시내버스
公交车
gōngjiāochē
꽁쟈오쳐

고속버스
长途汽车
chángtúqìchē
챵투치쳐

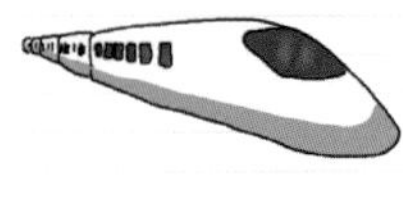

기차
火车
huǒchē
후오쳐

고속철도
高铁
gāotiě
까오티에

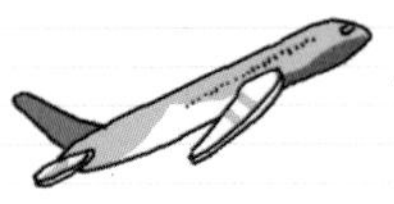

비행기
飞机
fēijī
페이지

헬리콥터
直升机
zhíshēngjī
즈셩지

오토바이로 고속도로 탈 수 있니?
你那摩托车能上高速吗?
Nǐ nà mótuōchē néng shàng gāosù ma?
니 나 모투오쳐 넝 샹 까오쑤 마

交通 jiāotōng 지아오통

지하철
地铁
dìtiě
띠티에

전차
有轨电车
yǒuguǐdiànchē
요우꾸이띠엔쳐

유람선
游船
yóuchuán
요우추안

여객선
客轮
kèlún
커룬

구급차
救护车
jiùhùchē
찌우후쳐

소방차
消防车
xiāofángchē
샤오팡쳐

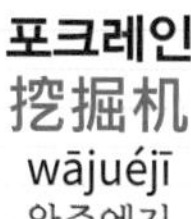

포크레인
挖掘机
wājuéjī
와쥬에지

지게차
叉车
chāchē
챠쳐

트랙터
拖拉机
tuōlājī
투오라지

트럭
卡车
kǎchē
카쳐

승용차
轿车
jiàochē
쟈오쳐

열기구
热气球
rèqìqiú
러치치우

절강, 안휘, 광동 등은 고속도로에서 못 타.
浙江、安徽、广东等地摩托车都不能上高速。
Zhèjiāng, ānhuī, guǎngdōng děng dì mótuōchē dōu bùnéng shàng gāosù.
저쟝, 안훼이, 광동덩 띠모토우쳐 또우 부넝 샹까오쑤

Unit 64 공항

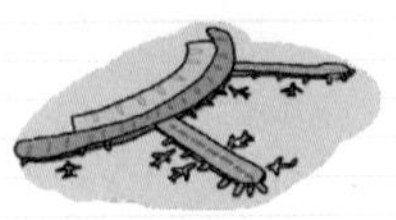

공항
机场
jīchǎng
찌챵

국내선
国内航线
guónèihángxiàn
구오네이항시엔

국제선
国际航线
guójìhángxiàn
구오찌항시엔

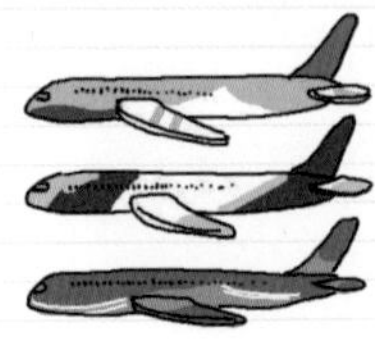

항공사
航空公司
hángkōnggōngsī
항콩꽁쓰

출발, 도착 표시판
航班显示屏
hángbānxiǎn-shìpíng
항빤시엔스핑

안내데스크
咨询台
zīxúntái
쯔쉰타이

발권 창구
售票柜台
shòupiàoguìtái
쇼우피아오꾸이타이

탑승수속
登机手续
dēngjīshǒuxù
떵지쇼우쉬

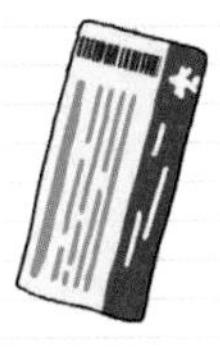

탑승권
登机牌
dēngjīpái
떵지파이

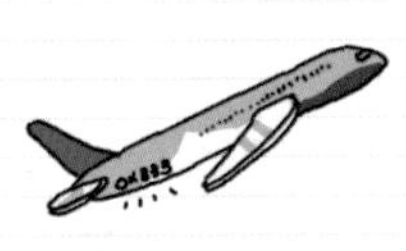

비행기 편명
航班号
hángbānhào
항빤하오

탁송하다
托运
tuōyùn
투오윈

무게를 달다
称重
chēngzhòng
청쫑

탑승권만 있으면 비행기 바로 탈 수 있는 건가요?
有登机牌就直接可以上飞机吗?
Yǒu dēngjīpái jiù zhíjiē kěyǐ shàng fēijī ma?
요우 떵지파이 찌우 즈지에 커이 샹 페이지 마

机场 jīchǎng 지창

무게 초과
超重
chāozhòng
챠오쭝

탑승구
登机口
dēngjīkǒu
떵지코우

해관
海关
hǎiguān
하이꽌

출입국 검역
出入境检验检疫
chūrùjìngjiǎnyàn
츄루찡지엔옌지엔이

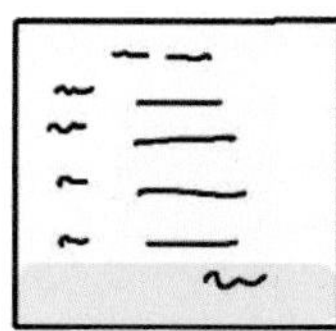

출국 신고서
出境卡
chūjìngkǎ
츄징카

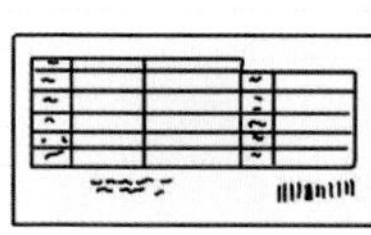

입국 신고서
入境卡
rùjìngkǎ
루징카

출입국 심사대
出入境边防检查站
chūrùjìngbiānfáng jiǎncházhàn
츄루징삐엔팡지엔챠짠

검색
安检
ānjiǎn
안지엔

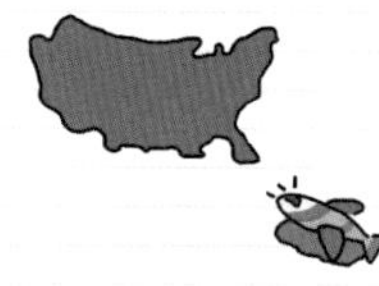

출발지
出发地
chūfādì
츄파띠

도착지
目的地
mùdìdì
무띠디

면세점
免税店
miǎnshuìdiàn
미엔쉐이띠엔

탑승
乘坐
chéngzuò
쳥쭈오

탑승 수속을 하다.
办理登机手续。
Bànlǐ dēngjī shǒuxù.
빤리 덩지 쏘우쉬

Part 04 여행

Unit 65 비행기 ①

여권
护照
hùzhào
후쟈오

비자
签证
qiānzhèng
치엔쩡

여행객
旅客
lǚkè
뤼커

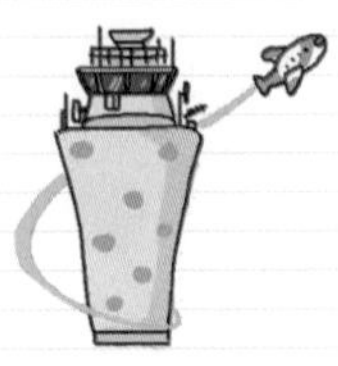

항공 교통관제
航空管制
hángkōngguǎnzhì
항콩관쯔

통로쪽 자리
靠走廊坐位
kàozǒulángzuòwèi
카오조우랑쭈오웨이

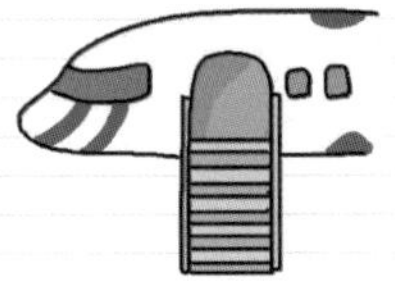

비행기 계단
飞机梯
fēijītī
페이지티

비행시간
飞行时间
fēixíngshíjiān
페이싱스지엔

기장
机长
jīzhǎng
찌쟝

기내 휴대수하물
随身行李
suíshēnxínglǐ
수이션싱리

기내
客舱
kècāng
커챵

일등석
头等舱
tóuděngcāng
토우덩챵

비즈니스석
商务客舱
shāngwùkècāng
샹우커챵

만 5개월 아기도 비행기 탈 수 있나요? 비행 시간이 대략 3시간 정도인데.
满5个月的宝宝能坐飞机吗? 飞行时间大约是3个小时。
Mǎn wǔgè yuè de bǎobǎo néng zuòfēijī ma? fēixíng shíjiān dàyuē shì sāngè xiǎoshí.
만우거위에더바오바오넝쭈오페이지마? 페이싱스젠따위에스싼거샤오스

飞机 fēijī 페이지 ①

일반석
经济舱
jīngjìcāng
찡지챵

조종석
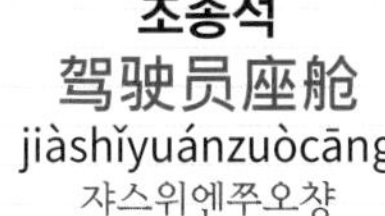
驾驶员座舱
jiàshǐyuánzuòcāng
쟈스위엔쭈오챵

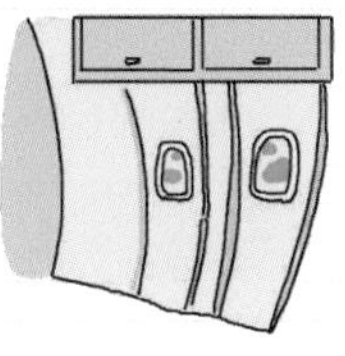

기내 선반
飞机行李舱
fēijīxínglicāng
페이지싱리챵

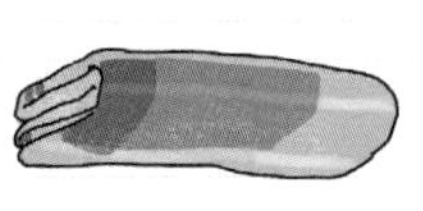

담요
毛毯
máotǎn
마오탄

비상상황
紧急情况
jǐnjíqíngkuàng
진지칭쾅

승무원
飞行乘务员
fēixíng chéngwùyuán
페이싱쳥우위엔

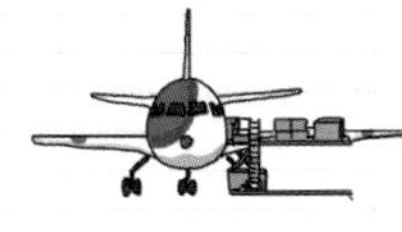

짐칸
货舱
huòcāng
후오챵

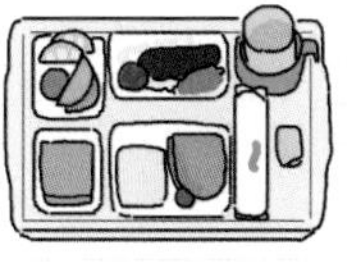

기내식
飞机餐
fēijīcān
페이지찬

화물
货物
huòwù
후오우

여행사
旅行社
lǚxíngshè
뤼싱셔

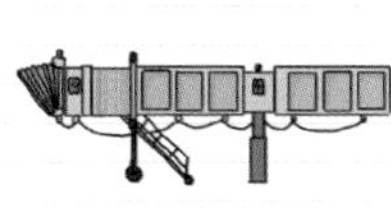

연결통로
廊桥
lángqiáo
랑치아오

라운지
候机室
hòujīshì
호우찌스

내일 호구폭포로 가는 단체팀이 있나요?
明天有去壶口瀑布的团吗?
Míng tiān yǒu qù hú kǒu pùbù de tuán ma?
밍티엔요우취후코우푸뿌더투안마

Unit 66 비행기 ②

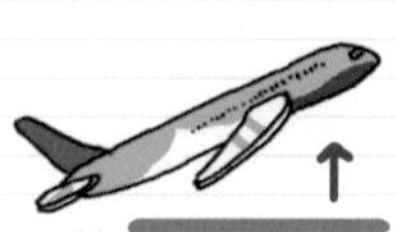

이륙하다	하강하다	착륙하다	도착하다
起飞	降落	着陆	抵达
qǐfēi	jiàngluò	zhuólù	dǐdá
치페이	짱루오	주오루	띠다

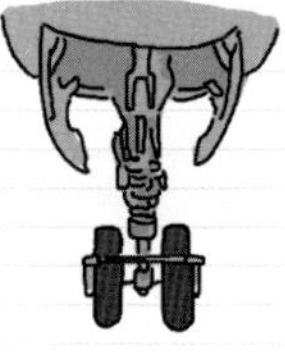

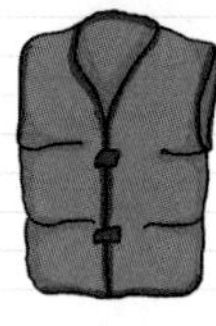

연착하다	착륙 기어	구명조끼	객실
延误	起落架	救生衣	客舱
yánwù	qǐluòjià	jiùshēngyī	kècāng
옌우	치루오지아	찌우셩이	커창

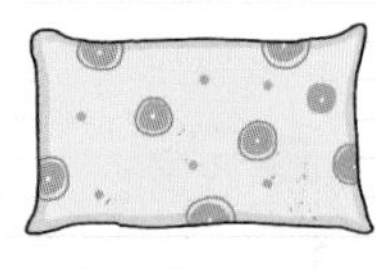

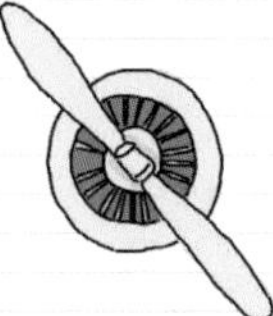

베개	프로펠러	좌석	좌석벨트
枕头	螺旋桨	座位	安全带
zhěn · tou	luóxuánjiǎng	zuò · wèi	ānquándài
젼토우	루오쉔쟝	쭈오웨이	안췐따이

비행기가 2시간 연착됐어요.

飞机延误了两个小时。

Fēi jī yán wù le liǎng gè xiǎo shí.

페이지옌우러 량거샤오스

飞机 fēijī 페이지 ②

공항 셔틀버스
摆渡车
bǎidùchē
바이뚜쳐

멀미 봉투
卫生袋
wèishēng dài
웨이셩따이

공항버스
机场大巴
jīchǎngdàbā
찌챵따빠

화물 수송기
货机
huòjī
후오찌

전투기
战斗机
zhàndòujī
쟌또우지

긴급출구
安全出口
ānquánchūkǒu
안췐츄코우

수하물꼬리표
行李牌
xínglipái
싱리파이

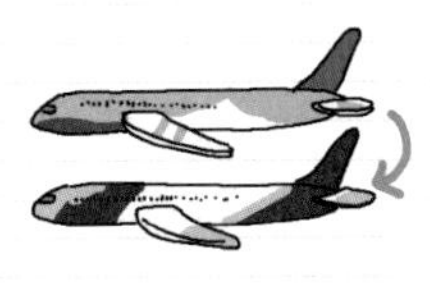

연결항공편
转机
zhuǎnjī
쥬안찌

짐 찾는 곳
取行李处
qǔxínglǐchǔ
취싱리츄

수화물 분실
行李丢失
xínglidiūshī
싱리띠우스

유실물 취급소
失物招领
shīwùzhāolǐng
스우쟈오링

티켓 판매소
售票处
shòupiàochù
쇼우퍄오츄

일등석밖에 없습니다.
只有头等舱了。
Zhǐ yǒu tóuděngcāng le.
쯔 요우 토우덩창 러

Unit 67 자동차

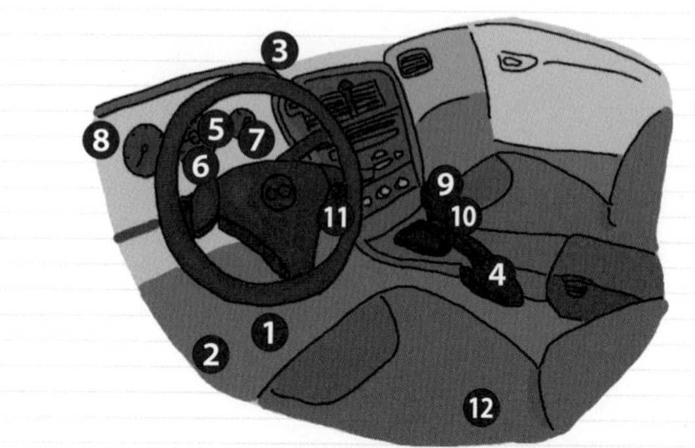

왜 사람들이 점점 회전 시 방향 깜빡이를 안 켜는 거지?

为什么越来越多的人转弯不开转向灯?

Wèishénme yuèláiyuèduō de rén zhuǎnwān bù kāi zhuǎnxiàngdēng?

웨이션머 위에라이위에두오 더 런 짠완 뿌 카이 좐샹떵

汽车 qìchē 치처

❶ 엑셀레이터 加速器 jiāsùqì 쟈쑤치
❷ 브레이크 刹车踏板 shāchētàbǎn 샤쳐타반
❸ 핸들 方向盘 fāngxiàngpán 팡샹판
❹ 주차 브레이크 停车制动器 tíngchēzhìdòngqì 팅쳐쯔동치
❺ 속도계 汽车速度表 qìchēsùdùbiǎo 치쳐쑤두비아오
❻ 연료 표시기 燃油表 rányóubiǎo 란요우비아오
❼ 주유 표시등 加油指示灯 jiāyóuzhǐshìdēng 쟈요우즈스떵
❽ 계기판 仪表板 yíbiǎobǎn 이뱌오반
❾ 오토매틱 自动档 zìdòngdǎng 쯔동당
❿ 스틱 기어 手动档 shǒudòngdàng 쇼우동당
⓫ 차량 열쇠 车钥匙 chēyào·shi 쳐야오스
⓬ 차량 시트 车椅 chēyǐ 쳐이
⓭ 전조등 前照灯 qiánzhàodēng 치엔쟈오떵
⓮ 안개등 雾灯 wùdēng 우떵
⓯ 보닛 引擎盖 yǐnqínggài 인칭까이
⓰ 백미러 后视镜 hòushìjìng 호우스찡
⓱ 와이퍼 雨刮器 yǔguāqì 위꾸아치
⓲ 타이어 车胎 chētāi 쳐타이
⓳ 트렁크 后备箱 hòubèixiāng 호우뻬이샹
⓴ 방향 표시등 方向灯 fāngxiàngdēng 팡샹떵
㉑ 브레이크 등 刹车灯 shāchēdēng 샤쳐떵
㉒ 범퍼 保险杠 bǎoxiǎngàng 바오시엔깡
㉓ 번호판 车牌 chēpái 쳐파이
㉔ 배기량 排气量 páiqìliàng 파이치량

자동차 번호판 절도 행위를 단속하다.
打击偷盗汽车牌照的犯罪行为。
Dǎ jī tōu dào qì chē pái zhào de fàn zuì xíng wéi.
다지 토우따오 치쳐 파이짜오더 판쮜이싱웨이

Unit 68 기차

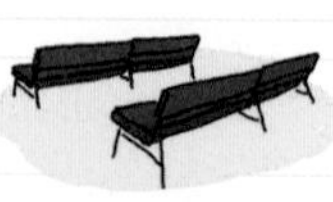

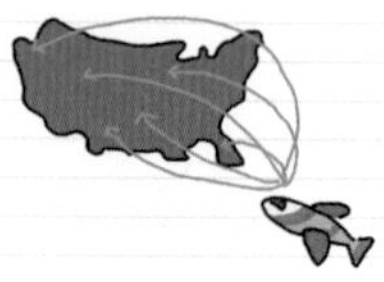

기차역
火车站
huǒchēzhàn
호우쳐짠

티켓
火车票
huǒchēpiào
호우쳐피아오

대합실
等候室
děnghòushì
덩호우스

~행의
开往
kāiwǎng
카이왕

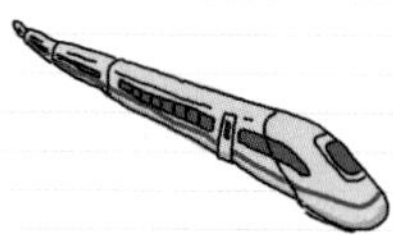

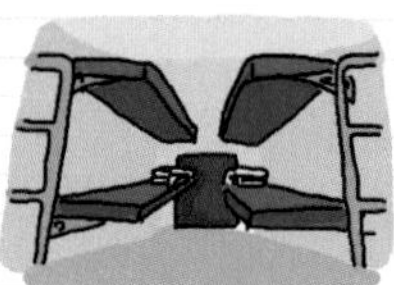

객차
客车
kèchē
커쳐

고속열차
高铁
gāotiě
까오티에

푹신한 좌석
软座
ruǎnzuò
루안쭈오

일반 침대
硬卧
yìngwò
잉워

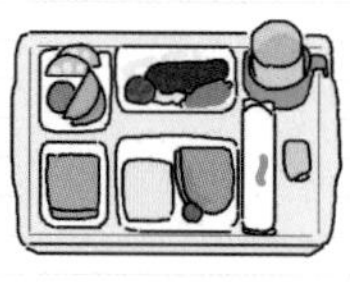

일등침대
软卧
ruǎnwò
루안워

음식, 음료수
餐饮
cānyǐn
챤인

식당차
餐车
cānchē
챤쳐

승강장
站台
zhàntái
짠타이

다음 역은 본 열차의 종착지인 동환남로입니다.
下一站是本次列车的终点站：东环南路 。
Xià yí zhàn shì běncì lièchē de zhōngdiǎnzhàn : dōng huán nánlù.
샤 이 짠 스 본츠 리에쳐 더 쫑디엔짠: 똥 환 난루

火车 huǒchē 후어처

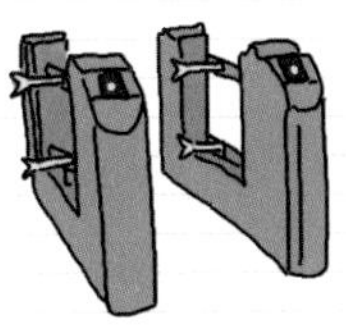

개찰구
检票口
jiǎnpiàokǒu
지엔피아오코우

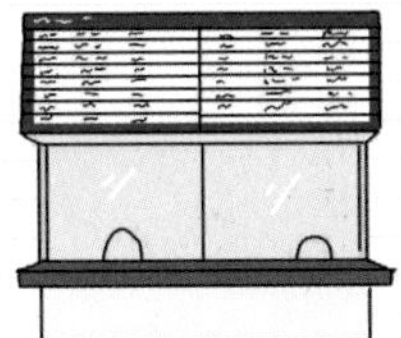

매표소
售票窗口
shòupiào-chuāngkǒu
쇼피아오챵코우

열차 시간표
列车时刻表
lièchēshíkèbiǎo
리에쳐스커비아오

기차 기관사
火车司机
huǒchēsījī
호우쳐쓰지

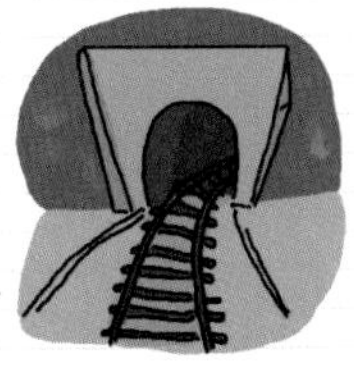

터널
火车隧道
huǒchēsuìdào
호우쳐쒜이따오

레일 웨이
铁路轨道
tiělùguǐdào
티에루꾸이따오

매점
小卖部
xiǎomàibù
샤오마이뿌

승무원
列车员
lièchēyuán
리에쳐위엔

화물열차
货物列车
huòwùlièchē
호우리에쳐

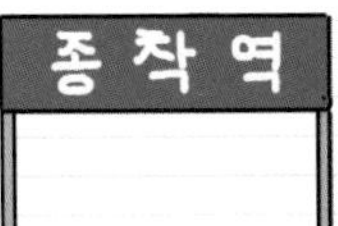

종착역
终点站
zhōngdiǎnzhàn
쫑디엔짠

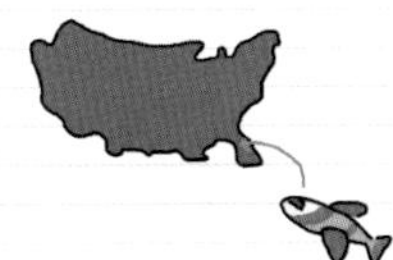

목적지
目的地
mùdìdì
무띠디

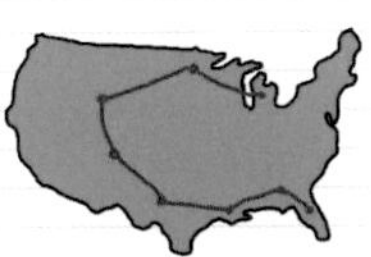

여정
旅途
lǚtú
뤼투

이 열차의 종착지는 어디죠?
这趟列车的终点站是哪儿?
Zhè tàng liè chē de zhōng diǎn zhàn shì nǎ ér?
쩌 탕 리에쳐 더 쫑디엔짠 스 날

Unit 69 배

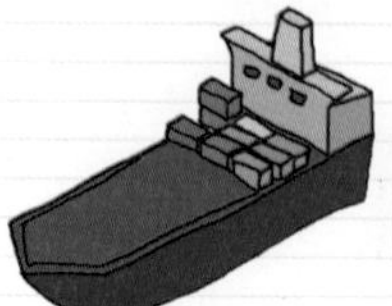

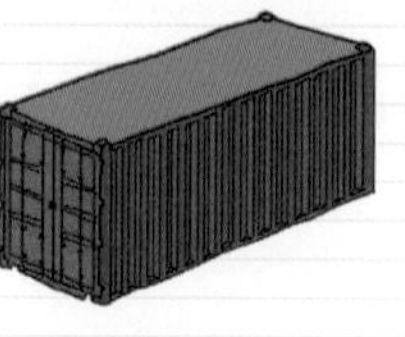

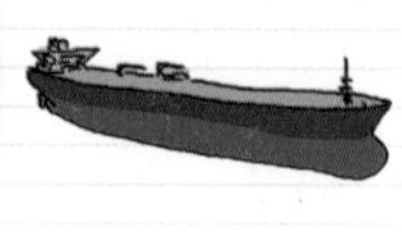

선박
船舶
chuánbó
츄안보

화물선
货船
huòchuán
후오츄안

컨테이너선
集装箱船
jízhuāngxiāng chuán
지쫭샹츄안

액화기체선
液化气体船
yèhuàqìtǐchuán
예화치티츄안

범선
帆船
fānchuán
판츄안

바지선
载驳船
zàibóchuán
자이보츄안

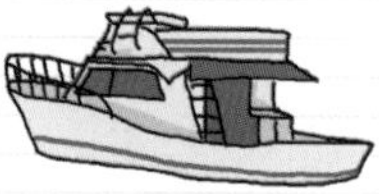

도선
引航船
yǐnhángchuán
인항츄안

쇄빙선
破冰船
pòbīngchuán
포삥츄안

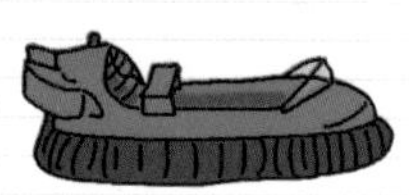

소방선
消防船
xiāofángchuán
샤오팡츄안

어선
渔船
yúchuán
위츄안

호퍼크라프트
气垫船
qìdiànchuán
치띠엔츄안

여객선
客轮
kèlún
커룬

이번에 오는 물품은 어느 항구로 오니?
这次进来的货到哪个港呢?
Zhècì jìnlái de huò dào nǎgè gǎng ne?
저츠 찐라이 더 후오 따오 나거 강 너

船 chuán 추안

유람선
游船
yóuchuán
요우츄안

요트
游艇
yóutǐng
요우팅

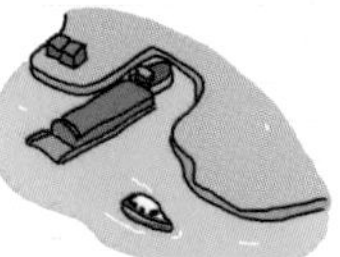

항구
港口
gǎngkǒu
강코우

여객항
客运港
kèyùngǎng
커윈강

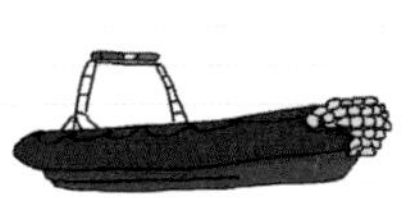

구조선
救护船
jiùhùchuán
찌우후츄안

선장
船长
chuánzhǎng
츄안장

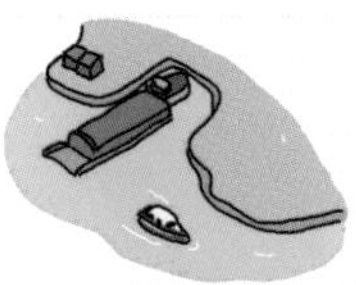

정박하다
停泊
tíngbó
팅보

항해하다
航海
hánghǎi
항하이

뱃멀미
晕船
yùnchuán
윈츄안

닻
锚
máo
마오

돛
帆
fān
판

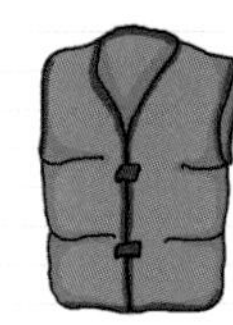

구명조끼
救生衣
jiùshēngyī
찌우셩이

난 항상 배만 타면 멀미를 한다.
我总是一上船就晕船。
Wǒ zǒng shì yī shàng chuán jiù yūn chuán.
워 종스 이샹추안 찌우 윈추안

Unit 70 여행 ①

여행
旅游
lǚyóu
뤼요우

해외여행
海外旅游
hǎiwàilǚyóu
하이와이뤼요우

국내여행
国内旅游
guónèilǚyóu
구오네이뤼요우

출국
出国
chūguó
츄쿠오

입국
入境
rùjìng
루찡

여권
护照
hùzhào
후쟈오

비자
签证
qiānzhèng
치엔쪙

신분증
身份证
shēnfènzhèng
션펀쪙

예약
预订
yùdìng
위띵

트렁크
行李箱
xínglǐxiāng
싱리샹

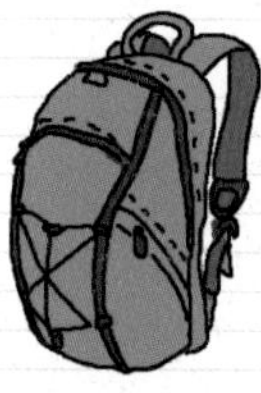

배낭
背包
bēibāo
뻬이빠오

탑승권
登机牌
dēngjīpái
떵지파이

비자 나왔습니다. 어떻게 오셔서 갖고 가실는지?
您的签证出来了，您是自己过来取吗?
Nín de qiānzhèng chūlái le, nín shì zìjǐ guòlái qǔ ma?
닌더치엔쪙추라이러, 닌스쯔지꾸오라이취마

旅游 lǚyóu 뤼요우 ①

탑승시간	통로 좌석	창가 좌석	시차
登记时间	靠走廊的座位	靠窗户的座位	时差
dēngjìshíjiān	kàozǒulángde-zuòwèi	kàochuānghude-zuòwèi	shíchā
떵지스지엔	카오조우랑더쭈오웨이	카오촹후더쭈오웨이	스챠

호텔	체크인	체크아웃	로비
酒店	登记	退房	大厅
jiǔdiàn	dēngjì	tuìfáng	dàtīng
지우띠엔	떵지	퇴이팡	따팅

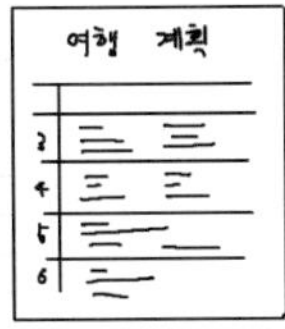

벨보이	계획	관광지	휴가
酒店门童	计划	景区	休假
jiǔdiànméntóng	jìhuà	jǐngqū	xiūjià
지우띠엔먼통	찌화	찡취	시우쟈

미국에 온 지 3일 됐는데도, 시차 적응이 안 된다.

来美国已经3天了，但还没适应时差呢。

Lái měi guó yǐ jīng sān tiān le, dàn hái méi shì yīng shí chà ne.

라이 메이구오 이징 싼티엔러, 딴 하이메이스잉스차너.

Unit 71 여행 ②

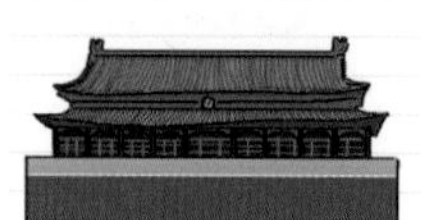

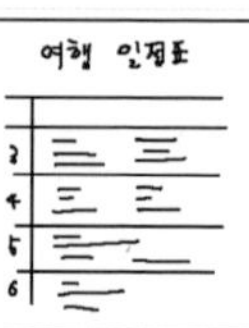

관광명소
旅游景点
lǚyóujǐngdiǎn
뤼요찡디엔

출장
出差
chūchāi
츄차이

온천
温泉
wēnquán
원츄엔

일정
日程
rìchéng
르쳥

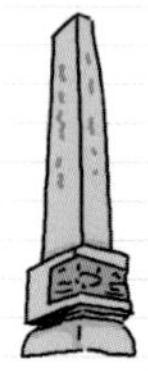

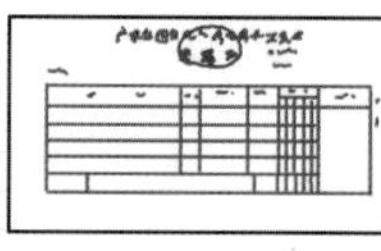

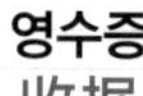

기념비
纪念碑
jìniànbēi
찌니엔뻬이

현지 특산물
当地特产
dāngdìtèchǎn
땅띠터챤

영수증
收据
shōujù
쇼우쥐

기념품
纪念品
jìniànpǐn
찌니엔핀

현지인
当地人
dāngdìrén
땅띠런

조각상
雕像
diāoxiàng
띠아오씨앙

랜드마크
地标建筑
dìbiāojiànzhù
띠비아오찌엔쮸

방문
访问
fǎngwèn
팡원

스케줄 나왔습니다. 먼저 남산타워에 갑니다.
日程出来了，先去南山塔。
Rìchéng chūlái le, xiān qù nánshān tǎ.
르쳥추라이러, 시엔취난샨타

旅游 lǚyóu 뤼요우 ②

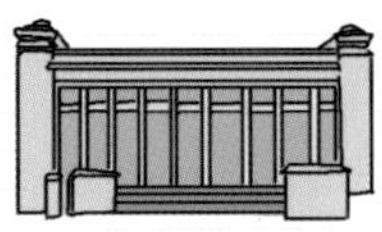

식당	박물관	기념관	고궁
餐厅	博物馆	纪念馆	故宫
cāntīng	bówùguǎn	jìniànguǎn	gùgōng
찬팅	보우관	찌니엔관	꾸꽁

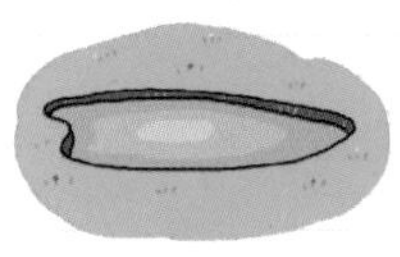

호수	해변	미술관	성당
湖水	海边	美术馆	教堂
húshuǐ	hǎibiān	měishùguǎn	jiàotáng
후쉐이	하이비엔	메이슈관	짜오탕

사찰	이슬람 사원	유명 요리	유스호스텔
寺庙	清真寺	名菜	青年旅馆
sìmiào	qīngzhēnsì	míngcài	qīngniánlǚguǎn
쓰미아오	칭젼쓰	밍챠이	칭니엔뤼관

어떤 절에서 스테이를 할 수 있니?

哪个寺庙可以住几天?

Nǎ gè sì miào kě yǐ zhù jǐ tiān?

나거 쓰미아오 커이쭈 지티엔

Unit 72 호텔

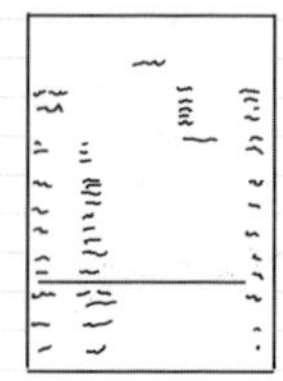

호텔
酒店
jiǔdiàn
지우띠엔

숙박
住宿
zhùsù
쭈쑤

담보금
押金
yājīn
야찐

숙박비
房费
fángfèi
팡페이

방 예약
订房
dìngfáng
띵팡

스탠더드룸
标准房
biāozhǔnfáng
비아오쥰팡

디럭스룸
豪华房
háohuáfáng
하오화팡

신용카드
信用卡
xìnyòngkǎ
씬용카

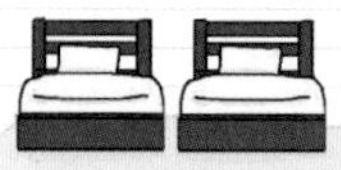
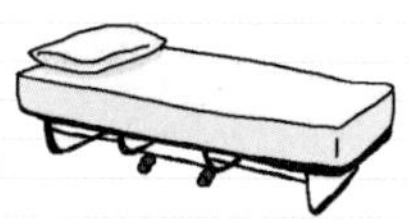

1인실
单人间
dānrénjiān
딴런찌엔

2인실
双人间
shuāngrénjiān
슈앙런찌엔

침대 추가
加床
jiāchuáng
쟈촹

체크인
登记
dēngjì
떵찌

두 밤 주무셨네요, 비용은 1200위안입니다.
您一共住了两个晚上，费用是1200元。
Nín yīgòng zhùle liǎng gè wǎnshàng, fèiyòng shì yīqiānèrbǎi yuán.
닌 이꽁 쭈러 량거 완쌍, 페이용 쓰 이치엔얼바이 위엔

酒店 jiǔdiàn 지우띠엔

체크아웃
退房
tuìfáng
투이팡

할인
打折
dǎzhé
다져

방 교환
换房
huànfáng
환팡

여행사
旅行社
lǚxíngshè
뤼싱셔

VIP
贵宾
guìbīn
꾸이삔

비용 지급
付费
fùfèi
푸페이

식사 주문
订餐
dìngcān
띵챤

계산하다
结帐
jiézhàng
지에쨩

바
吧台
bātái
빠타이

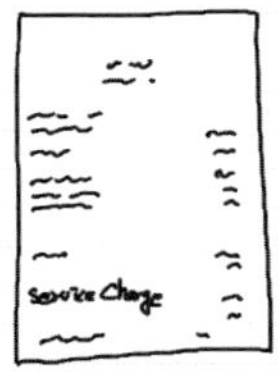

서비스 차지
服务费
fúwùfèi
푸우페이

방해하지 마시오
请勿打扰
qǐngwùdărăo
칭우다라오

서명
签字
qiānzì
치엔쯔

신용카드 분실 신고
信用卡挂失
xìnyòngkă guàshī
신용카 구아쓰

Unit 73 쇼핑

백화점
百货商店
bǎihuòshāngdiàn
바이후오샹띠엔

마트
超市
chāoshì
챠오스

길거리 매장
店铺
diànpù
띠엔푸

아울렛
奥特莱斯
àotèláisī
아오터라이쓰

잡화
杂货
záhuò
쟈후오

신발
鞋
xié
시에

가전
家电
jiādiàn
쟈띠엔

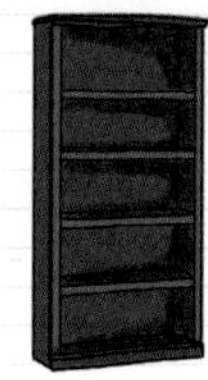

가구
家具
jiā · ju
쟈쥐

생활용품
日用品
rìyòngpǐn
르용핀

유아용품
母婴用品
mǔyīngyòngpǐn
무잉용핀

의류
服装
fúzhuāng
푸좡

스포츠용품
运动用品
yùndòngyòngpǐn
윈동용핀

점점 더 많은 사람들이 인터넷 쇼핑을 즐긴다.
现在越来越多的人喜欢在网上购物。
Xiànzài yuèláiyuèduō de rén xǐhuan zài wǎngshànggòuwù.
시엔짜이 위에라이위에뚜오 더 런 시환 짜이 왕샹꼬우우

购物 gòuwù 꼬우우

식당가	주차장	쥬얼리	할인
美食街	停车场	珠宝	折扣
měishíjiē	tíngchēchǎng	zhūbǎo	zhé · kòu
메이스지에	팅쳐챵	쥬바오	져코우

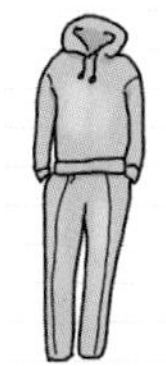

이벤트	화장품	명품	아웃도어
活动	化妆品	名品	户外用品
huó · dòng	huàzhuāngpǐn	míngpǐn	hùwàiyòngpǐn
후오동	화좡핀	밍핀	후와이용핀

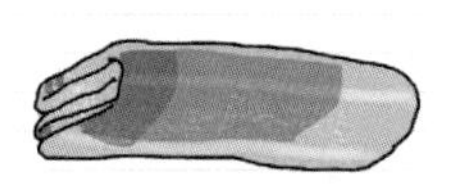

화장실	Tax-free	계산대	침구
卫生间	免税	收银台	床上用品
wèishēngjiān	miǎnshuì	shōuyíntái	chuáng-shàngyòngpǐn
웨이셩찌엔	미엔쉐이	쇼우인타이	촹샹용핀

그녀는 천연 화장품을 사용한다.
她用纯天然化妆品。
Tā yòng chúntiānrán huàzhuāngpǐn.
타 용 춘티엔란 후아쭈앙핀

Unit 74 가게

식당
餐厅
cāntīng
챤팅

제과점
面包店
miànbāodiàn
미엔빠오띠엔

야채가게
蔬菜店
shūcàidiàn
슈챠이띠엔

과일가게
水果店
shuǐguǒdiàn
쉐이구오띠엔

약국
药店
yàodiàn
야오띠엔

세탁소
洗衣店
xǐyīdiàn
시이띠엔

미장원
美容院
měiróngyuàn
메이롱위엔

꽃집
鲜花店
xiānhuādiàn
시엔화띠엔

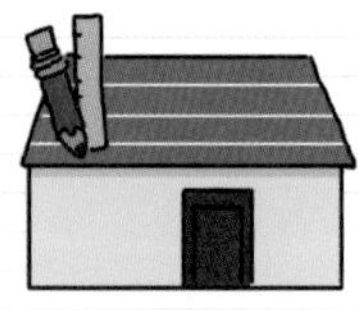

문방구
文具店
wénjùdiàn
원쥐띠엔

자동차 전시장
汽车专卖店
qìchē zhuān-
màidiàn
치쳐좐마이띠엔

운동용품점
运动用品店
yùndòngyòngpǐn
윈동용핀띠엔

은행
银行
yínháng
인항

죄송한데, 주변에 약국이 있나요?

麻烦，这附近有药店吗?

Má fán, zhè fù jìn yǒu yào diàn ma?

마판, 저푸진요우야오띠엔마

商店 shāngdiàn 쌍띠엔

우체국
邮局
yóujú
요우쥐

핸드폰 가게
手机专卖店
shǒujīzhuān-
màidiàn
쇼우지쫜마이띠엔

화장품점
化妆品店
huàzhuāng-
pǐndiàn
화좡핀띠엔

의류상점
服装店
fúzhuāngdiàn
푸좡띠엔

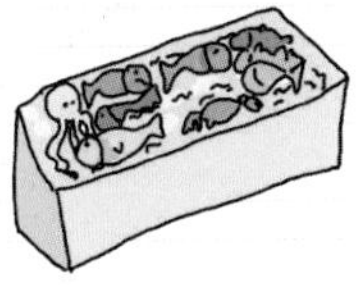

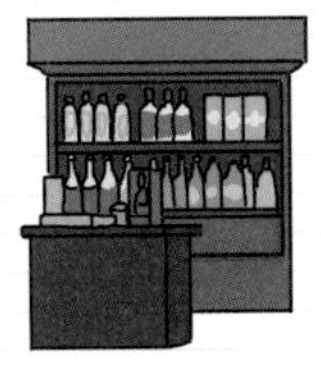

정육점
鲜肉店
xiānròudiàn
시엔로우띠엔

생선가게
水产店
shuǐchǎndiàn
쉐이챤띠엔

노점
地摊
dìtān
띠탄

담배, 주류점
烟酒店
yānjiǔdiàn
옌지우띠엔

이슬람 식당
清镇餐厅
qīngzhèncāntīng
칭젼찬팅

유치원
幼儿园
yòu'éryuán
요우얼위엔

주유소
加油站
jiāyóuzhàn
쨔요우짠

발 마사지
足疗
zúliáo
쥬랴오

네, 이 길로 가다가 앞의 십자로에서 좌회전하여 50m 가면 됩니다.
有，走这条路，在前面十字路口往左50m。
Yǒu zǒu zhè tiáo lù, zài qiánmiàn shízilùkǒu wǎng zuǒ wǔshímǐ.
요우, 조우쪄 티아오루, 짜이 첸미엔 스즈루코우 왕 주오 우쓰미

Unit 75 관광지

만리장성
万里长城
wànlǐchángchéng
완리창청

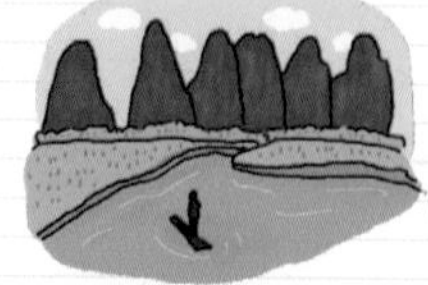

계림산수
桂林山水
guìlínshānshuǐ
꿰이린샨쉐이

북경고궁
北京故宫
běijīnggùgōng
베이징꾸궁

항주서호
杭州西湖
hángzhōuxīhú
항저우시후

소주원림
苏州园林
sūzhōuyuánlín
쑤저우위엔린

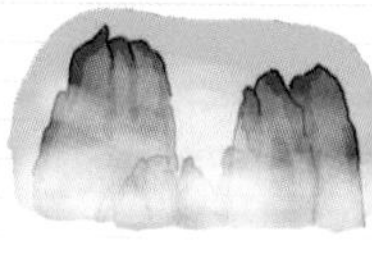

황산
黄山
huángshān
황샨

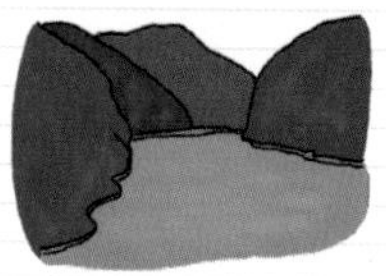

장강삼협
长江三峡
chángjiāngsānxiá
창찌앙싼샤

일월단
日月潭
rìyuètán
르위에탄

피서산장
避暑山庄
bìshǔshānzhuāng
삐슈샨장

병마용
兵马俑
bīngmǎyǒng
빙마용

낙산대불
乐山大佛
lèshāndàfó
러샨따포우

장가계
张家界
zhāngjiājiè
쟝지아지에

화산은 오악에 들어가니? 네
华山属于五岳吗? 是的。
Huàshān shǔyú wǔyuè ma? shì de.
화샨 슈위 오위에 마? 스 더

旅游区 lǚyóuqū 뤼요우취

천안문
天安门
tiān'ānmén
티엔안먼

화청지
华清池
huáqīngchí
화칭츠

화산
华山
huàshān
화샨

석굴
石窟
shíkū
스쿠

구채구
九寨沟
jiǔzhàigōu
지우짜이꼬우

월아천
月牙泉
yuèyáquán
위에야취엔

북경이화원
北京颐和园
běijīngyíhéyuán
베이징이허위엔

포탈라궁
布达拉宫
bùdálāgōng
뿌다라꿍

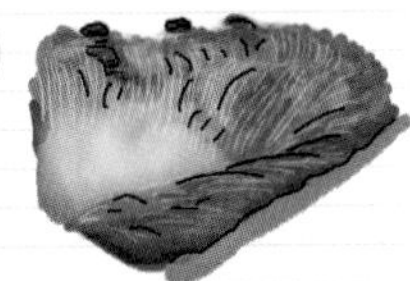

황과수폭포
黄果树瀑布
huángguǒshùpùbù
황구오슈푸뿌

후커우 폭포
壶口瀑布
húkǒupùbù
후커우푸뿌

여강고성
丽江古城
lìjiānggǔchéng
리찌앙구청

소림사
少林寺
shàolínsì
샤오린쓰

계림의 산수는 천하제일이다.
桂林山水是天下第一。
Guì lín shān shuǐ shì tiān xià dì yī.
꾸이린 샨쉐이스 티엔샤 띠이

Unit 76

중국 성시 ①

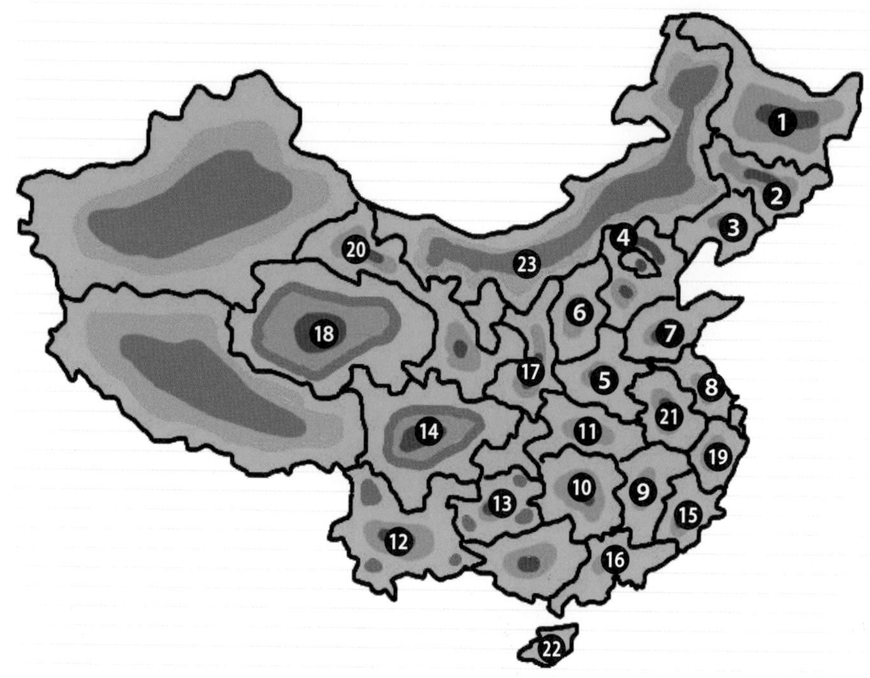

중국은 몇 개의 성시가 있죠?

中国有多少个省?

Zhōngguó yǒu duōshǎo gè shěng?

즁구오 요우 두오샤오 거 셩

中国省市 zhōngguóshěngshì 쫑궈썽쓰

❶ **흑룡강성** 黑龙江省 hēilóngjiāngshěng 헤이롱장셩
❷ **길림성** 吉林省 jílínshěng 지린셩
❸ **요녕성** 辽宁省 liáoníngshěng 랴오닝셩
❹ **하북성** 河北省 héběishěng 허베이셩
❺ **하남성** 河南省 hénánshěng 허난셩
❻ **산서성** 山西省 shānxīshěng 샨시셩
❼ **산동성** 山东省 shāndōngshěng 샨동셩
❽ **강소성** 江苏省 jiāngsūshěng 찌앙쑤셩
❾ **강서성** 江西省 jiāngxīshěng 찌앙시셩
❿ **호남성** 湖南省 húnánshěng 후난셩
⓫ **호북성** 湖北省 húběishěng 후베이셩
⓬ **운남성** 云南省 yúnnánshěng 윈난셩
⓭ **귀주성** 贵州省 guìzhōushěng 꾸에이조우셩
⓮ **사천성** 四川省 sìchuānshěng 쓰촨셩
⓯ **복건성** 福建省 fújiànshěng 푸찌엔셩
⓰ **광동성** 广东省 guǎngdōngshěng 광동셩
⓱ **섬서성** 陕西省 shǎnxīshěng 샨시셩
⓲ **청해성** 青海省 qīnghǎishěng 칭하이셩
⓳ **절강성** 浙江省 zhèjiāngshěng 져찌앙셩
⓴ **감숙성** 甘肃省 gānsùshěng 깐쑤셩
㉑ **안휘성** 安徽省 ānhuīshěng 안훼이셩
㉒ **해남성** 海南省 hǎinánshěng 하이난셩
㉓ **내몽고자치구** 内蒙古自治区 nèiměnggǔzìzhìqū 네이멍구쯔즈취

23개의 성이 있습니다.
有二十三个省。
Yǒu èrshísān gè shěng.
요우 얼스싼 거 셩

Part 04 여행

Part 05

자연 & 과학 & 기타

Unit 77

자연

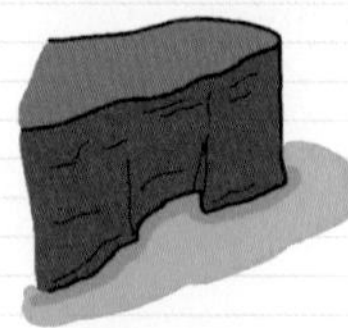

자연	눈	비	우박
自然	雪	雨	冰雹
zìrán	xuě	yǔ	bīngbáo
쯔란	슈에	위	삥빠오

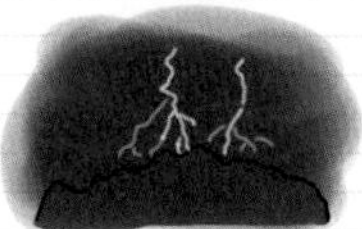

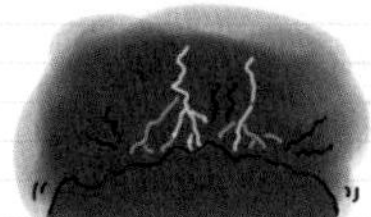

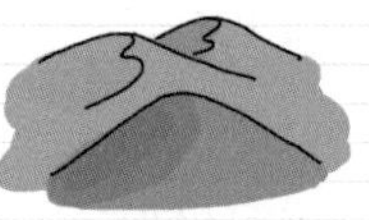

번개	천둥	사막	숲
闪电	雷	沙漠	森林
shǎndiàn	léi	shāmò	sēnlín
샨띠엔	레이	샤모	썬린

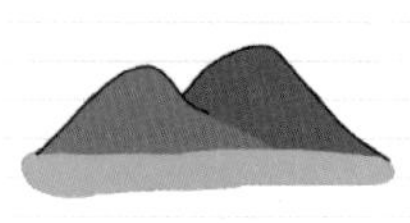

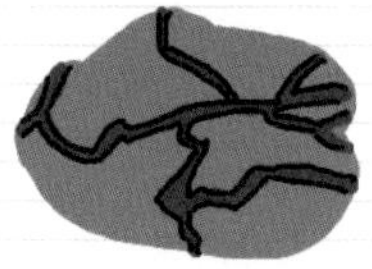

산	가뭄	화산	홍수
山	干旱	火山	洪水
shān	gānhàn	huǒshān	hóngshuǐ
샨	깐한	후오샨	홍쉐이

오늘 우리 도시에는 일부 지역에 번개를 동반한 비가 내립니다.

今天我市有雷阵雨局部大雨。

Jīntiān wǒshì yǒu léizhènyǔ júbù dàyǔ.

진티엔 워스 요우 레이전위 쥐부 따위

自然 zìrán 즈란

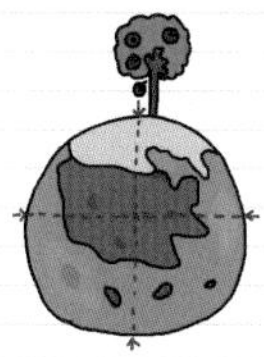

중력
重力
zhònglì
즁리

해일
海啸
hǎixiào
하이샤오

태풍
台风
táifēng
타이펑

회오리바람
龙卷风
lóngjuǎnfēng
롱줸펑

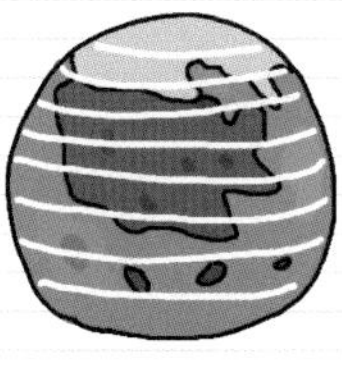

밀림
密林
mìlín
미린

열대우림
热带雨林
rèdàiyǔlín
러따이위린

위도
纬度
wěidù
웨이뚜

경도
经度
jīngdù
찡뚜

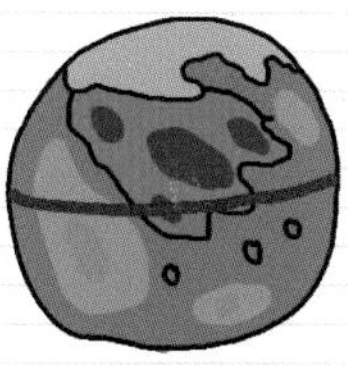

남극
南极
nánjí
난지이

북극
北极
běijí
베이지이

적도
赤道
chìdào
츠따오

대기
空气
kōngqì
콩치

그 해일은 강한 지진 때문에 일어난 거야.
那海啸是强震引发的。
Nà hǎi xiào shì qiáng zhèn yǐn fā de.
나하이샤오스 챵쩐 인파더.

Unit 78 생물

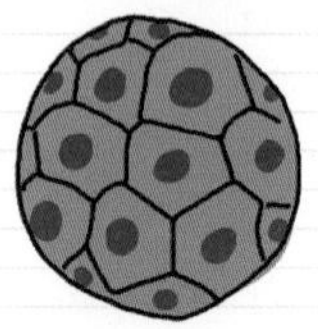

생물학
生物学
shēngwùxué
셩우쉐

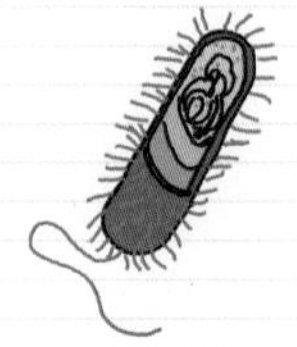

원핵 생물
原核生物
yuánhéshēngwù
웬허셩우

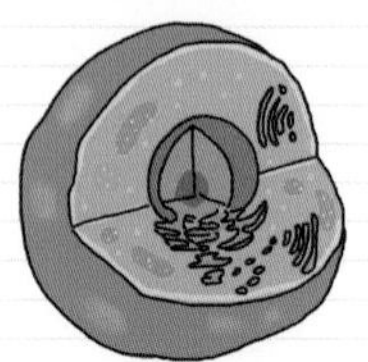

진핵 생물
真核生物
zhēnhéshēngwù
쩐허셩우

동물
动物
dòngwù
똥우

식물
植物
zhíwù
즈우

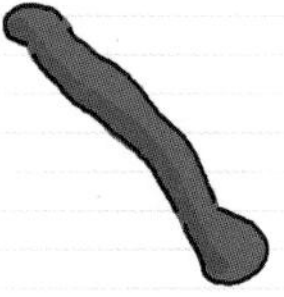

진균
真菌
zhēnjūn
젼쥔

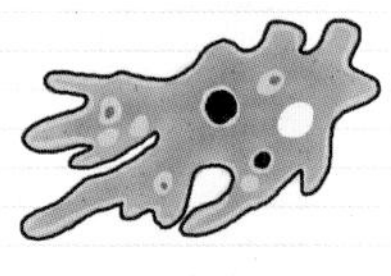

단세포
单细胞
dānxìbāo
딴시빠오

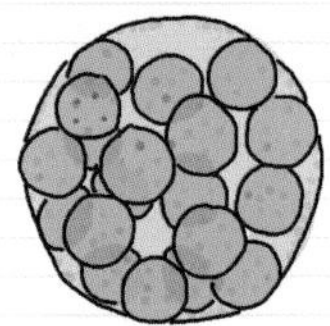

다세포
多细胞
duōxìbāo
뚜오시빠오

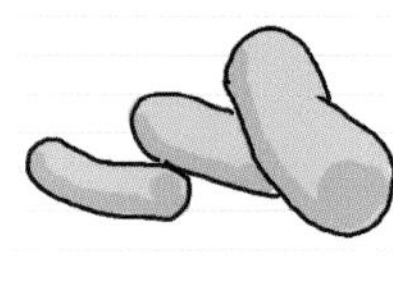

세균
细菌
xìjūn
시쥔

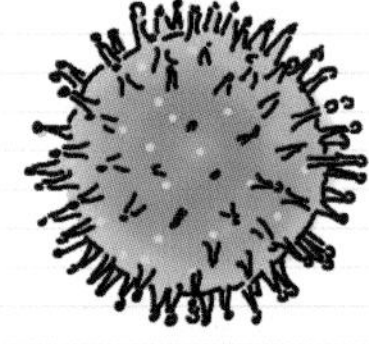

마이코플라스마
支原体
zhīyuántǐ
즈웬티

생태계
生态系统
shēngtàixìtǒng
셩타이시통

세포핵
细胞核
xìbāohé
시빠오허

가장 좋아하는 동물은 뭐니?
你最喜欢什么动物?
Nǐ zuì xǐhuān shénme dòngwù?
니 주이 시후안 썬머 동우

生物 shēngwù 셩우

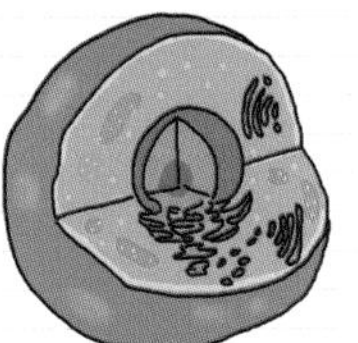

세포기관
细胞器
xìbāoqì
시빠오치

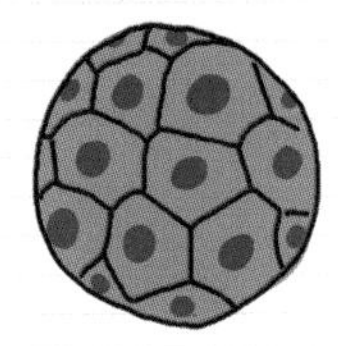

배아
胚胎
pēitāi
페이타이

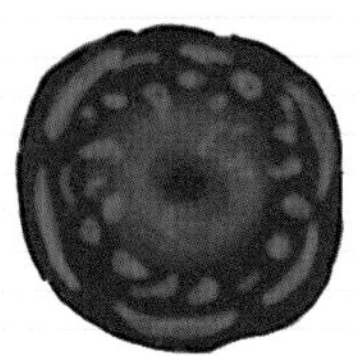

포자
胞子
bāozǐ
빠오즈

광합성
光合作用
guānghézuòyòng
꽝허쭈오융

인류
人类
rénlèi
런레이

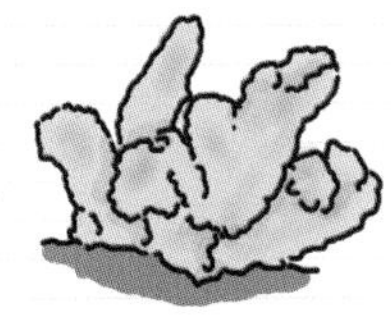

해면동물
海绵动物
hǎimiándòngwù
하이미엔똥우

영장류
灵长类动物
líng-zhǎnglèidòngwù
링챵레이똥우

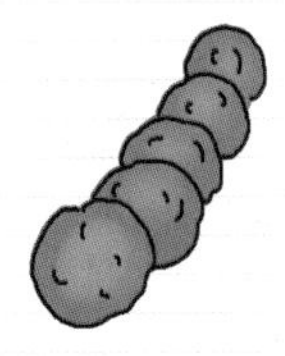

미생물
微生物
wēishēngwù
웨이셩우

유기체
有机体
yǒujītǐ
요우찌티

생장
生长
shēngzhǎng
셩쟝

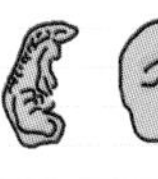

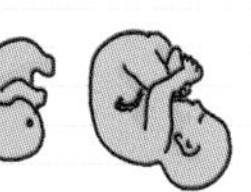

발육
发育
fāyù
파위

번식
繁殖
fánzhí
판즈

인류는 직립보행이 가능한 동물이다.
人类是可以直立行走的动物。
Rén lèi shì kě yǐ zhí lì xíng zǒu de dòng wù.
런레이스 커이 즈리싱조우더 똥우

Unit 79 동물 ①

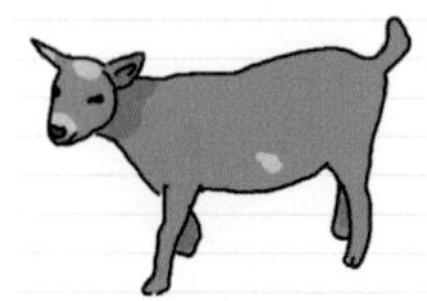

포유류	양서류	조류	곤충
哺乳类	两栖类	鸟类	昆虫
bǔrǔlèi	liǎngqīlèi	niǎolèi	kūnchóng
부루레이	량치레이	냐오레이	쿤총

거미	파충류	어류	무척추동물
蜘蛛	爬虫类	鱼类	无脊椎动物
zhīzhū	páchónglèi	yúlèi	wújǐzhuīdòngwù
즈쥬	파총레이	위레이	우지줴이똥우

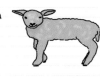

돼지	염소	양	소
猪	山羊	羊	牛
zhū	shānyáng	yáng	niú
쥬	샨양	양	니우

너희들이 가장 무서워하는 동물은 뭐니?

你们最怕什么动物?

Nǐmen zuì pàshénme dòngwù?

니먼 쮀이 파션머 똥우

动物 dòngwù 똥우 ①

말
马
mǎ
마

낙타
骆驼
luò · tuo
루오투오

코뿔소
犀牛
xīniú
씨니우

하마
河马
hémǎ
허마

기린
长颈鹿
chángjǐnglù
창징루

코끼리
大象
dàxiàng
따샹

사자
狮子
shī · zi
스즈

개
狗
gǒu
고우

고양이
猫
māo
마오

토끼
兔子
tù · zi
투즈

쥐
老鼠
lǎo · shǔ
라오슈

원숭이
猴子
hóu · zi
호우즈

거미, 다리 많은 건 다 무서워.
我最怕蜘蛛了，脚多的东西都怕。
Wǒ zuì pà zhīzhū le, jiǎo duō de dōngxi dōu pà.
워 쮀이 파즈주 러, 쟈오 뚜오 더 똥시 또우 파

Unit 80 동물 ②

호랑이
老虎
lǎohǔ
라오후

사슴
鹿
lù
루

야생동물
野生动物
yěshēngdòngwù
예셩똥우

애완동물
宠物
chǒngwù
총우

침팬지
黑猩猩
hēixīngxīng
헤이씽싱

팬더
熊猫
xióngmāo
시옹마오

곰
熊
xióng
시옹

다람쥐
松鼠
sōngshǔ
쏭슈

고슴도치
刺猬
cì · wei
츠웨이

여우
狐狸
hú · li
후리

늑대
狼
láng
랑

표범
豹
bào
빠오

남아공은 수십 개의 대형 야생동물원이 있다.
南非共有数十个大型国家野生动物园。
Nánfēi gòngyǒu shùshígè dàxíng guójiā yěshēngdòngwùyuán.
난페이 꽁요우 슈스거 따싱구오쟈 예셩똥우위안

动物 dòngwù 똥우 ②

치타
猎豹
lièbào
리에빠오

캥거루
袋鼠
dàishǔ
따이슈

당나귀
驴
lǘ
뤼

코알라
考拉
kǎolā
카올라

고래
鲸鱼
jīngyú
찡위

오징어

鱿鱼
yóuyú
요우위

문어
章鱼
zhāngyú
짱위

뱀
蛇
shé
셔

악어
鳄鱼
èyú
어위

도마뱀
蜥蜴
xīyì
시이

개구리
青蛙
qīngwā
칭와

두꺼비
癞蛤蟆
làihá · ma
라이하마

그는 애완용으로 고슴도치를 키운다.
他把刺猬当宠物养。
Tā bă cìwèi dāng chŏngwù yăng.
타 바 츠웨이 당 총우 양

Unit 81 조류

독수리	매	까치	까마귀
老鹰	鹰	喜鹊	乌鸦
lǎoyīng	yīng	xǐquè	wūyā
라오잉	잉	시췌	우야

참새	딱따구리	제비	학
麻雀	啄木鸟	燕子	鹤
máquè	zhuómùniǎo	yàn · zi	hè
마췌	쥬오무냐오	옌즈	허

닭	칠면조	오리	기러기
鸡	火鸡	鸭子	大雁
jī	huǒjī	yā · zi	dàyàn
찌	후오찌	야즈	따옌

딱따구리가 나무 쪼는 소리 처음 듣네.

我第一次听到啄木鸟啄木的声音。

Wǒ dì yīcì tīngdào zhuómùniǎo zhuó mù de shēngyīn.

워 띠 이츠 팅다오 쭈무냥오 쭈무 더 셩인

鸟类 niǎolèi 니아오레이

갈매기	원앙	백조	비둘기
海鸥	鸳鸯	天鹅	鸽子
hǎi'ōu	yuān · yāng	tiān'é	gē · zi
하이오우	위엔양	티엔어	꺼즈

앵무새	물총새	벌새	공작
鹦鹉	翠鸟	蜂鸟	孔雀
yīngwǔ	cuìniǎo	fēngniǎo	kǒng · què
잉우	췌이냐오	펑냐오	콩췌

펭귄	도요새	펠리칸	가마우지
企鹅	鹬	塘鹅	鸬鹚
qǐ'é	yù	táng'é	lúcí
치어	위	탕어	루츠

앵무새는 말을 할지라도 역시 새이다.

鹦鹉能言，不离飞鸟。

Yīngwǔ néng yán, bù lí fēiniǎo.

잉우 넝 옌 부 리 페이니아오

Unit 82 어류

명태	고등어	대구	연어
明太鱼	鲭鱼	鳕鱼	三文鱼
míngtàiyú	qīngyú	xuěyú	sānwényú
밍타이위	칭위	쉐위	싼원위

   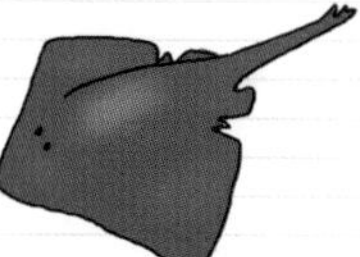

도미	멸치	홍어	가오리
鲷鱼	鳀鱼	老板鱼	鳐鱼
diāoyú	tíyú	lǎobǎnyú	yáoyú
띠아오위	티위	라오반위	야오위

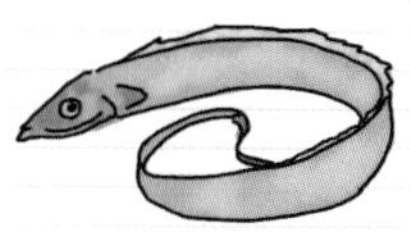   

갈치	붕어	금붕어	빙어
带鱼	鲫鱼	金鱼	公鱼
dàiyú	jìyú	jīnyú	gōngyú
따이위	찌위	찐위	꽁위

아들 물고기 먹을래?

儿子，吃鱼吗?

Érzi, chīyúma?

얼즈, 츠위마

鱼类 yúlèi 위레이

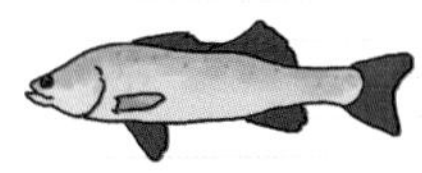

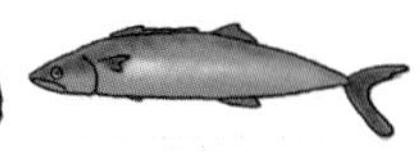

숭어	농어	우럭	삼치
梭鱼	鲈鱼	石斑鱼	鲅鱼
suōyú	lúyú	shíbānyú	bàyú
쑤오위	루위	스빤위	빠위

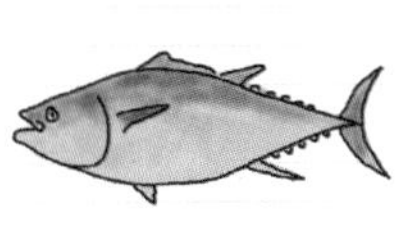

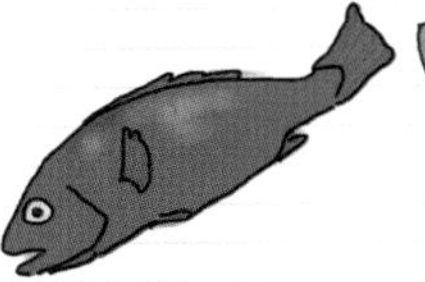

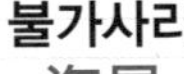

참치	불가사리	조기	상어
金枪鱼	海星	黄花鱼	鲨鱼
jīnqiāngyú	hǎixīng	huánghuāyú	shāyú
징챵위	하이씽	황화위	샤위

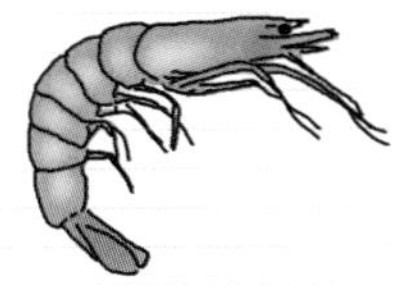

바다가재	조개	새우	바닷게
龙虾	贝	虾仁	螃蟹
lóngxiā	bèi	xiārén	pángxiè
롱샤	뻬이	샤런	팡시에

오늘 게를 구워 먹을 거야.

今天烤大螃蟹。

Jīn tiān kǎo dà páng xiè.

진티엔 카오 따팡시에

Unit 83 식물

나무
树木
shùmù
슈무

꽃
花
huā
화

광합성
光合作用
guānghézuòyòng
광허쭈오용

줄기
植物茎
zhíwùjīng
즈우찡

뿌리
植物根
zhíwùgēn
즈우껀

씨앗
植物种子
zhíwùzhǒngzi
즈우종즈

침엽수
针叶树
zhēnyèshù
쪈예슈

활엽수
阔叶树
kuòyèshù
쿠오예슈

단풍
红叶
hóngyè
홍예

새싹
新苗
xīnmiáo
씬먀오

대나무
竹子
zhú · zi
쥬즈

덩굴
藤
téng
텅

장미의 꽃말은 뭐야?
玫瑰的花语是什么?
Méi·gui de huā yǔ shì shén me?
메이꿰이더 화위스 션머

植物 zhíwù 쯔우

기생덩굴
寄生藤
jìshēngténg
찌셩텅

장미
玫瑰
méi · gui
메이꾸이

라벤다
薰衣草
xūnyīcǎo
쉰이차오

무궁화
无穷花
wúqiónghuā
우치옹화

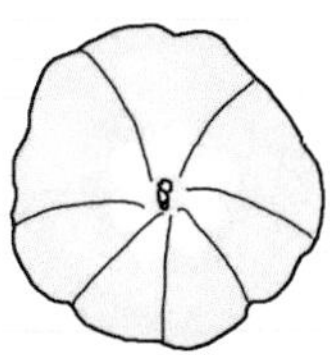

나팔꽃
喇叭花
lǎ · bahuā
라빠화

벚꽃
樱花
yīnghuā
잉화

개나리
迎春花
yíngchūnhuā
잉춘화

목단
牡丹
mǔdān
무딴

국화
菊花
júhuā
쥐화

코스모스
波斯菊
bōsījú
뽀스쥐

알로에
芦荟
lúhuì
루훼이

목련
玉兰
yùlán
위란

코스모스가 바람에 하늘하늘 춤을 춘다.
波斯菊在风中轻轻飘舞。
Bōsījú zài fēng zhōng qīngqīng piāowǔ.
보어스쥐 자이펑 쫑 칭칭피아오우

Unit 84 곤충

개미	흰개미	꿀벌	말벌
蚂蚁	白蚁	蜜蜂	马蜂
mǎyǐ	báiyǐ	mìfēng	mǎfēng
마이	바이이	미펑	마펑

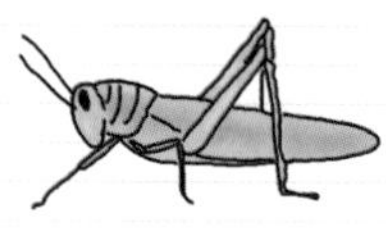

파리	모기	귀뚜라미	메뚜기
苍蝇	蚊子	蟋蟀	蝗虫
cāng · ying	wén · zi	xīshuài	huángchóng
창잉	원즈	시슈아이	황총

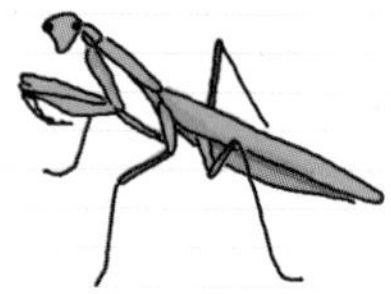

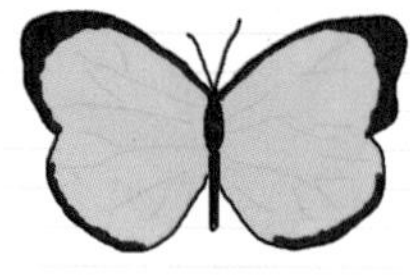

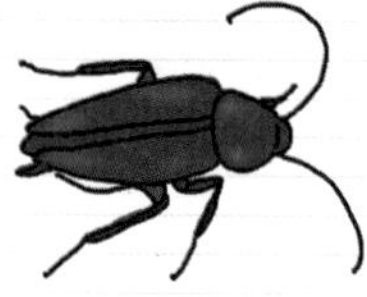

사마귀	나비	잠자리	바퀴벌레
螳螂	蝴蝶	蜻蜓	蟑螂
tángláng	húdié	qīngtíng	zhāngláng
탕랑	후디에	칭팅	쟝랑

남방의 흑백색 모기 정말 무섭다.
南方的黑白蚊子真厉害。
Nánfāng de hēibái wénzi zhēn lìhai.
난팡 더 헤이바이 원즈 쩐 리하이

昆虫 kūnchóng 쿤총

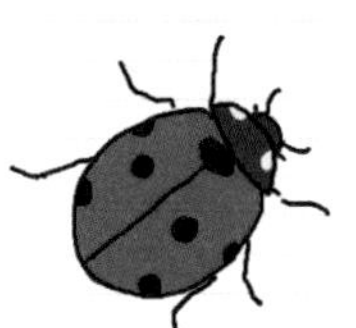

무당벌레	딱정벌레	지네	송충이
瓢虫	步行虫	蜈蚣	松毛虫
piáochóng	bùxíngchóng	wú · gōng	sōngmáochóng
피아오총	뿌싱총	우꽁	쏭마오총

누에고치	번데기	나방	매미
蚕茧	茧蛹	蛾子	蝉
cánjiǎn	jiǎnyǒng	é · zi	chán
찬지엔	지엔용	어즈	찬

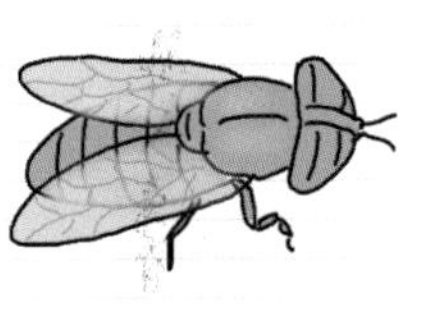
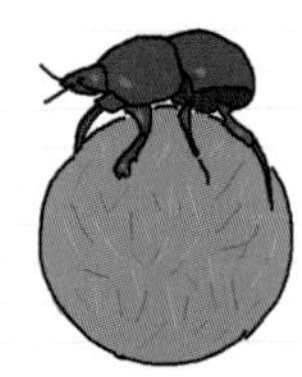

여치	물방개	등에	쇠똥구리
蝈蝈	龙虱	牛虻	屎壳郎
guōguo	lóngshī	niúméng	shǐ · kelàng
꾸오구오	롱스	니우멍	스커랑

주방에 바퀴벌레가 있는데, 어떻게 하죠?

厨房里有蟑螂了怎么办?

Chú fáng lǐ yǒu zhāng láng le zěn me bàn?

추팡리 요우 장랑러 젼머빤

Unit 85 환경

공기오염
空气污染
kōngqìwūrǎn
콩치우란

대체 에너지
替代能源
tìdàinéngyuán
티따이넝위엔

기후 변화
气候变化
qìhòubiànhuà
치호우삐엔화

배출
排放
páifàng
파이팡

멸종위기종
濒危物种
bīnwēiwùzhǒng
삔웨이우죵

에너지 위기
能源危机
néngyuánwēijī
넝위엔 웨이지

환경오염
环境污染
huánjìngwūrán
환찡우란

배기가스
汽车尾气
qìchēwěiqì
치쳐 웨이치

방사능 낙진
放射尘
fàngshèchén
팡셔쳔

화석연료
化石燃料
huàshíránliào
화스란랴오

스모그
烟雾
yānwù
옌우

지구 온난화
全球变暖
quánqiúbiànnuǎn
췐치우삐엔누안

자동차 배기가스 중에는 수백 종류의 화합물이 있다고 한다.
汽车尾气中含有上百种不同的化合物。
Qìchē wěiqì zhōng hányǒu shàngbǎizhǒng bùtóng de huàhéwù.
치쳐 웨이치 중 한요우 샹바이죵 뿌통 더 화허우

环境 huánjìng 후안징

온실효과
温室效应
wēnshìxiàoyìng
원스샤오잉

핵분열
核分裂
héfēnliè
허펀리에

보존하다
保存
bǎocún
바오춘

보호하다
保护
bǎohù
바오후

재활용
回收利用
huíshōulìyòng
후이쇼우리용

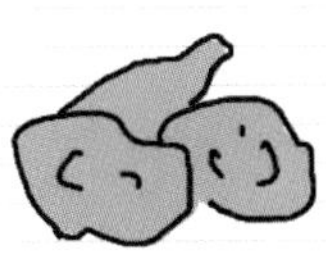

쓰레기
垃圾
lājī
라지

부족
缺乏
quēfá
췌파

토양오염
土壤污染
tǔrǎngwūrǎn
투랑우란

교통 체증
交通堵塞
jiāotōngdǔsè
쟈오퉁두써

수질오염
水污染
shuǐwūrǎn
쉐이우란

풍력
风力
fēnglì
펑리

태양 에너지
太阳能
tàiyángnéng
타이양넝

이산화탄소는 지구온난화의 원인이 된다.
二氧化碳是全球变暖的原因。
Èryǎnghuàtàn shì quánqiú biàn nuǎn de yuányīn.
얼양후아탄 쓰 취엔치우 비엔 누안 더 위엔인

Unit 86 과학기술

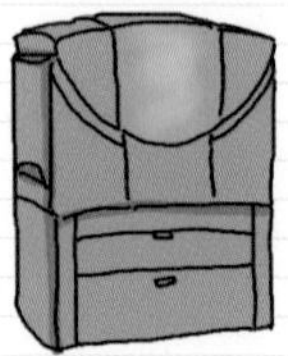

3D 프린터
3D打印机
sānDdǎyìnjī
싼디다인찌

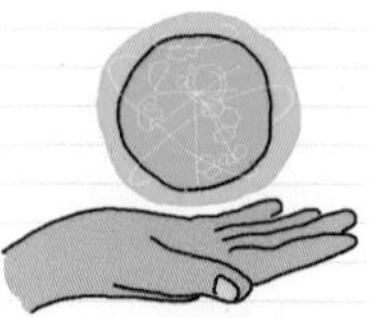

첨단 과학기술
尖端科学技术
jiānduānkēxué-jìshù
찌엔뚜안커쉐찌슈

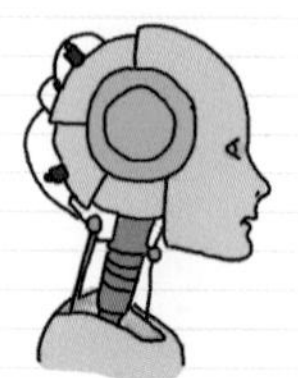

AI
人工智能
réngōngzhìnéng
런꽁즈닝

자동 온도조절
自动调节温度
zìdòngtiáojié wēndù
쯔동티아오지에원뚜

무인자동차
无人汽车
wúrénqìchē
우런치쳐

빅데이터
大数据
dàshùjù
따슈쥐

블루투스
蓝牙
lányá
란야

드론
无人机
wúrénjī
우런지

지문인식
指纹识别
zhǐwénshíbié
즈원스비에

어군 탐지기
探鱼器
tànyúqì
탄위치

4차 산업혁명
第四次工业革命
dìsìcìgōngyègémìng
띠쓰츠꽁예거밍

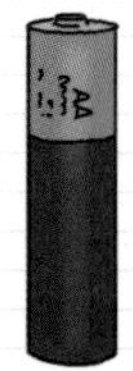

연료전지
燃料电池
ránliàodiànchí
란랴오띠엔츠

드론의 용도는 매우 넓다.
无人机的用途广泛。
Wúrénjī de yòngtúguǎngfàn.
우런지 더 용투광판

科学技术 kēxué jìshù 커쉬에지쑤

인간 복제
克隆人
kèlóngrén
커롱런

사물인터넷
物联网
wùliánwǎng
우리엔왕

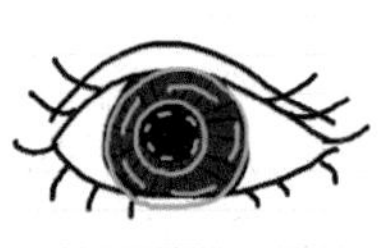

홍채인식
虹膜扫描
hóngmósǎomiáo
홍모싸오미아오

액정 디스플레이
液晶显示
yèjīngxiǎnshì
예찡시엔스

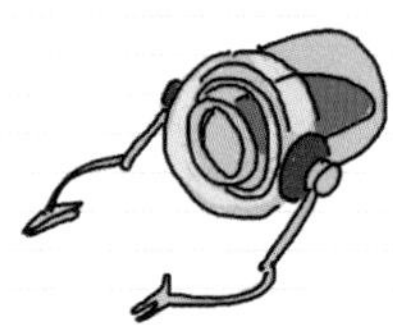

나노로봇
纳米机器人
nàmǐjīqìrén
나미지치런

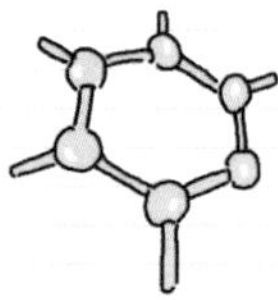

신소재
新材料
xīncáiliào
신차이랴오

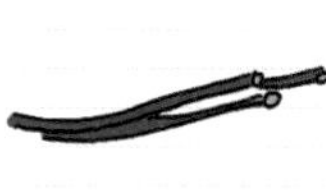

광섬유
光纤
guāngxiān
꽝시엔

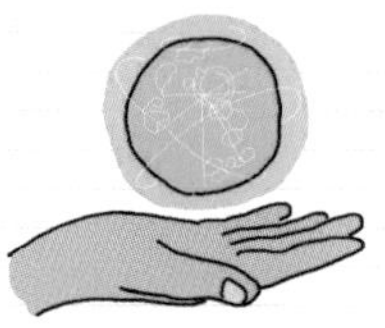

최첨단의
最尖端
zuìjiānduān
쮀이찌엔뚜안

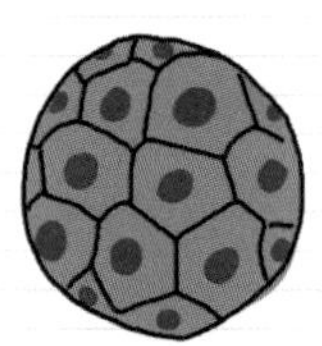

줄기세포
干细胞
gànxìbāo
깐시빠오

수술용 로봇
外科手术机器人
wàikēshǒushù-jīqìrén
와이커쇼우슈지치런

가상현실
虚拟现实
xūnǐxiànshí
쉬니시엔스

증강현실
扩增实境
kuòzēngshíjìng
쿠오쩡스찡

자신의 줄기세포를 이용하여 상처를 치료하다.
用自己的干细胞来治疗伤口。
Yòng zì jǐ de gàn xì bāo lái zhì liáo shāng kǒu.
용쯔지더 깐시빠오 라이쯔랴오샹코우

Unit 87 병원

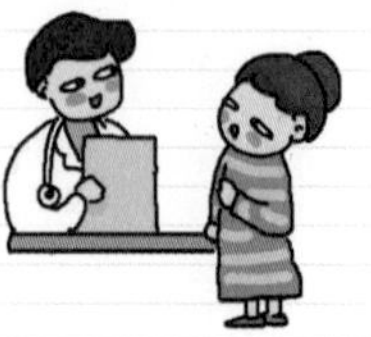

병원
医院
yīyuàn
이위엔

접수하다
挂号
guàhào
꽈하오

외래
门诊
ménzhěn
먼젼

내과
内科
nèikē
네이커

외과
外科
wàikē
와이커

소아과
儿科
érkē
얼커

부인과(산부인과)
妇科
fùkē
푸커

안과
眼科
yǎnkē
옌커

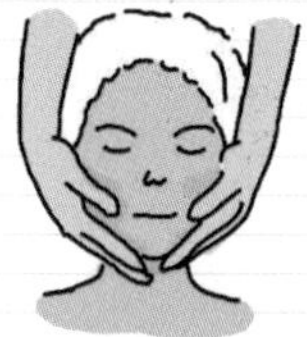

이비인후과
耳鼻喉科
ěrbíhóukē
얼비호우커

구강내과
口腔科
kǒuqiāngkē
코우챵커

피부과
皮肤科
pífūkē
피푸커

중의과
中医科
zhōngyīkē
종이커

목이 아픈데 어떤 과를 신청해야 하죠?
嗓子疼应该挂什么科?
Sǎng zǐ téng yīng gāi guà shén me kē?
쌍즈텅 잉가이 꽈 션머커

医院 yīyuàn 이위엔

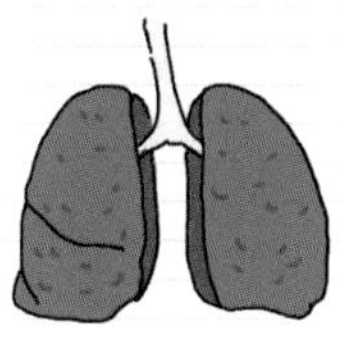

호흡기 내과
呼吸内科
hūxīnèikē
후시네이커

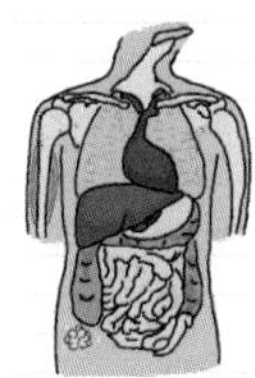

소화기 내과
消化内科
xiāohuànèikē
샤오화네이커

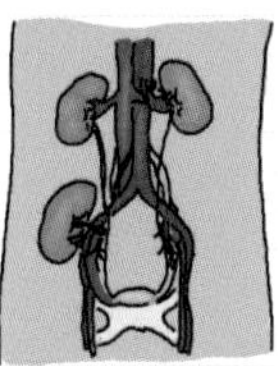

비뇨기 내과
泌尿内科
mìniàonèikē
미냐오네이커

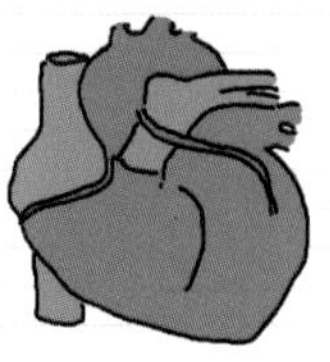

심혈관 내과
心血内科
xīnxuènèikē
신쉐네이커

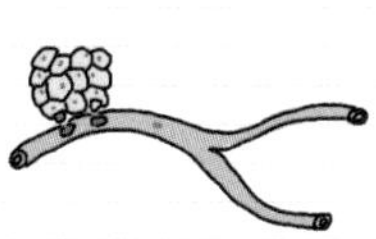

내분비과
内分泌科
nèifēnmìkē
네이펀미커

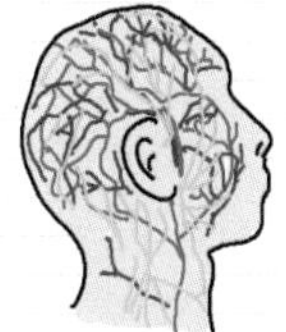

신경과
神经内科
shénjīngnèikē
션징네이커

감염 질병과
感染科
gǎnrǎnkē
간란커

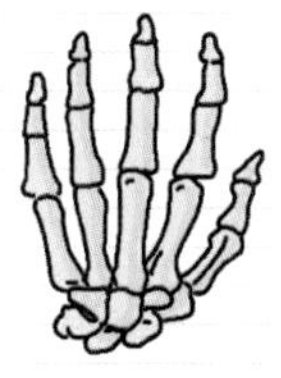

정형외과
骨科
gǔkē
구커

화학 실험실
化验室
huàyànshì
화옌스

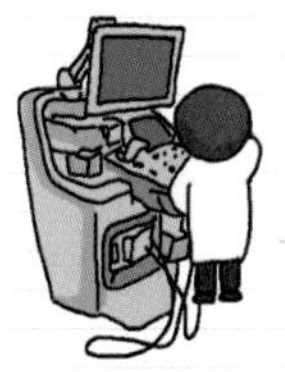

검사실
检验室
jiǎnyànshì
지엔옌스

입원실
住院室
zhùyuànshì
쥬위엔스

응급실
急诊室
jízhěnshì
지젼스

내과나 이비인후과를 가세요
内科或耳鼻喉科都行。
Nèikē huò ěrbíhóukē dōu xíng.
내이커 후오 얼비호우커 또우 싱

Unit 88 병명 ①

천식
哮喘
xiàochuǎn
샤오츄안

감기
感冒
gǎnmào
간마오

유방암
乳腺癌
rǔxiàn'ái
루시엔아이

생리통
痛经
tòngjīng
통찡

당뇨병
糖尿病
tángniàobìng
탕냐오삥

건선
牛皮癣
niúpíxuǎn
니우피쉔

고혈압
高血压
gāoxuèyā
까오쉐야

동맥 경화
动脉硬化
dòngmàiyìnghuà
동마이잉화

심근 경색
心肌梗塞
xīnjīgěngsè
신지껑써

갑상선 기능 항진증
甲亢
jiǎkàng
쟈캉

쇼크
休克
xiūkè
시우커

부정맥
心律失常
xīnlǜshīcháng
신뤼스챵

선생님, 최근에 10kg이나 빠졌습니다. 힘도 없고요.
医生，最近突然瘦了20斤，无精打采的。
Yīshēng, zuìjìn tūrán shòule èrshí jīn, wújīngdǎcǎi de.
이셩, 쬐이찐 투란 쇼우러 얼쓰진, 우징다차이 더

疾病名称 jíbìngmíngchēng 지빙밍청 ①

폐기종
肺气肿
fèiqìzhǒng
페이치종

심장병
心脏病
xīnzàngbìng
신장삥

류머티즘 열
风湿热
fēngshīrè
펑스러

만성 기관지염
慢性咽炎
mànxìngyānyán
만씽옌옌

에이즈
艾滋病
àizībìng
아이즈삥

중풍
中风
zhòngfēng
쫑펑

담결석
胆结石
dǎnjiéshí
단지에스

불임
不孕症
búyùnzhèng
부윈쩡

디스크
腰椎间盘突出症
yāozhuījiānpán tūchū zhèng
야오쥐이찌인판투츄쩡

두통
头痛
tóutòng
토우통

노인성 치매
老年痴呆
lǎoniánchīdāi
라오니엔츠따이

뇌출혈
脑出血
nǎochūxuè
나오츄쉐

저희 어머니는 고혈압 증세가 있어요.
我妈妈有高血压症状。
Wǒ māmā yǒu gāoxuèyā zhèngzhuàng.
워 마마 요우 가오쉬에야 쩡쭈앙

병명 ②

뇌혈전
脑血栓
nǎoxuèshuān
나오쉐에슈안

뇌 혈관성 병
脑血管病
nǎoxuèguǎnbìng
나오쉐관삥

편두통
偏头痛
piāntóutòng
피엔토우통

알츠하이머병
阿尔茨海默病
ā'ěrcíhǎimòbìng
아이얼츠하이모삥

신경 쇠약
神经衰弱
shénjīngshuāiruò
션찡슈아이루오

폐경
闭经
bìjīng
삐징

림프종
淋巴瘤
línbāliú
린빠리우

결핵
结核
jiéhé
지에허

B형 간염
乙肝
yǐgān
이깐

지방간
脂肪肝
zhīfánggān
즈팡깐

위암
胃癌
wèi'ái
웨이아이

변비
便秘
biànmì
삐엔미

편두통인데 어떻게 치료하죠?
患上偏头痛怎么治疗?
Huàn shàng piān tóu tòng zěn me zhì liáo?
환샹 피엔 토우 통 젼머쯔랴오

疾病名称 jíbìngmíngchēng 지빙밍청 ②

복통
腹痛
fùtòng
푸통

만성위염
慢性胃炎
mànxìngwèiyán
만씽웨이옌

설사
腹泻
fùxiè
푸시에

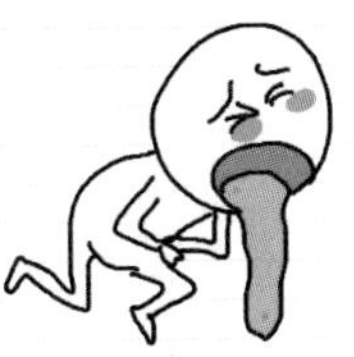

식중독
食物中毒
shíwùzhòngdú
스우종두

간경화
肝硬化
gānyìnghuà
깐잉화

역류성식도염
反流性食管炎
fǎnliúxìng shíguǎnyán
판리우씽스관옌

뇌막염
脑膜炎
nǎomóyán
나오모옌

퇴행성관절염
骨关节炎
gúguānjiéyán
구꽌지에옌

류머티즘성 관절염
风湿性关节炎
fēngshīxìngguān-jiéyán
펑스씽관지에옌

골절
骨折
gǔzhé
구저

골다공증
骨质疏松症
gúzhìshūsōng-zhèng
구즈슈쏭쪙

월경불순
月经不调
yuèjīngbùtiáo
위에징부티아오

만성위염의 증상은 어떤 게 있죠?
慢性胃炎的症状是什么?
Màn xìng wèi yán de zhèng zhuàng shì shén me?
만씽웨이옌더 쪙짱스 션머

Unit 90 병명 ③

조산
早产
zǎochǎn
자오챤

수족구병
手足口病
shǒuzúkǒubìng
쇼우주코우삥

폐렴
肺炎
fèiyán
페이옌

이를 갈다
磨牙
móyá
모야

거식증
厌食症
yànshízhèng
옌스졍

자폐증
自闭症
zìbìzhèng
쯔삐쪙

황달
黄疸
huángdǎn
후앙단

기관지 폐렴
支气管肺炎
zhīqìguǎnfèiyán
즈치관페이옌

기침
咳嗽
ké · sou
커쏘우

중이염
中耳炎
zhōng'ěryán
죵얼옌

습진
湿疹
shīzhěn
스젼

마비
麻痹症
mábìzhèng
마삐쪙

코로나19는 계속해서 전세계에 만연하고 있다.
新冠肺炎疫情不断在全球蔓延。
Xīn guan fèiyán yìqíng búduàn zài quánqiú mànyán.
씬 꽌 페이옌 이칭 부뚜안 짜이 췐치우 만옌

疾病名称 jíbìngmíngchēng 지빙밍청 ③

약시
弱视
ruòshì
루오스

구토
呕吐
ǒutù
오우투

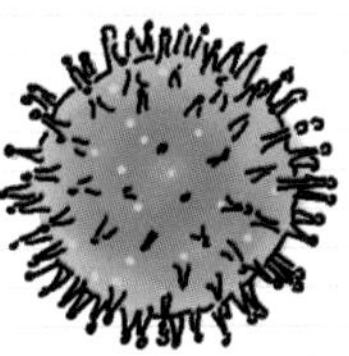

마이코플라즈마 감염
支原体感染
zhīyuántǐgǎnrǎn
즈옌티간란

인후염
咽喉炎
yānhóuyán
옌호우옌

야뇨증
遗尿症
yíniàozhèng
이니아오쪙

발열
发烧
fāshāo
파샤오

장염
肠炎
chángyán
챵옌

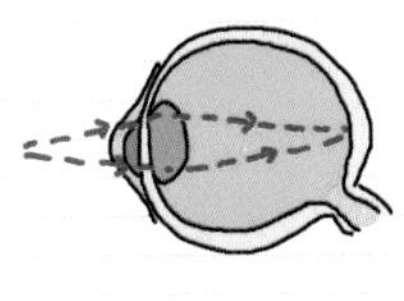

원시
远视眼
yuǎnshìyǎn
위엔스옌

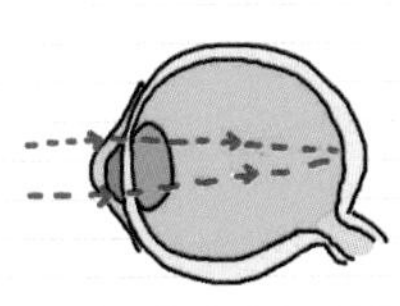

근시
近视眼
jìnshìyǎn
찐스옌

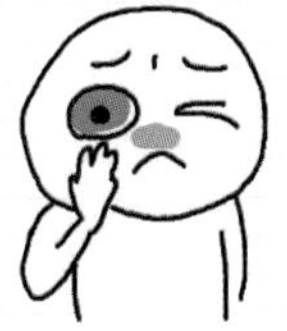

결막염
结膜炎
jiémóyán
지에모옌

백내장
白内障
báinèizhàng
바이네이짱

요도결석
尿道结石
niàodàojiéshí
냐오따오지에스

수영장 갔다왔더니 결막염에 걸려있네.
去了游泳馆游泳，回来居然染上了结膜炎。
Qù le yóu yǒng guǎn yóu yǒng, huí lái jū rán rǎn shàng le jié mó yán.
취러 요우용관 요우용, 회이라이쥐란 란샹러 지에모옌

Unit 91 의약품 ①

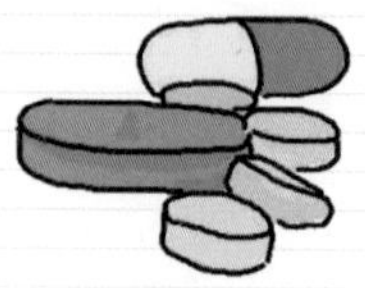
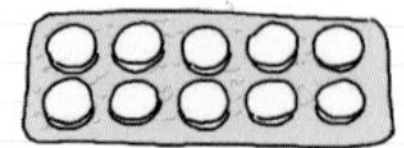
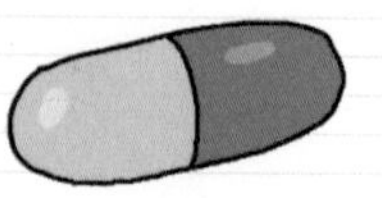

약물	정제	캡슐	환약
药物	片剂	胶囊剂	口服丸剂
yàowù	piànjì	jiāonángjì	kǒufúwánjì
야오우	피엔찌	쟈오낭찌	코우푸완찌

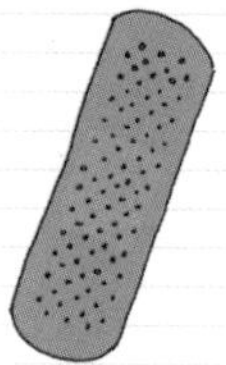

팅크, 연고	과립	외용 연고	반창고
口服酊膏剂	口服颗粒	外用膏	外用贴
kǒufúdīnggāojì	kǒufúkēlì	wàiyònggāo	wàiyòngtiē
코우푸딩까오찌	코우푸커리	와이용까오	와이용티에

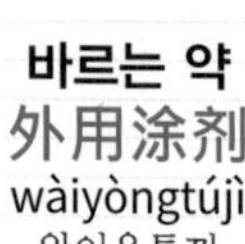
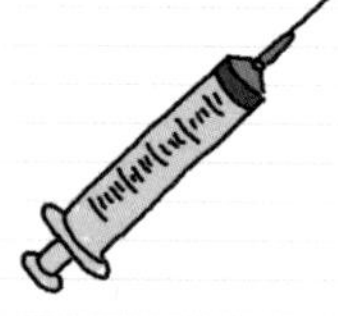
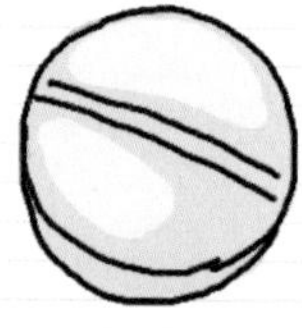
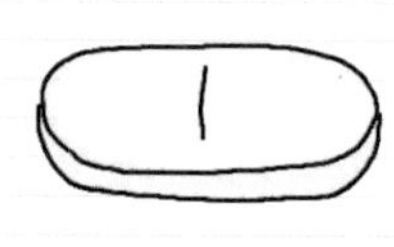

바르는 약	주사제	자극제	장용정
外用涂剂	注射剂	兴奋剂	肠溶片
wàiyòngtújì	zhùshèjì	xīngfènjì	chángróngpiàn
와이용투찌	쥬셔찌	씽펀찌	챵롱피엔

푸띠란 물약은 중의약이다.

蒲地蓝口服液是一种中成药。

Pú dì lán kǒu fú yè shì yī zhǒng zhōng chéng yào.

푸띠란코우푸예스이죵즁청야오

医药品 yīyàopǐn 이야오핀 ①

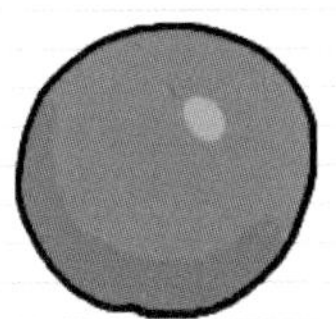

당의정
糖衣片
tángyīpiàn
탕이피엔

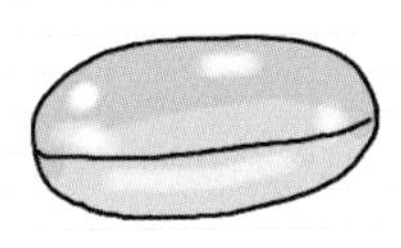

연질캡슐
软胶囊
ruǎnjiāonáng
루안쟈오낭

드링크제
口服液
kǒufúyè
코우푸예

환
蜜丸
mìwán(r)
미완(미왈)

연고
软膏剂
ruǎngāojì
루안까오지

안과용 액제
滴眼液
dīyǎnyè
띠옌예

파스
风湿膏
fēngshīgāo
펑스까오

항문 좌약
肛门栓
gāngménshuān
강먼슈안

바르는 약
涂膜剂
túmójì
투모찌

변비약
通便药
tōngbiànyào
통삐엔야오

소화제
消化剂
xiāohuàjì
샤오화찌

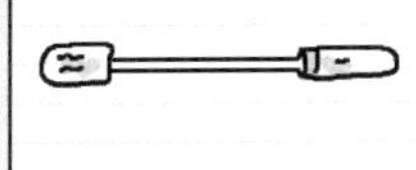

구강정
含片
hánpiàn
한피엔

소화불량인가 봐, 배가 안 좋네.
消化不良，肚子不舒服。
Xiāo huà bú liáng, dù zǐ bú shū fú.
샤오화부량, 뚜즈뿌슈푸

Unit 92 의약품 ②

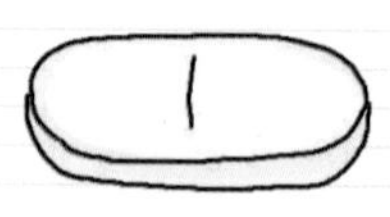

진통제
止疼剂
zhǐténgjì
즈텅찌

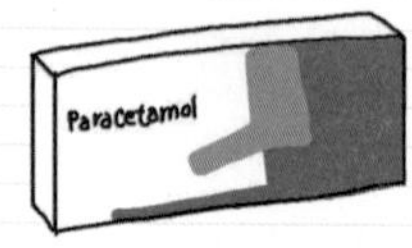

파라세타몰
扑热息痛
pūrèxītòng
푸러시통

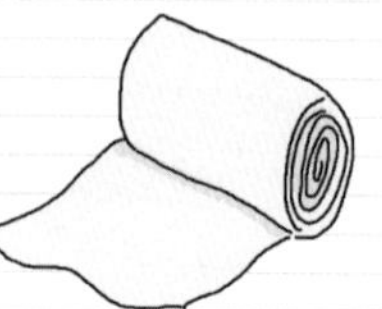

압박 붕대
压力绷带
yālìbēngdài
야리뻥따이

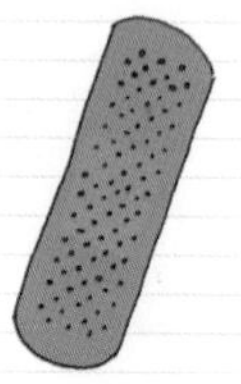

반창고
创可贴
chuāngkětiē
촹커티에

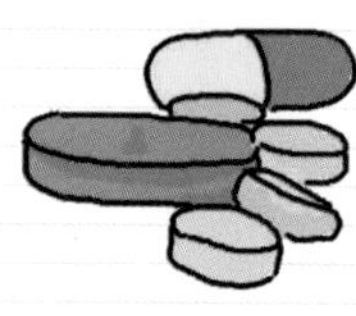

처방약
处方剂
chǔfāngjì
추팡찌

소생술
心肺复苏
xīnfèifùsū
신페이푸쑤

수면제
睡眠剂
shuìmiánjì
쉐이미엔찌

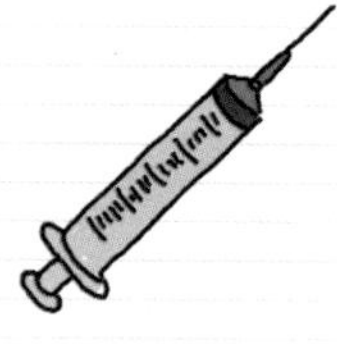

주사기
注射器
zhùshèqì
쥬셔치

체온계
体温计
tǐwēnjì
티원찌

멀미약
晕车药
yùnchēyào
윈쳐야오

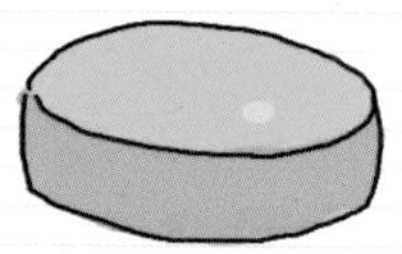

비타민제
维生素片
wéishēngsùpiàn
웨이셩쑤피엔

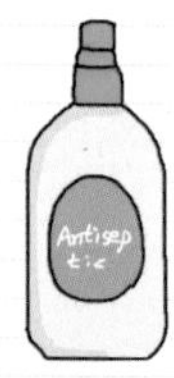

소독제
消毒剂
xiāodújì
샤오뚜찌

이러한 복합비타민제는 비타민이 몇 종류나 있나요?
这种复合的含有多少种维生素呢?
Zhèzhǒng fùhé de hányǒu duōshǎo zhǒng wéishēngsù ne?
쪄종 푸허 더 한요 도샤오 종 웨이셩쑤 너

医药品 yīyàopǐn 이야오핀 ②

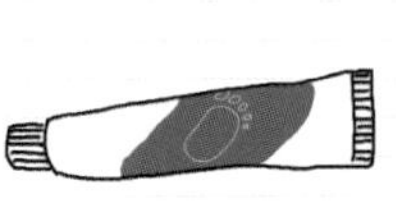

무좀약	탈지면	기침약	지사제
治癣药	脱脂棉	咳嗽药	止泻药
zhìxuǎnyào	tuōzhīmián	ké · souyào	zhǐxièyào
쯔쉬엔야오	투오즈미엔	커쏘우야오	즈시에야오

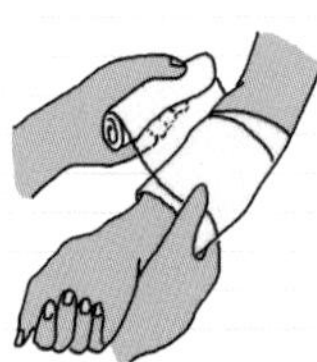

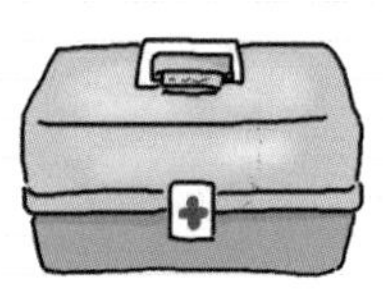

드레싱	관장제	안약	구급상자
包扎辅料	灌肠剂	眼药水	急救包
bāozāfǔliào	guànchángjì	yǎnyàoshuǐ	jíjiùbāo
바오쟈푸랴오	꽌챵찌	옌야오쉐이	지찌우빠오

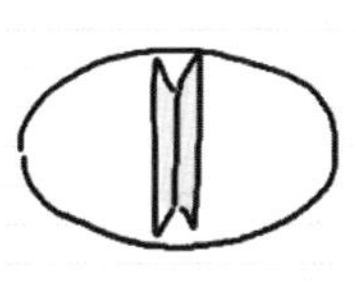

거즈	안정제	알코올	피로회복제
纱布	镇定剂	酒精	缓解疲劳药
shābù	zhèndìngjì	jiǔjīng	huǎnjiěpíláoyào
샤뿌	쪈띵찌	지우징	환지에피리아오야오

포장 상에 보시면 성분표가 있습니다.
药品包装上有成份表。
Yàopǐn bāozhuāng shàng yǒu chéngfèn biǎo.
야오핀 빠오좡 샹 요우 청펀 비아오

Unit 93 한약재

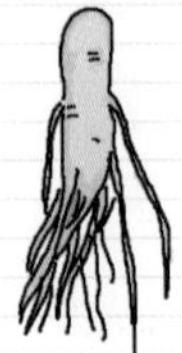

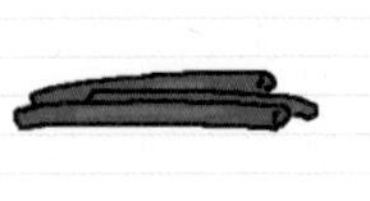

인삼	숙지황	마황	육계의 가지
人参	熟地黄	麻黄	桂枝
rénshēn	shúdìhuáng	máhuáng	guìzhī
런션	슈띠황	마황	꾸이즈

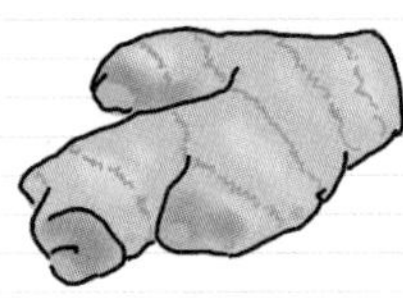

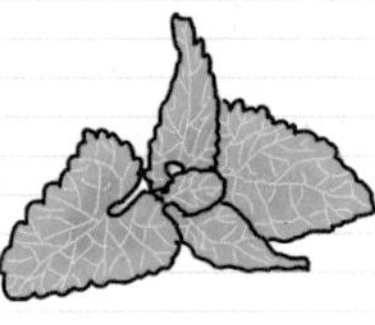

방풍나물	생강	박하	국화
防风	生姜	薄荷	菊花
fángfēng	shēngjiāng	bò · he	júhuā
팡펑	셩쨩	뽀허	쥐화

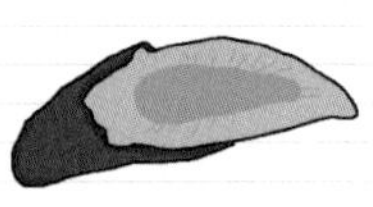

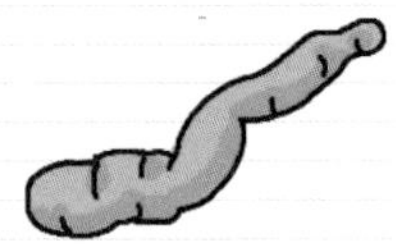

우방자	지모	감초	생지황
牛蒡子	之母	甘草	生地
niúbàngzi	zhīmǔ	gāncǎo	shēngdì
니우빵즈	즈무	깐차오	셩띠

인삼은 낮과 밤의 온도차가 작은, 해발 비교적 높은 곳에서 자란다.

人参生长在海拔较高，昼夜温差小的斜坡地。

Rén shēn shēng zhǎng zài hǎi bá jiào gāo, zhòu yè wēn chà xiǎo de xié pō dì.

런션셩쟝짜이하이바 쟈오까오, 조우예원챠샤오더시에포띠

中药材料(韩药材料) zhōngyàocáiliào(hányàocáiliào) 쫑야오차이리아오(한야오차이리아오)

모란뿌리 껍질
丹皮
dānpí
딴피

녹용
白头翁
báitóuwēng
바이토우웡

현삼
鹿茸
lùróng
루롱

백모근
白茅根
báimáogēn
바이마오껀

자초
紫草
zǐcǎo
즈차오

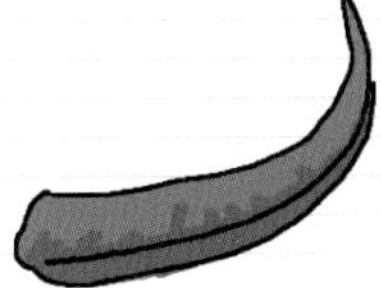

물소뿔
水牛角
shuǐniújiǎo
쉐이니우쟈오

황금
黄芩
huángqín
황친

민들레
蒲公英
púgōngyīng
푸공잉

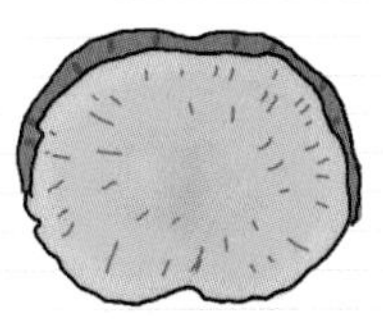

고삼
苦参
kǔshēn
쿠션

금은화
金银花
jīnyínhuā
진잉화

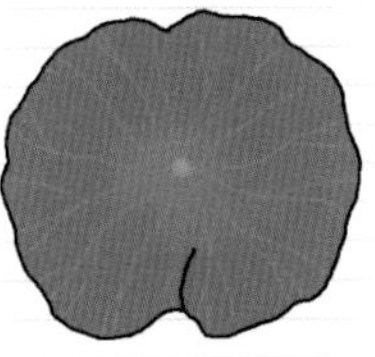

연잎
荷叶
héyè
허예

개사철쑥
青蒿
qīnghāo
칭하오

금은화는 예로부터 열을 내리고 해독하는 좋은 약으로 알려져 왔다.
金银花自古被誉为清热解毒的良药。
Jīnyínhuā zìgǔ bèiyùwéi qīngrè jiědú de liángyào.
진인후아 즈구 베이위웨이 칭르어 지에두 더 리앙야오

Unit 94 회사

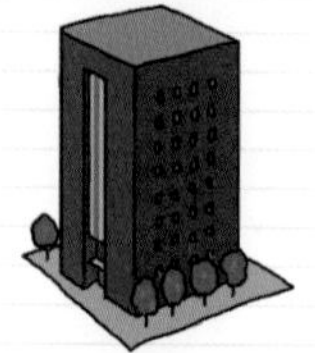

설립
设立
shèlì
셔리

자본
资金
zījīn
쯔찐

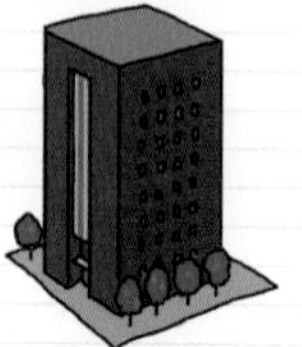

본사
总部
zǒngbù
종뿌

지사
分公司
fēngōngsī
펀꽁쓰

사무실
办公室
bàngōngshì
빤꽁스

직원
职员
zhíyuán
즈위엔

경영
经营
jīngyíng
찡잉

노동조합
劳动组合
láodòngzǔhé
라오동주허

투자
投资
tóuzī
토우쯔

월급
月薪
yuèxīn
위에씬

보너스, 상여금
奖金
jiǎngjīn
찌앙진

출근
上班
shàngbān
샤앙빤

우리 회사는 2000년에 세워졌고, 서울에 있습니다.
本公司成立于2000年，位于首尔。
Běngōngsī chénglìyú èrlínglínglíng nián, wèiyú shǒu'ěr.
번꽁쓰 청리위 얼링링링니엔, 웨이위 쇼우얼

公司 gōngsī 꽁쓰

은퇴
退休
tuìxiū
퇴이시우

면접
面试
miànshì
미엔쓰

사직
辞职
cízhí
츠즈

사장
总经理
zǒngjīnglǐ
종찡리

회장
董事长
dǒngshìzhǎng
동스쟝

비서
秘书
mìshū
미슈

인사
人事处
rénshìchù
런스추

영업
销售
xiāoshòu
샤오쇼우

법무
法务
fǎwù
파우

마케팅
营销
yíngxiāo
잉샤오

회계
会计
kuàijì
콰이찌

생산
生产
shēngchǎn
셩챤

오늘 면접 있어, 약간 긴장되네.
今天有面试，有点紧张。
Jīn tiān yǒu miàn shì, yǒu diǎn jǐn zhāng.
진티엔요우미엔스, 요우디엔진짱

Unit 95 경제

회계
会计
kuàijì
콰이찌

송금
汇款
huìkuǎn
회이콴

환전
换钱
huànqián
환치엔

보험
保险
bǎoxiǎn
바오시엔

신청
申请
shēnqǐng
션칭

등기
注册
zhùcè
쥬쳐

은행창구
银行窗口
yínháng chuāngkǒu
인항추앙커우

주식
股份
gǔfèn
구펀

신분증
身份证
shēnfènzhèng
션펀쪙

신용카드
信用卡
xìnyòngkǎ
씬용카

비밀번호
密码
mìmǎ
미마

계좌
账户
zhànghù
쟝후

원화와 위엔화의 최근 환율이 좋지 않다.
韩币兑换人民币最近的汇率很不好。
Hánbì duìhuàn rénmínbì zuìjìn de huìlǜ hěn bùhǎo.
한삐 뚜이환 런민삐 쭈이찐 더 회이뤼 헌 뿌하오

经济 jīngjì 징지

계좌번호
账户号码
zhànghùhàomǎ
좡후하오마

화폐
货币
huòbì
후오삐

잔금
余额
yú'é
위어

환율
汇率
huìlǜ
후이뤼

달러
美元
měiyuán
메이위엔

엔화
日元
rìyuán
르위엔

한화
韩元
hányuán
한위엔

위안화
人民币
rénmínbì
런민삐

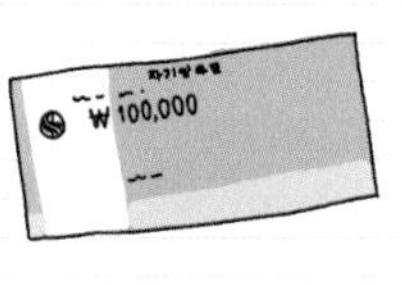

예금
存款
cúnkuǎn
춘콴

출금
提款
tíkuǎn
티콴

ATM
提款机
tíkuǎnjī
티콴찌

수표
支票
zhīpiào
쯔피아오

사거리 동북쪽 코너에 ATM 기기가 있어.
在十字路口的东北角有提款机。
Zài shí zì lù kǒu de dōng běi jiǎo yǒu tí kuǎn jī.
짜이스즈루커우더 동베이쟈오 요우티콴지

Unit 96 무역

EXW(ex works)
工厂交货
gōngchǎngjiāo-huò
꽁창쟈오후오

FOB(free on board)
船上交货
chuánshàngjiāo huò
촨샹쟈오후오

CFR(cost & freight)
成本加运费
chéngběnjiāyùnfèi
청번쟈윈페이

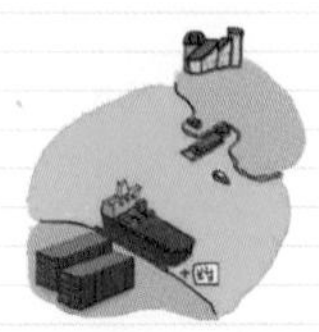

CIF(cost insurance & freight)
成本加保险加运费
chéngběnjiābǎo xiǎnjiāyùnfèi
청번쟈바오시엔쟈윈페이

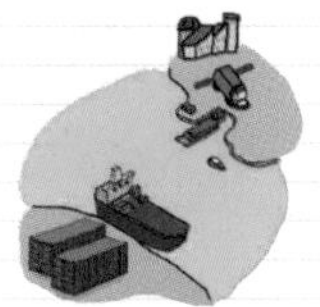

FCA(Free carrier)
货交承运人
huòjiāo chéngyùnrén
후오쟈오청윈런

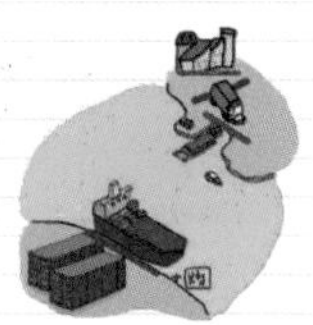

Incoterms 2000
2000年国际贸易术语解释通则
èrlínglínglíngniánguó-jìmàoyìshùyǔjiěshìtōngzé
얼링링링니엔구오찌마오이 슈위지에스통져

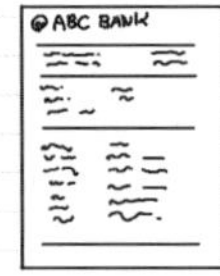

신용장(letter of credit)
信用证
xìn · yòngzhèng
씬용쩡

목적항
目的港
mùdìgǎng
무띠강

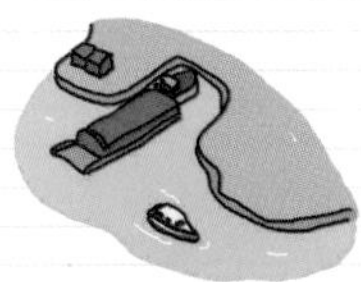

선적항
装船港
zhuāngchuángǎng
좡촨강

지불
支付
zhīfù
쯔푸

계약
合同
hé · tong
허통

선금
首付款
shǒufùkuǎn
쇼우푸콴

인민폐 저축 이자는 계속 변동되고 있다.
人民币存款利率一直在变。
Rén mín bì cún kuǎn lì lǜ yì zhí zài biàn.
런민삐 춘콴리뤼 이즈 짜이 삐엔

贸易 màoyì 마오이

중도금
中间款
zhōngjiānkuǎn
쫑찌엔콴

잔금
剩余款
shèngyúkuǎn
셩위콴

포장
包装
bāozhuāng
빠오쫭

보관
保管
bǎoguǎn
바오관

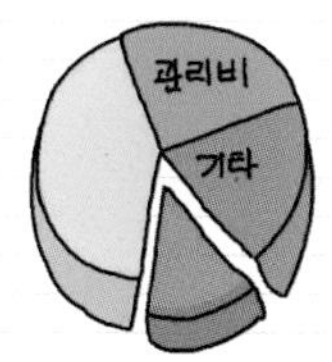

운송
运输
yùnshū
윈슈

선적항
装船港
zhuāngchuángǎng
좡취엔강

은행 비용
银行费用
yínhángfèiyòng
인항페이용

소모비용
消耗费用
xiāohàofèiyòng
샤오하오페이용

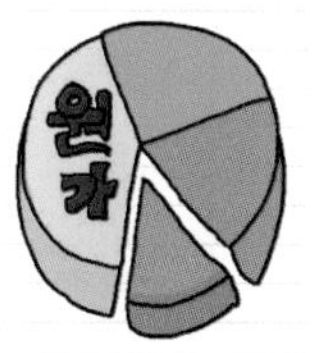

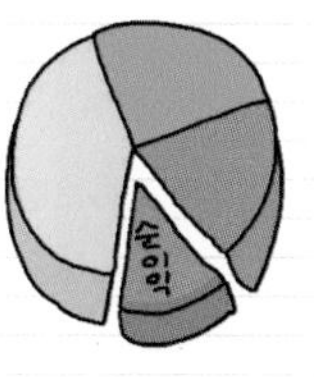

원가
成本价
chéngběnjià
쳥번쟈

운임비용
运费
yùnfèi
윈페이

순이익(net profit)
净利润
jìnglìrùn
찡리룬

보험 비용
保险费
bǎoxiǎnfèi
바오시엔페이

원가에 운송비가 포함되어 있다.
业务成本含有运费。
Yè wù chéng běn hán yǒu yùn fèi.
예우쳥번한요우윈페이

Unit 97 역사 ①

역사
历史
lìshǐ
리스

왕조
朝代
cháodài
챠오따이

삼국연의
三国演义
sānguóyǎnyì
싼구오옌이

수호지
水浒传
shuǐhǔzhuàn
쉐이후좐

손자병법
孙子兵法
sūnzǐbīngfǎ
쑨즈삥파

사기
史记
shǐjì
스찌

홍루몽
红楼梦
hónglóumèng
홍로우멍

서유기
西游记
xīyóujì
시요우찌

본초강목
本草纲目
běncǎogāngmù
번차오깡무

산해경
山海经
shānhǎijīng
샨하이찡

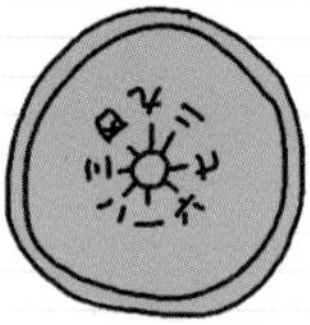

주역
周易
zhōuyì
죠우이

자치통감
资治通鉴
zīzhìtōngjiàn
쯔즈통찌엔

『삼국지연의』는 중국의 4대 고전 명작 중 하나이다.
《三国演义》是中国古典四大名著之一。
《Sānguóyǎnyì》 shì Zhōngguó gǔdiǎn sì dà míngzhù zhīyī.
싼구오옌이스쭝구오구디엔쓰따밍쭈즈이

历史 lìshǐ 리쓰 ①

시경
诗经
shījīng
스찡

역경
易经
yìjīng
이찡

논어
论语
lúnyǔ
룬위

한서
汉书
hànshū
한슈

선사시대
史前时代
shǐqiánshídài
스치엔스따이

구석기
旧石器
jiùshíqì
찌우스치

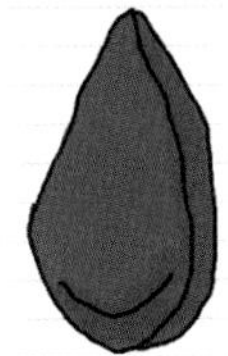

신석기
新石器
xīnshíqì
씬스치

청동기
青铜器
qīngtóngqì
칭통치

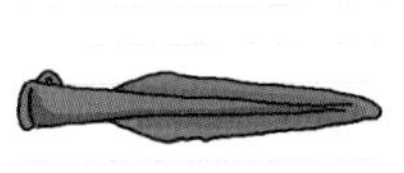

철기
铁器
tiěqì
티에치

하나라
夏朝
xiàcháo
샤챠오

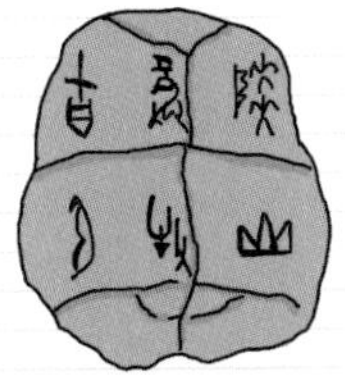

상나라
商朝
shāngcháo
샹챠오

주나라
周朝
zhōucháo
쥬우챠오

『역경』은 세상 만물 변화에 대해 서술한 고전이다.
易经是阐述天地世间关于万象变化的古老经典。
Yì jīng shì chǎn shù tiān dì shì jiān guān yú wàn xiàng biàn huà de gǔ lǎo jīng diǎn.
이징스 챤슈 티엔띠스지엔 꽌위 완샹삐엔화더 구라오찡디엔

Unit 98 역사 ②

춘추
春秋
chūnqiū
춘치우

전국
战国
zhànguó
짠구오

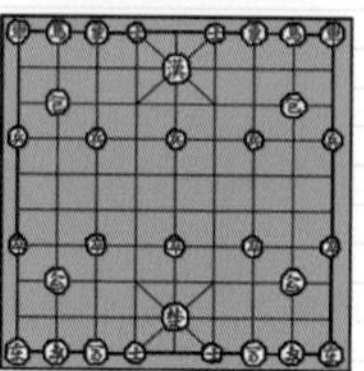

한나라
汉朝
hàncháo
한챠오

수나라
隋朝
suícháo
쒜이챠오

당나라
唐朝
tángcháo
탕챠오

송나라
宋朝
sòngcháo
쏭챠오

요나라
辽朝
liáocháo
랴오챠오

금나라
金朝
jīncháo
찐챠오

원나라
元朝
yuáncháo
위엔챠오

명나라
明朝
míngcháo
밍챠오

청나라
清朝
qīngcháo
칭챠오

중화민국
中华民国
zhōnghuámínguó
쭝화민구오

악비는 남송시대에 금에 대항했던 명장이다.
岳飞是南宋时期的抗金名将。
Yuè fēi shì nán sòng shí qī de kàng jīn míng jiāng.
위에페이스 난쏭스치더 캉찐밍쟝

历史 lìshǐ 리스 ②

중화인민공화국
中华人民共和国
zhōnghuárénmín gònghéguó
쭝화런민꽁허구오

고조선
古朝鲜
gǔcháoxiǎn
구챠오시엔

부여
扶余
fúyú
푸위

신라
新罗
xīnluó
신루오

고구려
高句丽
gāogōulí
까오꼬우리

백제
百济
bǎijì
바이찌

가야
伽倻
jiāyē
쟈예

발해
渤海
bóhǎi
보하이

고려
高丽
gāolì
까오리

조선
朝鲜
cháoxiǎn
챠오시엔

대한제국
大韩帝国
dàhándìguó
따한띠구오

대한민국
大韩民国
dàhánmínguó
따한민구오

10월1일은 중화인민공화국의 건국기념일이다.
十月一日是中华人民共和国成立的纪念日。
Shí yuè yī rì shì zhōng huá rén mín gòng hé guó chéng lì de jì niàn rì.
스위에이르스 중화런민꽁허구오 청리더 찌니엔르

Unit 99 주요 국가 ①

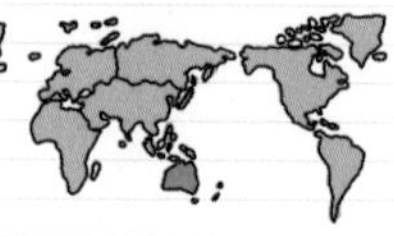

아시아	유럽	아프리카	오세아니아
亚洲	欧洲	非洲	澳洲
yàzhōu	ōuzhōu	fēizhōu	àozhōu
야죠우	오우죠우	페이죠우	아오죠우

북아메리카	남아메리카	대한민국	중화인민공화국
北美	南美	大韩民国	中华人民共和国
běiměi	nánměi	dàhánmínguó	zhōnghuárén-míngònghéguó
베이메이	난메이	따한민구오	쭝화런민꽁허구오

일본	몽고	베트남	라오스
日本	蒙古	越南	老挝
rìběn	měnggǔ	yuènán	lǎowō
르번	멍구	위에난	라오워

중국은 세계에서 인구가 가장 많은 나라이다.
中国是世界上人口最多的国家。
Zhōng guó shì shì jiè shàng rén kǒu zuì duō de guó jiā.
쭝구오스 스찌에샹 런코우 쮜이두오더 구오지아

国家 guójiā 궈지아 ①

캄보디아
柬埔寨
jiǎnpǔzhài
지엔푸자이

미얀마
缅甸
miǎndiàn
미엔띠엔

태국
泰国
tàiguó
타이구오

인도네시아
印度尼西亚
yìndùníxīyà
인두니시야

인도
印度
yìndù
인두

네팔
尼泊尔
níbó'ěr
니보얼

러시아
俄罗斯
éluósī
어루오쓰

터키
土耳其
tǔ'ěrqí
투얼치

사우디아라비아
沙特阿拉伯
shātèālābó
샤터아라보

이란
伊朗
yīlǎng
이랑

이라크
伊拉克
yīlākè
이라크

요르단
约旦
yuēdàn
위에딴

러시아는 현재 전세계에서 국토가 가장 큰 국가이다.
俄罗斯是当今世界领土面积最大的国家。
é luó sī shì dāng jīn shì jiè lǐng tǔ miàn jī zuì dà de guó jiā.
어루오스스 땅진 스찌에 링투미엔지 쬐이따더 구오지아

Unit 100 주요 국가 ②

미국	캐나다	멕시코	브라질
美国	加拿大	墨西哥	巴西
měiguó	jiānádà	mòxīgē	bāxī
메이구오	지아나다	모시꺼	빠시

베네수엘라	콜롬비아	칠레	아르헨티나
委内瑞拉	哥伦比亚	智利	阿根廷
wěinèiruìlā	gēlúnbǐyà	zhìlì	āgēntíng
웨이네이뤠이라	꺼룬비아	즈리	아건팅

자메이카	페루	영국	스페인
牙买加	秘鲁	英国	西班牙
yámǎijiā	bìlǔ	yīngguó	xībānyá
야마이쟈	삐루	잉구오	시반야

영국은 본토 이외에, 14개 해외영지가 있다.

英国除本土之外，其还拥有十四个海外领地。

Yīng guó chú běn tǔ zhī wài, qí hái yōng yǒu shí sì gè hǎi wài lǐng dì.

잉구오츄번투즈와이, 치하이용요우스쓰거하이와이링띠

国家 guójiā 궈지아 ②

독일
德国
déguó
더구오

프랑스
法国
fǎguó
파구오

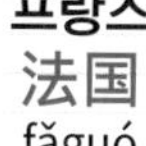

포르투갈
葡萄牙
pú · táoyá
푸타오야

핀란드
芬兰
fēnlán
펀란

덴마크
丹麦
dānmài
딴마이

스웨덴
瑞典
ruìdiǎn
뤠이디엔

스위스
瑞士
ruìshì
뤠이스

이탈리아
意大利
yìdàlì
이따리

남아프리카공화국
南非共和国
nánfēigònghéguó
난페이꽁허구오

이집트
埃及
āijí
아이지

모로코
摩洛哥
móluògē
모루오꺼

나이지리아
尼日利亚
nírìlìyà
니르리야

그들은 일본에서 브라질로 이주했다.
他们从日本移居巴西。
Tāmen cóng rìběn yíjū bāxī.
타먼 총 르번 이쥐 바시

컴팩트 단어장

Part 01 인간

Unit 1 가족 家人 16쪽

할아버지	爷爷	예예
할머니	奶奶	나이나이
외할아버지	老爷	라오예
외할머니	姥姥	라오라오
부모	父母	푸무
아빠	爸爸	빠바
엄마	妈妈	마마
장인	岳父	웨푸
장모	岳母	웨무
남편	丈夫	쟝푸
아내	妻子	치즈
아들	儿子	얼즈
딸	女儿	뉘얼
형	哥哥	꺼거
남자 동생	弟弟	띠디
언니	姐姐	지에지에
여자 동생	妹妹	메이메이
사위	女婿	뉘쉬
며느리	儿媳妇	얼시푸
형수	嫂子	싸오즈
삼촌	叔叔	슈슈
사촌	堂兄弟姐妹	탕 시옹띠지에메이
외사촌	表兄弟姐妹	뱌오 시옹띠지에메이
손자	孙子	쑨즈

Unit 2 외모① 外貌① 18쪽

대머리	光头	꽝토우
금발머리	金发	찐파
검은 머리	黑发	헤이파
긴 머리	长发	챵파
짧은 머리	短发	두안파
곱슬머리	卷发	젠파
직모	直发	즈파
수염	胡须	후쉬
염소수염	山羊胡子	샨양후즈
구레나룻	连鬓胡子	리엔삔후즈
코주부	大鼻子	따비즈
보조개	酒窝	지우워
쌍꺼풀	双眼皮	슈앙옌피
홑꺼풀	单眼皮	딴옌피
주름살	皱纹	조우원
팔자주름	八字纹	빠즈원
잔주름	细皱	시죠우
진한 화장	浓妆	농쥬앙
피부	肌肤	찌푸
성형수술	整形手术	정싱쇼우슈
주근깨	雀斑	취에빤
기미	黑斑	헤이빤
여드름	青春痘	칭춘도우
외모	外貌	와이마오

Unit 3 외모② 外貌② 20쪽

미장원	美发店	메이파띠엔
미용실	美发廊	메이파랑
헤어스타일	发型	파싱
드라이	吹干	췌이깐
단발머리	波波头	뽀뽀토우
바가지머리	锅盖头	꼬우까이토우
땋은 머리	编辫子	삐엔삐엔즈
똥머리	圆发髻	옌파찌
군인 머리	寸头	춘토우
이대팔머리	复古油头	푸구요우토우
크루 컷	平头	핑토우
염색	染发	란파
상고머리	平顶头	핑딩토우
곱슬머리	鬈发	췐파
반백의 머리	灰白头发	훼이바이토우파
앞머리	刘海	리우하이
가르마	发缝	파펑
파마	烫发	탕파
삐삐머리	双马尾	슈앙마웨이
묶은 머리	马尾辫	마웨이삐엔
헝클어진 머리	蓬乱头发	펑루안토우파
올린 머리	卷发	젠파
올림머리	盘发	판파
웨이브가 진 머리	波浪发	뽀랑파

Unit 4 직업 ① 职业① 22쪽

정치가	政治家	쩡쯔지아
주석	主席	쥬시
총리	总理	죵리
성장	省长	셩쟝
시장	市长	스쟝
공무원	公务员	꽁우위엔
국회위원	国会委员	구오회이웨이위엔
대통령	总统	종통
회장	董事长	동스쟝
CEO	总经理	종징리
공장장	工厂长	꽁챵장
엔지니어	工程师	꽁청스
연구원	研究人员	옌지우런위엔
마케팅	营销	잉샤오
영업	销售	샤오쇼우
판촉	推广	퇴이광
회계	会计	콰이지
재무	财务	챠이우
출납	出纳	츄나

비서	秘书	미슈
선생님	老师	라오스
교수	教授	찌아쇼우
배우	演员	옌위엔
음악가	音乐家	인위에지아

Unit 5 직업 ② 职业② 24쪽

연주가	演奏家	옌조우지아
화가	画家	화지아
예술가	艺术家	이슈지아
운전기사	司机	쓰지
세관원	海关人员	하이꽌런위엔
농부	农夫	농푸
어부	渔夫	위푸
장사꾼	生意人	셩이런
회사원	上班族	샹빤쥬
은행원	银行职员	인항즈위엔
기장	机长	찌장
스튜어디스	女乘务员	뉘청우위엔
보안원	保安人员	바오안런위엔
아파트관리원	物业人员	우예런위엔
택배기사	快递员	콰이띠위엔
아르바이트	打工	다꽁
서비스직원	服务员	푸우위엔
목수	木匠	무찌앙
인테리어 기사	装潢人员	좡황 런위엔
디자이너	设计人员	셔지런위엔
전기기사	电工	띠엔공
기자	记者	찌져
편집장	编辑人	삐엔지런
건축가	建筑师	찌엔쥬스

Unit 6 직업 ③ 职业③ 26쪽

회계사	会计师	콰이지스
보험설계사	保险代理人	바오시엔따이리런
관제사	管制员	관쯔위엔
파일럿	飞行员	페이싱위엔
골동품 거래인	古董经销商	구동찡샤오샹
고고학자	考古学家	카오구쉐지아
제빵사	面包师	미엔빠오스
이발사	理发师	리파스
바텐더	吧台员	빠타이위엔
미용사	美容师	메이롱스
경호원	保镖	바오비아오
술집 문지기	门卫	먼웨이
벽돌공	砖匠	쥬안찌앙
사업가	实业家	스예지아
의사	医生	이셩
간호사	护士	후스
중의 의사	中医医生	종이이셩

치과의사	牙医	야이
약사	药剂师	야오찌스
영화감독	导演	다오옌
생물학자	生物学家	셩우쉐지아
동물학자	动物学者	똥우쉐지아
화학자	化学家	화쉐지아
식물학자	植物学家	즈우쉐지아

Unit 7 직업 ④ 职业④ 28쪽

운동 코치(감독)	教练	찌아오리엔
운동선수	运动选手	윈동 쉔쇼우
요리사	厨师	츄스
무용수	舞蹈员	우다오위엔
작곡가	作曲者	쪼오취져
경찰	警察	징챠
군인	军人	쥔런
공군	空军	콩쥔
해군	海军	하이쥔
육군	陆军	루쥔
외교관	外交官	와이쟈오관
소방관	消防人员	샤오팡위엔
감정사	鉴定师	찌엔띵스
가정주부	家庭主妇	짜팅쥬푸
보모	保姆	바오무
환경미화원	清洁工	칭지에꽁
증권 거래인	证券经纪人	쩡췐찡찌런
기관사	火车司机	호우쳐쓰지
여행 가이드	导游	다오요우
호텔리어	酒店经营者	지우띠엔찡잉져
사진사	摄影师	셔잉스
스턴트맨	替身演员	티션옌위엔
가수	歌手	꺼쇼우
매니져	经纪人	찡찌런

Unit 8 신체 ① 身体① 30쪽

머리	头	토우
이마	额头	어토우
눈	眼睛	옌찡
코	鼻子	비쯔
입	嘴	쮀이
귀	耳朵	얼뚜오
목	脖子	보즈
어깨	肩膀	찌엔방
팔	胳膊	꺼보
팔꿈치	胳膊肘	꺼보죠우
겨드랑이	腋窝	예워
손	手	쇼우
가슴	胸部	시옹뿌
유두	乳头	루토우
배	肚子	뚜즈

배꼽	肚脐	뚜치
허리	腰	야오
엉덩이	屁股	피구
다리	腿	퇴이
허벅지	大腿	따퇴이
무릎	膝盖	시까이
발	脚	지아오
발가락	脚指头	지아오쯔토우
뒤꿈치	脚后跟	지아오호우껀
발등	足背	주뻬이
엄지발가락	大脚拇趾	따지아오무쯔
검지발가락	二脚拇趾	얼찌아오무쯔
중지발가락	中脚拇趾	쭝지아오무쯔
약지발가락	脚无名	찌아오우밍쯔
새끼발가락	小脚拇趾	시아오지아오무쯔

Unit 9 신체 ② 身体② 32쪽

얼굴	面部	미엔뿌
머리카락	头发	토우파
정수리	头顶	토딩
이마주름	抬头纹	타이토우원
미간	眉间	메이지엔
눈썹	眉毛	메이마오
속눈썹	睫毛	지에마오
눈꺼풀	眼皮	옌피
콧구멍	鼻孔	비콩
귓불	耳垂	얼쉐이
귓구멍	耳孔	얼콩
볼	脸	리엔
보조개	酒窝	지우워
턱	颚	으어
손바닥	手掌	쏘우짱
엄지손가락	拇指	무쯔
검지손가락	食指	쓰쯔
중지손가락	中指	쫑쯔
약지손가락	无名指	우밍쯔
새끼손가락	小拇指	시아오무쯔
잇몸	牙龈	야인
입술	嘴唇	쮀이춘
목젖	悬雍垂	쉔용췌이
목구멍	咽喉	옌호우
혀, 혓바닥	舌头	셔토우
이빨	牙齿	야츠

Unit 10 신체 ③ 身体③ 34쪽

침샘	唾腺	투오시엔
뇌	大脑	따나오
갑상선	甲状腺	쟈좡시엔
심장	心脏	씬장
기관지	支气管	즈치관
식도	食道	스따오
위	胃	웨이
허파	肺部	페이뿌
간	肝	깐
뼈	骨头	구토우
근육	肌肉	찌로우
지방	脂肪	즈팡
소장	小肠	샤오창
대장	大肠	따챵
십이지장	十二指肠	스얼즈챵
쓸개	胆	단
콩팥	肾	션
동맥	动脉	동마이
정맥	静脉	찡마이
혈관	血管	쉐관
모세혈관	毛细血管	마오시쉐관
림프	淋巴	린빠
방광	膀胱	팡광
혈압	血压	쉐야

Part 02 의식주

Unit 11 의복 ① 服装① 38쪽

상의	上衣	샹이
바지	裤子	쿠즈
치마	裙子	췬즈
티셔츠	T恤	티쉬
남방	衬衫	쳔샨
레이스 셔츠	蕾丝衬衫	레이쓰쳔샨
재킷	夹克	쟈커
바람막이	披风	피펑
조끼	背心	빼이씬
패딩	棉衣	미엔이
오리털	羽绒	위롱
거위털	鹅绒	어롱
슈트	西服	시푸
스웨터	毛衣	마오이
가죽옷	皮衣	피이
코트(모직외투)	毛呢外套	마오니와이타오
바바리	风衣	펑이
후드티	卫衣	웨이이
민소매 원피스	吊带连衣裙	띠아오따이리엔이췬
칠부바지	七分裤	치펀쿠
반바지	短裤	두안쿠
긴바지	长裤	챵쿠
청바지	牛仔裤	니우쟈이쿠
면바지	棉裤	미엔쿠

Unit 12 의복 ② 服装② 40쪽

캐주얼 바지	休闲裤	시우시엔쿠
배기바지	哈伦裤	하룬쿠
츄리닝 바지	运动裤	윈동쿠
점프 바지	连体裤	리엔티쿠
원피스	连衣裙	리엔이췬
스커트	半身裙	빤션췬
민소매 원피스	吊带裙	띠아오따이췬
정장	正装	쩡쫭
캐주얼	休闲装	시우시엔쫭
패션	时尚	스샹
수영복	泳衣	용이
비키니	比基尼	비지니
파자마	睡衣裤	쉐이쿠
중국 전통 원피스	旗袍	치파오
한복	韩服	한푸
가디건	开衫	카이샨
내의	内衣	네이이
내복	秋衣	치우이
허리띠	腰带	야오따이
넥타이	领带	링따이
양말	袜子	와즈
스타킹	丝袜	쓰와
레깅스	打底裤	다디쿠
웨딩드레스	婚纱	훈샤

Unit 13 화장품 化妆品 42쪽

기초화장품	基础系列	찌추시리에
스킨	护肤水	후푸쉐이
로션	护肤霜	후푸슈앙
크림	护肤乳	후푸루
에센스	精华	찡화
아이크림	眼霜	옌슈앙
바디로션	身体乳	션티루
핸드크림	护手霜	후쇼우슈앙
립글로스	润唇膏	룬츈까오
색조	彩妆	챠이쥬앙
아이섀도	眼影	옌잉
립스틱	口红	커우홍
아이브로펜슬	眉笔	메이비
마스카라	睫毛膏	지에마오까오
매니큐어	指甲油	즈지아요우
비누	香皂	시앙짜오
클렌징 폼	洗面奶	시미엔나이
선블록	防晒霜	팡샤이슈앙
BB크림	BB霜	비비슈앙
보습	保湿	바오스
수복	修复	시우푸
안티에이징	抗老	캉라오
주름방지	抗皱	캉쪼우
쿠션	气垫	치띠엔

Unit 14. 신발 鞋 44쪽

부츠	靴子	쉐즈
쪼리	人字拖	런쯔투오
카우보이 부츠	牧童靴	무통쉐
플랫	平跟鞋	핑껀시에
플립 플롭스	拖鞋	투오시에
하이힐	高跟鞋	까오껀시에
간편화	平底便鞋	핑띠 삐엔시에
통굽 구두	厚底鞋	호우띠시에
펌프스	泵鞋	뻥시에
운동화	运动鞋	윈똥시에
샌들	凉鞋	리앙시에
스니커즈	轻便鞋	칭삐엔시에
장화	雨靴	위쉐
평상화	休闲鞋	시우시엔시에
아쿠아슈즈	沙滩鞋	샤탄시에
캔버스화	帆布鞋	판뿌시에
등산화	登山鞋	떵샨시에
축구화	足球鞋	쥬치우시에
조깅화	慢跑鞋	만파오시에
농구화	篮球鞋	란치우시에
테니스화	网球鞋	왕치우시에
야구화	棒球鞋	빵치우시에
발레화	芭蕾鞋	빠레이시에
구두	皮鞋	피시에

Unit 15 소품 物品 46쪽

모자	帽子	마오즈
머리핀	发夹	파쟈
머리띠	头绳	토우셩
헤어밴드	发带	파따이
안경	眼镜	옌찡
선글라스	太阳镜	타이양찡
콘택트렌즈	隐形眼镜	인싱옌찡
눈가리개	眼罩	옌쨔오
마스크	口罩	코우쟈오
귀마개	护耳	후얼
귀걸이	耳环	얼환
목걸이	项链	샹리엔
스카프	领巾	링진
목도리	围巾	웨이진
넥타이	领带	링따이
벨트	腰带	야오따이
팔찌	手镯	쇼우죠
장갑	手套	쇼우타오
벙어리장갑	连指手套	리엔즈쇼우타오
반지	戒指	찌에즈

손목시계	手表	쇼우비아오
양말	袜子	와즈
스타킹	丝袜	쓰와
발찌	脚链	지아오리엔

Unit 16 과일 水果 48쪽

수박	西瓜	시과
딸기	草莓	차오메이
포도	葡萄	푸타오
사과	苹果	핑구오
배	梨	리
복숭아	桃子	타오즈
바나나	香蕉	샹지아오
아보카도	鳄梨	어리
오렌지	橙子	청즈
여지	荔枝	리즈
토마토	西红柿	시홍스
용과	火龙果	후오롱구오
블루베리	蓝莓	란메이
파인애플	菠萝	뽀루오
망고	芒果	망구오
체리	樱桃	잉타오
야자	椰子	예즈
모과	木瓜	무과
두리안	榴莲	리우리엔
멜론	哈密瓜	하미과
살구	杏仁	싱런
망고스틴	山竹	샨쥬
산사자	山楂	샨자
용안	桂圆	꾸이위엔

Unit 17 야채① 蔬菜① 50쪽

배추	大白菜	따바이차이
청경채	小白菜	샤오바이차이
양배추	圆白菜	웬바이차이
상추	生菜	셩차이
시금치	菠菜	뽀차이
부추	韭菜	지우차이
미나리	芹菜	친차이
유맥채	油麦菜	요우마이차이
쑥갓	茼蒿	통하오
고수	香菜	샹차이
무	萝卜	루오보
대파	大葱	따총
실파	小葱	시아오총
양파	洋葱	양총
마늘	大蒜	따쑤안
생강	生姜	셩찌앙
연근	莲藕	리엔오우
마	山药	샨야오
토란	芋头	위토우
감자	土豆	투또우
고구마	红薯	홍슈
죽순	竹笋	쥬쑨
콩나물	豆芽	또우야
숙주나물	绿豆芽	뤼또우야

Unit 18 야채② 蔬菜② 52쪽

고추	辣椒	라지아오
피망	青椒	칭지아오
호박	南瓜	난과
동과	冬瓜	동과
여주, 쓴 오이	苦瓜	쿠과
오이	黄瓜	황과
수세미	丝瓜	쓰과
서양 호박	西葫芦	시후루
토마토	番茄	판치에
가지	茄子	치에쯔
편두	扁豆	비엔또우
완두	豌豆	완또우
목이버섯	木耳	무얼
느타리	平菇	핑구
팽이버섯	金针菇	진쩡구
표고버섯	香菇	샹구
아티초크	洋蓟	양지
아스파라거스	芦笋	뤼순
아보카도	牛油果	니우요우구오
비트	甜根菜	티엔겅차이
콜리플라워	花椰菜	후아예차이
샐러리	芹菜	친차 이
당근	胡萝卜	후루오보
옥수수	玉米	위미

Unit 19 육류 肉类 54쪽

쇠고기	牛肉	니우로우
사태	小腿	시아오퇴이
등심	牛里脊肉	니우리지로우
안심	腰肉	야오로우
우둔살	牛臀肉	니우툰로우
닭고기	鸡肉	찌로우
닭다리	鸡腿	찌퇴이
닭 가슴	鸡胸脯	찌시옹푸
닭 날개	鸡翅	찌츠
닭 머리	鸡头	찌토우
닭목	鸡脖	찌보
닭발	鸡爪	찌좌
오리	鸭子	야즈
오리목	鸭脖	야보
오리 혀	鸭舌	야셔
새끼양고기	羊肉	양로우

양 내장	羊杂	양쟈
잘게 다진 고기	肉末	로우모우
돼지고기	猪肉	쥬로우
족발	猪蹄	쥬티
소시지	火腿肠	후오투이창
사슴고기	鹿肉	루로우
말고기	马肉	마로우
당나귀 고기	驴肉	뤼로우

Unit 20 어류 鱼类 56쪽

전복	鲍鱼	빠오위
멸치	鳀鱼	티위
농어	鲈鱼	루위
갈치	带鱼	따이위
오징어	鱿鱼	요우위
잉어	鲤鱼	리위
메기	鲶鱼	니엔위
대구	鳕鱼	쉐위
소라	海螺	하이루오
게	螃蟹	팡시에
조기	黄花鱼	황화위
붕어	鲫鱼	찌위
청어	鲱鱼	페이위
바닷가재	龙虾	룽시아
고등어	鲭鱼	칭위
굴	生蚝	셩하오
꽁치	秋刀鱼	치우따오위
넙치	牙鲆	야핑
명태	明太鱼	밍타이위
연어	三文鱼	싼원위
정어리	沙丁鱼	샤띵위
도미	加级鱼	지아지위
송어	鳟鱼	쭌위
참치	金枪鱼	진챵위

Unit 21 유제품 乳制品 58쪽

버터	黄油	황요우
버터밀크	酪乳	라오루
치즈	奶酪	나이라오
연유	炼乳	리엔루
코티지치즈	白干酪	바이깐라오
크림	奶油	나이요우
크림치즈	奶油奶酪	나이요우나이라오
크렘프레쉬	酸奶油	수안나이요우
유제품	乳制品	루쯔핀
생크림	鲜奶油	시엔나이요우
프로마쥬프레	清爽干酪	칭슈앙깐라오
고지방 우유	全脂牛奶	췐즈니우나이
젤라토	冰淇淋	삥치린
염소 치즈	山羊乳酪	샨양루라오
마가린	人造黄油	런짜오황요우
마요네즈	蛋黄酱	딴황찌앙
우유	牛奶	니우나이
분유	奶粉	나이펀
리코타치즈	里科塔奶酪	리커타나이라오
저지방 우유	低脂牛奶	띠즈니우나이
강화 저지방 우유	脱脂牛奶	투오즈니우나이
요구르트	酸奶	쑤안나이
파마산	帕玛森	파마션
멸균우유	灭菌牛奶	미에쥔니우나이

Unit 22 빵 面包 60쪽

베이글	硬面包圈	잉미엔빠오췐
바게트	法国长面包	파구오챵미엔빠오
빵가루	泡打粉	파오다펀
갈색빵	黑面包	헤이미엔빠오
케이크	蛋糕	딴까오
크로와상	羊角面包	양쟈오미엔빠오
도넛	油炸圈饼	요우쟈췐빙
마늘빵	香蒜面包	샹쑤안미엔빠오
햄버거	汉堡包	한바오빠오
핫도그번	热狗	러고우
머핀	玛芬	마펀
피타브레드(지중해빵)	披塔面包	피타미엔빠오
프레첼	椒盐卷饼	지아오옌쥅빙
롤빵	卷蛋糕	쥅딴까오
흑빵	黑面包	헤이미엔빠오
스폰지케이크	松糕	쑹까오
토르티야	玉米粉圆饼	위미펀위엔빙
통밀빵	小麦面包	시아오마이미엔빠오
흰빵	白面包	바이미엔빠오
통밀빵	全麦面包	췐마이미엔빠오
잡곡빵	杂粮面包	쟈량미엔빠오
호밀빵	黑麦面包	헤이마이미엔빠오
시큼한 빵	酸酵面包	쑤안지아오미엔빠오
식빵	吐司	투쓰

Unit 23 양념 调料 62쪽

식용유	食用油	스용요우
올리브유	橄榄油	간란요우
후추	胡椒	후쟈오
고추장	辣椒酱	라쟈오쟝
고추기름	辣椒油	라쟈오요우
고춧가루	辣椒面	라쟈오미엔
참기름	香油	샹요우
간장	酱油	쟝요우
된장	大酱	따쟝
설탕	糖	탕
소금	盐	옌

식초	醋	추
묵은 식초	陈醋	천추
미주	米酒	미지우
효모	酵母	쟈오무
마유	麻油	마요우
산초나무	花椒	화쟈오
미원	味精	웨이징
계피	桂皮	꾸이피
붓순나무의 열매	大料	따랴오
커민	孜然	즈란
굴소스	蚝油	하오요우
깨장	芝麻酱	즈마찌앙
토마토케첩	番茄酱	판치에짱

Unit 24 요리동사 烹饪类动词 **64쪽**

첨가하다	添加	티엔찌아
(음식을) 굽다	烤	카오
바비큐하다, 숯불 위에 그릴을 얹고 굽다	烧烤	샤오카오
섞다	混合	훈허
끓이다	煮	쥬
부수다	打碎	따쒜이
(요리된 큰 고기 덩어리를 먹기 좋게) 저미다, 자르다	切片	치에피엔
(음식 재료를 토막으로) 썰다	切碎	치에쒜이
(액체에) 살짝 담그다, 적시다	浸	찐
(기름에) 굽다, 부치다, 튀기다	炸	쟈
(강판에) 갈다	磨碎	모쒜이
녹이다	熔化	롱화
(과일, 채소 등의) 껍질을 벗기다, 깎다	剥皮	뽀피
삶다	水煮	쉐이쥬
(그릇을 비스듬히 기울이고) 부어 따르다	倾泻	칭시에
(특히 고기를 오븐 속이나 불 위에 대고) 굽다	烘	홍
볶다	炒	챠오
체로 치다, 거르다	筛	샤이
(부글부글 계속) 끓이다	炖	뚠
뿌리다	洒	싸
짜내다	榨取	쟈취
(음식을) 찌다	蒸	쪙
반죽하다, 젓다	搅拌	쟈오빤
맛보다	品尝	핑챵

Unit 25 중국 음식 ① 中国料理① **66쪽**

북경오리	北京烤鸭	베이징카오야
훠궈	火锅	훠궈
옥수수 잣 볶음	松仁鱼米	송런위미
꽁빠오지띵	宫保鸡丁	꽁바오찌딩
마파두부	麻婆豆腐	마포또우푸
위샹로우쓰	鱼香肉丝	위샹로스
쉐이쥬위	水煮鱼	쉐이주위
탕추리지	糖醋里脊	탕추리지
스즈토우	狮子头	스즈토우
시후추위	西湖醋鱼	시후추위
동파육	东坡肉	동포로우
포우티아오치앙	佛跳墙	포티아오치앙
라즈지	辣子鸡	라즈찌
홍샤우니우로우	红烧牛肉	홍샤오니우로우
빠바오죠우	八宝粥	빠바오조우
양꼬치	羊肉串	양로우추안
마라꼬치	麻辣串	마라추안
마라가재	麻辣小龙虾	마라샤오롱샤
마라탕	麻辣烫	마라탕
러우쟈뭐	肉夹馍	로우지아모
탄탄면	担担面	딴딴미엔
탕수육	锅包肉	꾸오바오로우
꽃빵	花卷	화주엔
작은 만두	小馒头	시아오만토우

Unit 26 중국 음식 ② 中国料理② **68쪽**

오리목	鸭脖	야보우
닭발	鸡爪	찌좌
모를 넣은 양고기국	羊肉泡馍	양로우파오모
좁쌀가루차	面茶	미엔챠
소고기샌드위치	牛肉罩饼	니우로우쟈오빙
쏸라펀	酸辣粉	쑤안라펀
취두부	臭豆腐	쵸우또우푸
훼이미엔	烩面	훼이미엔
송화단	松花蛋	쏭화딴
거우부리	狗不理包子	고우부리빠오즈
오리당면탕	鸭血粉丝汤	야쉐펀스탕
라웨이허정	腊味合蒸	라웨이허쩡
딤섬	点心	디엔신
월병	月饼	위에삥
물만두	饺子	쟈오즈
훈툰	馄饨	훈툰
볶음국수	炒面	차오미엔
탕수어	糖醋鱼	탕추위
후에이룽탕	飞龙汤	페이룽탕
요우티아오	油条	요우티아오
동안즈지	东安子鸡	똥간즈지
청증무창어	清蒸武昌鱼	칭펑우창위
쌀국수	米线	미시엔
라면	拉面	라미엔

Unit 27 한국 음식 ① 韩国料理① 70쪽

김밥	紫菜包饭	즈차이빠오판
김치볶음밥	泡菜饭	파오챠이판
돌솥비빔밥	砂锅拌饭	샤구오빤판
밥	米饭	미판
불고기덮밥	牛肉盖饭	니우로우까이판
산채비빔밥	蔬菜拌饭	슈차이빤판
쌈밥	蔬菜包饭	슈차이빠오판
영양돌솥밥	营养石锅饭	잉양스꼬우판
오징어덮밥	鱿鱼盖饭	요우위까이판
콩나물국밥	豆芽汤饭	또우야탕판
잣죽	松仁粥	쑹런죠우
전복죽	鲍鱼粥	파오위죠우
호박죽	南瓜粥	난과죠우
흑임자죽	黑芝麻粥	헤이즈마죠우
만두	饺子	지아오즈
물냉면	冷面	렁미엔
비빔국수	拌面	빤미엔
비빔냉면	拌冷面	빤렁미엔
수제비	疙瘩汤	꺼다탕
잔치국수	喜面	시미엔
칼국수	手擀面	쇼우간미엔
갈비탕	排骨汤	파이구탕
감자탕	猪排骨汤	쥬파이구탕
곰탕	牛肉汤	니우로우탕

Unit 28 한국 음식 ② 韩国料理② 72쪽

떡국	年糕汤	니엔까오탕
떡만둣국	年糕饺子汤	니엔까오자오즈탕
만둣국	饺子汤	자오즈탕
매운탕	鲜辣鱼汤	시엔라위탕
미역국	海带汤	하이따이탕
북엇국	明泰鱼汤	밍타이위탕
삼계탕	参鸡汤	선지탕
설렁탕	先农汤	시엔농탕
우거지갈비탕	干白菜排骨汤	깐바이차이파이구탕
육개장	香辣牛肉汤	샹라니우로우탕
해물탕	海鲜汤	하이시엔탕
김치찌개	泡菜汤	파오챠이탕
된장찌개	大酱汤	따쟝탕
부대찌개	部队锅	뿌뚜이꾸오
순두부찌개	嫩豆腐汤	넌또우푸탕
청국장찌개	清麹酱汤	칭치찌앙탕
해물순두부찌개	海鲜嫩豆腐汤	하이시엔넌또우푸탕
곱창전골	牛肠火锅	니우챵후오꾸오
국수전골	面条火锅	미엔티아오후오꾸오
두부전골	豆腐火锅	또우푸후오꾸오
만두전골	饺子火锅	자오즈후오꾸오
불낙전골	牛肉章鱼火锅	니우로우짱위후오꾸오
신선로	火锅	후오꾸오
갈비찜	蒸排骨	쩡파이구

Unit 29 한국 음식 ③ 韩国料理③ 74쪽

닭백숙	清炖鸡	칭뚠지
보쌈	菜包肉	차이빠오로우
수육	手抓肉	쇼우좌로우
아귀찜	辣炖安康鱼	라뚠안캉위
족발	猪蹄	쥬티
해물찜	辣炖海鲜	라뚠하이시엔
구절판	九折坂	지우져반
나물	素菜	쑤차이
도토리묵	橡子凉粉	샹즈량펀
오이선	黄瓜膳	황과샨
잡채	什锦炒菜	스진차오차이
탕평채	荡平菜	땅핑차이
해파리냉채	凉拌海蜇	량빤하이져
갈치조림	辣炖带鱼	라뚠따이위
고등어조림	炖青花鱼	뚠칭화위
두부조림	烧豆腐	샤오또우푸
은대구조림	炖银鳕鱼	뚠인쉐위
궁중떡볶이	宫廷炒年糕	꿍팅챠오니엔까오
낙지볶음	辣炒章鱼	라차오장위
닭찜	炖鸡	뚠지
두부김치	辣炒白菜豆腐	라챠오바이차이또우푸
떡볶이	辣炒年糕	라챠오니엔까오
오징어볶음	辣炒鱿鱼	라챠오요우위
제육볶음	辣炒猪肉	라챠오쥬로우

Unit 30 한국 음식 ④ 韩国料理④ 76쪽

곱창구이	烤肥肠	카오페이챵
더덕구이	烤沙参	카오샤션
돼지갈비구이	烤猪排	카오쥬파이
떡갈비	牛肉饼	니우로우빙
뚝배기불고기	砂锅烤牛肉	샤구오캬오니우로우
로스편채	肉片菜丝	로우피엔차이스
불고기	烤牛肉	카오니우로우
삼겹살	烤五花肉	카오우화로우
생선구이	烤鱼	카오위
소갈비구이	烤牛排	카오니우파이
오리구이	烤鸭	카오야
춘천닭갈비	春川铁板鸡	춘추안티에반찌
황태구이	烤干明太鱼	카오깐밍타이위
감자전	土豆饼	투도우빙
계란말이	鸡蛋卷	찌단줸
김치전	泡菜饼	파오차이빙
모듬전	什锦饼	스진빙
빈대떡(녹두빈대떡)	绿豆煎饼	뤼또우찌엔빙
파전	葱煎饼	총찌엔빙

해물파전	海鲜葱煎饼	하이시엔총찌엔빙
생선회	生鱼片	성위피엔
육회	生拌牛肉	성빤니우로우
홍어회무침	生拌斑鳐	성빤빤야오
겉절이	鲜辣白菜	시엔라바이차이

Unit 31 한국 음식 ⑤ 韩国料理⑤ 78쪽

깍두기	萝卜块泡菜	로보콰이파오차이
나박김치	萝卜泡菜	로보파오차이
배추김치	辣白菜	라바이차이
백김치	白泡菜	바이파오차이
보쌈김치	包卷泡菜	빠오쥏파오차이
오이소박이	黄瓜泡菜	황과파오차이
장아찌	酱菜	찌앙차이
간장게장	酱蟹	찌앙시에
젓갈	鱼虾酱	위시아찌앙
경단	琼团	치옹투안
꿀떡	蜜糕	미까오
백설기	白米蒸糕	바이미쪙까오
약식	韩式八宝饭	한스빠바오판
화전	花煎饼	화지엔빙
강정	江米块	찌앙미콰이
다식	茶食	차스
약과	蜜油饼	미요우빙
녹차	绿茶	뤼차
매실차	青梅茶	칭메이차
수정과	水正果	쉐이쪙구오
식혜	甜米露	티엔미루
오미자화채	五味子甜茶	우웨이즈티엔챠
유자차	柚子茶	요우즈챠
인삼차	人参茶	런션챠

Unit 32 세계 음식 ① 各国料理① 80쪽

비프렌당(rendang)	巴东牛肉	빠동니우로우
나시고랭(nasigoreng)	印尼炒饭	인니챠오판
스시(sushi)	寿司	쇼우쓰
똠얌꿍(tomyamgoong)	冬阴功汤	동인꽁탕
팟타이(padthai)	泰式炒河粉	타이스챠오허펀
솜탐(papaya salad)	青木瓜沙拉	칭무과샤라
딤섬(dimsum)	点心	디엔신
라면(ramen)	拉面	라미엔
베이징덕(peking duck)	北京烤鸭	베이징카오야
마사만커리(massaman curry)	玛莎曼咖喱	마샤만까리
라자냐(lasagna)	烤宽面条	카오콴미엔티아오
레천(lechon)	烤乳猪	카오루쥬
치킨라이스(chickenrice)	鸡肉饭	찌로우판
사테(satay)	加香烤肉	찌아샹카오로우
아이스크림(icecream)	冰淇淋	삥치린
케밥(kebab)	卡巴	카바
젤라또(gelato)	意大利冰淇淋	이따리삥치린
크롸상(croissant)	羊角面包	양쟈오미엔빠오
그린커리(green curry)	绿咖喱	뤼까리
포(pho)	越南河粉	위에난허펀
피시앤칩(fish'n'chips)	炸鱼薯条	쟈위슈티아오
에그타르트(eggtart)	蛋挞	딴타
고이꾸온(goicuon)	越南春卷	위에난춘쥏
볶음밥(fried rice)	炒饭	챠오판

Unit 33 세계 음식 ② 各国料理② 82쪽

초콜릿	巧克力	치아오커리
페낭아삼락사	亚参叻沙	야찬러샤
타코	玉米面豆卷	위미미엔또우쥏
바비큐포크	叉烧	챠샤오
칠리크랩	辣椒螃蟹	라지아오팡시에
치즈버거	奶酪汉堡	나이라오한바오
프라이드치킨	炸鸡	쟈지
랍스터	龙虾	롱샤
시푸드빠에야	西班牙海鲜饭	바냐하이시엔판
슈림프덤플링	虾饺皇	샤지아오황
나폴리 피자	拿坡里披萨	나포리피사
무남톡	猪肉沙律	쥬로우샤뤼
포테이토칩	土豆片	투또우피엔
브라우니와 바닐라 아이스크림	布朗尼、香草冰淇淋	뿌랑니,샹챠오삥치린
마살라도사	马沙拉薄饼	마샤라바오빙
비빔밥	拌饭	빤판
갈비	排骨	파이구
햄버거	汉堡	한바오
파히타	墨西哥铁板烧	모시거 티에반샤오
락사	米粉汤面	미펀탕미엔
로띠프라타	印度煎饼	인두찌엔빙
메이플 시럽	糖枫汁	탕펑즈
페투치니 알프레도	阿尔弗雷多白脱奶油面	아얼푸레이두오바이투오나이요우미엔
파르마 햄	帕尔玛火腿	파얼마후오퇴이

Unit 34 집의 부속물 与房屋有关的词汇 84쪽

테라스	屋顶阳台	우딩양타이
맨 위층	顶楼	딩로우
드레스룸	衣帽间	이마오찌엔
서재	书房	슈팡
창고	仓库	창쿠

거실	客厅	커팅
식당	餐厅	찬팅
부엌	厨房	츄팡
샤워실	淋浴室	린위스
파티오	露台	루타이
다락방	阁楼	거로우
복도	走廊	조우랑
층계참	楼梯平台	로우티핑타이
침실	卧室	워스
온실	温室	원스
욕실	浴室	위스
화장실	卫生间	웨이셩찌엔
발코니	阳台	양타이
차고	车库	쳐쿠
현관	玄关	쉬엔꾸안
다용도실	杂物间	쟈우찌엔
지하실	地下室	띠샤스

Unit 35 가정용품① 日用品① 86쪽

침대	床	츄앙
매트리스	床垫	츄앙띠엔
침대 시트	床单	츄앙딴
협탁	床头桌	츄앙토우쥬오
베개	枕头	젼토우
베개 보	枕套	젼타오
이불	被子	빼이즈
담요	毛毯	마오탄
오리털 이불	羽绒被	위롱뻬이
커튼	窗帘	츄앙리엔
책꽂이	书架	슈찌아
카펫	地毯	띠탄
시계	钟	종
옷걸이	衣物架	이우찌아
아기 침대	婴儿床	잉얼츄앙
쿠션	垫子	띠엔즈
책상	桌子	쮸오즈
화장대	化妆台	화좡타이
팬	扇	샨
모자 걸이	帽架	마오찌아
의상함	嫁妆箱	찌아좡시앙
다림질 판	烫衣板	탕이반
탁상등	台灯	타이떵
거울	镜子	찡즈

Unit 36 가정용품② 日用品② 88쪽

바늘	针	젼
플러그	插头	챠토우
콘센트	插座	챠쭈오
안전핀	安全别针	안췐비에젼
재봉틀	缝纫机	펑런지
구두약	擦鞋油	차시에요우
분무통	喷雾器	펀우치
티슈	纸巾	즈진
전등	手电筒	쇼우띠엔통
화병	花瓶	화핑
휴지통	垃圾桶	라찌통
환풍기	通风机	통펑지
표백제	漂白剂	피아오바이찌
세탁세제	洗衣粉	시이펀
먼지 터는 솔	掸子	단즈
빗자루	扫把	싸오바
쓰레받기	簸箕	보우찌
마루걸레	拖布	투오뿌
접착제	胶水	지아오쉐이
아이스박스	冰柜	삥꾸이
조명 용구	灯具	떵쥐
전구	灯泡	떵파오
전등스위치	电灯开关	띠엔덩카이꽌
옷걸이	衣架	이지아

Unit 37 욕실용품 浴室用品 90쪽

욕조	浴缸	위깡
거울	镜子	찡즈
샴푸	洗发水	시파쉐이
린스	护发素	후파쑤
바디워시	沐浴液	무위예
클렌징 폼	洗面奶	시미엔나이
비누	香皂	시앙짜오
칫솔	牙刷	야슈아
치약	牙膏	야까오
가그린	漱口液	슈코우예
면도기	剃须刀	티쉬따오
면도거품	剃须膏	티쉬까오
빗	梳子	슈즈
수도꼭지	水龙头	쉐이롱토우
향수	香水	시앙쉐이
체중계	体重计	티쭝찌
샤워기	淋浴器	린위치
화장지	卫生纸	웨이셩즈
두루마리 화장지	卷纸	쥁즈
수건	毛巾	마오진
탑 형 걸이	毛巾架	마오진찌아
좌변기	坐便器	쭈오삐엔치
비데	洁身器	지에셩치
세면대	洗手盆	시쇼우펀

Unit 38 주방용품① 厨房用品① 92쪽

식탁보	餐桌布	찬쥬오뿌
집게	厨房夹子	츄팡찌아즈
계량컵	量杯	리앙뻬이

믹서	搅拌机	지아오빤지
냅킨	餐巾纸	찬진즈
오븐용 장갑	烤炉手套	카오루쇼우타오
압력밥솥	高压电饭锅	까오야띠엔판꾸오
밀대	擀面杖	간미엔짱
볶음용 냄비(웍)	炒菜锅	챠오차이꾸오
찜통	蒸锅	쩡꾸오
국그릇	汤盆	탕펀
거르개	滤网	뤼왕
토스터	烤面包机	카오미엔빠오지
이쑤시개	牙签	야치엔
거품기	打泡器	다파오치
앞치마	围裙	웨이췬
바구니	篮	란
설거지하다	洗碗	시완
착즙기	榨汁机	쟈즈지
강판	擦菜板	차차이반
찜통	蒸架	쩡지아
쟁반	托盘	투오판
알루미늄호일	铝箔纸	뤼보어쯔
포크	叉子	챠즈

Unit 39 주방용품② 厨房用品② 94쪽

젓가락	筷子	콰이즈
숟가락	勺子	샤오즈
밥주걱	饭勺	판샤오
국자	汤勺	탕샤오
컵	杯子	뻬이즈
유리컵	玻璃杯	뽀리뻬이
그릇	碗	완
접시	碟	디에
쟁반	托盘	투오판
주전자	壶	후
구멍이 숭숭 뚫린 국자	漏勺	로우샤오
주방용 가위	厨房剪刀	츄팡지엔따오
솥	锅	꾸오
냄비	汤锅	탕꾸오
도마	砧板	쩐반
고기 칼	切肉刀	치에로우따오
껍질 벗기는 칼	削皮刀	시아오피따오
과도	水果刀	쉐이구오따오
단지	罐子	꽌즈
식기선반	碗架	완찌아
주방 세제	洗洁精	시지에찡
프라이팬	平底锅	핑디꾸오
석쇠	烤架	카우찌아
수세미	洗碗布	시완뿌

Unit 40 전자제품 ① 电子产品① 96쪽

TV	电视	띠엔스
스마트 TV	智能电视	즈넝띠엔스
리모콘	遥控器	야오콩치
라디오	收音机	쇼우인찌
컴퓨터	电脑	띠엔나오
데스크톱	台式电脑	타이스띠엔나오
모니터	显示器	시엔스치
스피커	音箱	인샹
마우스	鼠标	슈비아오
터치 패드	触摸板	추모반
노트북	笔记本电脑	비지번띠엔나오
스마트폰	智能手机	즈넝쇼우찌
이어폰	耳机	얼지
스마트 워치	智能手表	즈넝쇼우비아오
프린터	打印机	다인지
스캐너	扫描仪	싸오미아오이
프로젝터	投影仪	토우잉이
냉장고	冰箱	삥샹
세탁기	洗衣机	시이찌
드럼세탁기	滚筒洗衣机	군통시이찌
건조기	干衣机	깐이찌
가습기	加湿器	찌아스치
제습기	除湿器	츄스치
다리미	熨斗	윈도우

Unit 41 전자제품 ② 电子产品② 98쪽

전자레인지	微波炉	웨이뽀루
에어컨	空调	콩티아오
공기청정기	空气清洁器	콩치칭지에치
에어컨 실외기	空调室外机	콩티아오스와이찌
진공청소기	吸尘器	시쳔치
정수기	净水器	찡쉐이치
천정 팬	吊扇	띠아오샨
식기세척기	洗碟机	시디에찌
가스레인지	炉灶	루짜오
레인지후드	油烟机	요우옌지
오븐	烤箱	카오샹
식기세척기	洗碗机	시완찌
2G폰	2G手机	얼지쇼우지
전기포트	电热水壶	띠엔러쑤이후
로봇청소기	扫地机器人	사오디지치런
드라이기	吹风机	추이펑지
매직고데기	直发器	쯔파치
보조배터리	移动电源	이동디엔위엔
타블렛	数位板	쑤웨이빤
핸드폰 충전기	手机充电器	쏘우지총디엔치
안마의자	按摩椅	안모어이
스피커	音箱	인시앙
선풍기	电风扇	디엔펑싼
전기레인지	电池炉	디엔츠루

Unit 42 가구 家具 100쪽

침대	床	츄앙
침대 머리	床头柜	츄앙토우꿰이
침대 끝 의자	床尾凳	츄앙웨이떵
소파	沙发	샤파
TV테이블	电视柜	띠엔스꿰이
책장	书柜	슈꿰이
책꽂이	书架	슈지아
캐비닛	柜橱	꾸이츄
서랍장	衣柜	이꾸이
벽장	壁柜	삐꾸이
옷걸이	衣帽架	이마오지아
찬장	碗柜	완꾸이
책상	桌子	쥬오즈
의자	椅子	이즈
식탁	餐桌	찬쥬오
진열장	展示柜	쟌스꾸이
화장대	化妆台	화쥬앙타이
신발장	鞋柜	시에꾸이
식기 수납장	餐具橱	찬쥐츄
식탁	餐桌	찬죠우
주류진열장	酒柜	지우꾸이
싱크대	橱柜	츄꾸이
차 탁자	茶几	챠지
흔들의자	摇椅	야오이

Unit 43 인테리어 装饰 102쪽

벽지	壁纸	삐즈
목제 마루	木地板	무띠반
대리석 마루	大理石地板	따리스띠반
페인트	油漆	요우치
욕조	浴缸	위깡
변기	坐便器	쪼우삐엔치
세면대	洗面台	시미엔타이
천정 몰딩	天花线	티엔화시엔
걸레받이	地脚线	띠쟈오시엔
싱크대	橱柜	츄꾸이
조명	照明	쨔오밍
형광등	荧光灯	잉광떵
LED등	LED灯	LED떵
실내문	室内门	스네이먼
샌드위치패널	三夹板	싼지아반
MFD판	密度板	미뚜반
아트월	电视墙	띠엔스치앙
신발장	鞋柜	시에꾸이
수도꼭지	水龙头	쉐이롱토우
샤워기	淋浴器	린위치
화장대	化妆台	화쥬앙타이
보일러	锅炉	꾸오루
온돌파이프	地热管	띠러관
소파	沙发	샤파

Unit 44 공구 工具 104쪽

십자드라이버	十字螺丝刀	스즈루오쓰따오
일자드라이버	一字螺丝刀	이즈루오쓰따오
스패너	扳手	반쇼우
전기드릴	电转	띠엔쮸안
그라인더	研磨机	옌모지
자	尺子	츠즈
망치	锤子	췌이즈
톱	钢锯	깡쥐
니퍼	钳子	치엔즈
회로계	试电笔	스띠엔비
줄자	卷尺	쮄츠
커터칼	美工刀	메이꽁따오
수평계	水平尺	쉐이핑츠
줄	锉刀	추오따오
펜치	钢丝钳	깡쓰치엔
긴 입 펜치	尖嘴钳	찌엔쮀이치엔
케이블 탈피기	剥线钳	보시엔치엔
멀티미터	万用表	완용비아오
6각 렌치	六角扳手	리우쟈오반쇼우
손전등	手电筒	쇼우띠엔통
전기 절연 테이프	电工绝缘胶带	띠엔꽁쥐에위엔쟈오따이
검전기	验电器	옌띠엔치
볼트	螺栓	루오슈안
너트	螺母	루오무

Part 03 일상생활

Unit 45 시간 时间 108쪽

월	月	위에
일	日	르
주	星期	씽치
하루	一天	이티엔
반나절	半天	빤티엔
시	点	디엔
분	分钟	펀종
초	秒	미아오
새벽	凌晨	링쳔
아침	早晨	자오쳔
오전	上午	샹우
정오	中午	종우
오후	下午	시아우
저녁	晚上	완샹
밤	夜间	예찌엔
자정	午夜	우예

어제	昨天	주오티엔
오늘	今天	찐티엔
내일	明天	밍티엔
모레	后天	호우티엔
달력	月历	위에리
스케줄	日程	르청
음력	阴历	인리
양력	阳历	양리

Unit 46 24절기 二十四节气 110쪽

입춘	立春	리춘
우수	雨水	위쉐이
경칩	惊蛰	찡쪄
춘분	春分	춘펀
청명	清明	칭밍
곡우	谷雨	구위
입하	立夏	리샤
소만	小满	샤오만
망종	芒种	망쭝
하지	夏至	샤쯔
소서	小暑	시아오슈
대서	大暑	따슈
입추	立秋	리치우
처서	处署	츄슈
백로	白露	바이루
추분	秋分	치우펀
한로	寒露	한루
상강	霜降	슈앙찌앙
입동	立冬	리동
소설	小雪	시아오쉐
대설	大雪	따쉬에
동지	冬至	동쮜
소한	小寒	샤오한
대한	大寒	따한

Unit 47 요일과 12지신 星期和十二生肖 112쪽

월요일	星期一	씽치이
화요일	星期二	씽치얼
수요일	星期三	씽치싼
목요일	星期四	씽치쓰
금요일	星期五	씽치우
토요일	星期六	씽치리우
일요일	星期天	씽치티엔
띠(12지신)	属相	슈샤앙
쥐	属老鼠	슈라오슈
소	属牛	슈니우
호랑이	属老虎	슈라오후
토끼	属兔	슈투
용	属龙	슈롱
뱀	属蛇	슈셔어
말	属马	슈마
양	属羊	슈양
원숭이	属猴	슈호우
닭	属鸡	슈찌
개	属狗	슈고우
돼지	属猪	슈쮸
올해	今年	찐니엔
작년	去年	취니엔
내년	明年	밍니엔
내후년	后年	호우니엔

Unit 48 날씨와 기후 天气和气候 114쪽

날씨	天气	티엔치
날씨예보	天气预报	티엔치위빠오
맑은 날씨	晴天	칭티엔
흐린 날씨	阴天	인티엔
비가 오다	下雨	시아위
눈이 오다	下雪	시아쉐
바람 불다	刮风	꽈펑
태풍	台风	타이펑
소나기	阵雨	쪈위
천둥	雷	레이
번개	闪电	샨띠엔
안개	雾	우
우박	冰雹	삥바오
회오리바람	龙卷风	롱쥐엔펑
햇빛	阳光	양꽝
구름	云彩	윈차이
미세먼지	雾霾	우마이
봄	春天	츈티엔
여름	夏天	시아티엔
가을	秋天	치우티엔
겨울	冬天	동티엔
얼음	冰块	삥콰이
온도	温度	원두
온실효과	温室效应	원스샤오잉

Unit 49 기념일 纪念日 116쪽

원단	元旦	위엔단
춘절	春节	춘지에
청명절	清明节	칭밍지에
노동절	劳动节	라오동지에
단오절	端午节	뚜안우지에
중추절	中秋节	중치우지에
국경절	国庆节	구오칭지에
라바절	腊八节	라바지에
섣달 그믐날	除夕	추시
12월 23일	小年	시아오니엔
정월 대보름날	元宵节	위엔샤오지에
음력 2월 2일	龙抬头	롱타이토우

한식	寒食节	한스지에
건군제	八一建军节	파이찌엔쥔지에
칠월칠석 연인의 날	七夕情人节	치시칭런지에
백중날	中元节	종위엔지에
중양절(음력 9월 9일)	重阳节	총양지에
국제 여성의 날	三八妇女节	산빠푸뉘지에
국제 아동절	国际儿童节	구오지얼통지에
할로윈 데이	万圣节	완셩지에
크리스마스이브	平安夜	핑안예
크리스마스	圣诞节	셩단지에
독신자의 날	光棍节	광꾼지에
아버지날	父亲节	푸친지에

Unit 50 레저 休闲 118쪽

캠핑	野营	예잉
등산	登山	떵샨
낚시	钓鱼	띠아오위
수영	游泳	요우용
사이클 타기	起自行车	치즈싱쳐
산악자전거	山地车	샨디쳐
패러글라이딩	滑翔伞	화샹싼
번지점프	蹦极	뻥지
스키	滑雪	화쉐에
보드	滑板	화반
암벽 타기	攀岩	판옌
카누	独木舟	뚜무죠우
래프팅	漂流	피아오리우
해수욕장	海水浴场	하이쉐이위챵
수상스키	滑水	화쉐이
윈드서핑	风帆冲浪	펑판총랑
헬스	健美	찌엔메이
요가	瑜伽	위찌아
태극권	太极拳	타이지취엔
다트	投镖	토우비아오
인라인스케이트	直排轮滑	즈파이룬화
필라테스	普拉提	푸라티
힙합 댄스	街舞	찌에우
연 날리기	放风筝	팡펑졍

Unit 51 레저용품 休闲用品 120쪽

여행용 백팩	旅游背包	뤼요우뻬이빠오
요대	腰包	야오빠오
등산화	登山鞋	떵샨시에
샌들	凉鞋	량시에
캐주얼화	休闲鞋	시우시엔시에
바람막이	冲锋衣	총펑이
모자	帽子	마오쯔
장갑	手套	쇼우타오
두건	头巾	토우찐
텐트	帐篷	쟝펑
침낭	睡袋	쉐이따이
방습 패널	防潮垫	팡챠오띠엔
주전자	水壶	쉐이후
칼	刀具	따오쥐
손전등	手电筒	쇼우띠엔통
망원경	望远镜	왕위엔찡
서핑보드	冲浪板	총랑반
구급함	急救包	지찌우빠오
리드줄	牵引绳	체엔인셩
나침반	指南针	즈난쪈
물병	水瓶	쉐이핑
코펠	野营锅具	예잉꾸오쥐
버너	野营炉子	예잉루즈
토우치	喷灯	펀떵

Unit 52 취미 爱好 122쪽

독서하다	读书	두슈
운동하다	运动	윈동
요리하다	烹饪	펑런
맛있는 음식을 먹다	吃美食	츠메이스
여행하다	旅游	뤼요우
음악 듣기	听音乐	팅인위에
영화 보기	看电影	칸띠엔잉
물건 모으기	收藏物品	쇼우창우핀
그림 그리기	绘画	후이화
인터넷하기	上网	샹왕
쇼핑하기	购物	꼬우우
만들기	制作	쯔쭈오
명상하기	冥想	밍샹
물고기 기르기	养鱼	양위
강아지 산책	遛狗	리우고우
산책	散步	싼뿌
게임하기	玩游戏	완요우시
술 마시기	喝酒	허지우
차 마시기	喝茶	허챠
사진 찍기	拍照片	파이짜오피엔
기타 치기	弹吉他	탄지타
피아노 치기	弹钢琴	탄깡친
잠자기	睡觉	쉐이쟈오
춤추기	跳舞	티아오우

Unit 53 영화 电影 124쪽

영화	电影	띠엔잉
영화관	电影院	띠엔잉위엔
만화영화	动画片	동화피엔
주인공	主人公	쥬런꽁
배우	演员	옌위엔
주연배우	主演	쥬옌
조연배우	配角演员	페이쥐에옌위엔

카메오	客串演员	커촤안옌위엔
감독	导演	다오옌
관객	观众	꽌중
로맨스	言情片	옌칭피엔
희극영화	喜剧片	시쥐피엔
재난 영화	灾难片	자이난피엔
갱영화	流氓电影	리우망띠엔잉
공포영화	恐怖电影	콩뿌디엔잉
누아르 영화	黑色电影	헤이서 띠엔잉
멜로 영화	爱情片	아이칭피엔
블록버스터	大轰动	따훙뚱
매표소	售票厅	쇼우비이아오팅
공상과학영화	科幻片	커환피엔
영화자막	屏幕	핑무
스포일러	剧透	쥐토우
영화 예고편	预告片	위까오피엔
팝콘	爆米花	빠오미화

Unit 54 음악 音乐 126쪽

음악가	音乐家	인위에쟈
클래식 음악	古典音乐	구디엔인위에
블루스	蓝调歌曲	란티아오꺼취
락	摇滚乐	야오군위에
재즈	爵士乐	쥐에스위에
관현악	管弦乐	관시엔위에
현대음악	现代音乐	시엔따이인위에
타악	打击乐	다지위에
취주악	吹奏乐	췌이쪼우위에
협주곡	协奏曲	시에쪼우취
현악	弦乐	시엔위에
교향곡	交响曲	쟈오샹취
헤비메탈	重金属音乐	중진슈인위에
알토	女低音	뉘띠인
메조소프라노	女中音	뉘종인
소프라노	女高音	뉘까오인
베이스	男低音	난띠인
바리톤	男中音	난중인
테너	男高音	난까오인
작곡가	作曲家	쮸오취쟈
지휘자	指挥	즈훼이
전자음악	电子音乐	띠엔즈인위에
애국가	国歌	구오꺼
오페라	歌剧	꺼쥐

Unit 55 악기 乐器 128쪽

악기	乐器	위에치
연주자	演奏者	옌쪼우져
현악기	弦乐器	시엔위에치
타악기	打击乐器	다지위에치
목관악기	木管乐器	무관위에치
금관악기	铜管乐器	통관위에치
건반악기	键盘乐器	찌엔판위에치
바이올린	小提琴	샤오티친
첼로	大提琴	따티친
더블베이스	倍低音提琴	뻬이띠인티친
하프	竖琴	슈친
기타	吉他	지타
플룻	长笛	창디
클라리넷	竖笛	슈디
오보에	欧巴	오우빠
색소폰	萨克斯管	싸커스관
트럼펫	吹喇叭	추이라빠
트롬본	长号	챵하오
피아노	钢琴	깡친
전자 키보드	电子琴	띠엔즈친
백파이프	风笛	펑디
탬버린	铃鼓	링구
실로폰	木琴	무친
쟁	古筝	구쩡

Unit 56 미술 美术 130쪽

벽화	壁画	삐화
조각	雕塑	띠아오쑤
점	点	디엔
선	线	시엔
면	面	미엔
곡선	曲线	취시엔
색상	颜色	옌써
톤	色调	써띠아오
명암	明暗	밍안
형태	形状	싱쫭
공간	空间	콩찌엔
대비	对比	뚜이비
원근법	远近画法	위엔찐화파
추상화	抽象画	쵸우샹화
수묵화	水墨画	쉐이모화
수채화	水彩画	쉐이차이화
유화	油画	요우화
풍경화	风景画	펑징화
정물화	静物画	찡우화
인물화	人物画	런우화
스케치	素描	쑤미아오
화랑	画廊	화랑
이젤	画架	화쟈
그림붓	画笔	화비

Unit 57 스포츠 ① 运动① 132쪽

축구	足球	쥬치우
배구	排球	파이치우
농구	篮球	란치우

야구	棒球	빵치우
하키	曲棍球	취군치우
배드민턴	羽毛球	위마오치우
수구	水球	쉐이치우
크리켓	板球	반치우
럭비	橄榄球	간란치우
소프트볼	垒球	레이치우
스쿼시	壁球	삐치우
골프	高尔夫球	까오얼푸치우
탁구	乒乓球	핑팡치우
테니스	网球	왕치우
수영	游泳	요우용
접영	蝶泳	디에용
자유형	自由泳	즈요우용
평영	蛙泳	와용
배영	仰泳	양용
육상경기	田径	티엔찡
사격	射击	셔찌
펜싱	击剑	찌찌엔
태권도	跆拳道	타이췐따오
유도	柔道	로우따오

Unit 58 스포츠② 运动② 134쪽

권투	拳击	췐찌
씨름	摔跤	슈아이지아오
중국 우슈	中国武术	종구오우슈
마술	马术	마슈
등산	爬山	파샨
역도	举重	쥐쫑
사이클	自行车	쯔싱쳐
크로스컨트리	越野赛	위에예싸이
마라톤	马拉松	마라쏭
카누	划艇	화팅
윈드서핑	冲浪	총랑
암벽 타기	攀岩	판옌
번지점프	蹦极	뻥지
양궁	射箭	셔찌엔
체조	体操	티챠오
리듬체조	艺术体操	이슈티챠오
패러글라이딩	滑翔伞	후아씨앙산
낚시	钓鱼	띠아오위
줄넘기	跳绳	티아오셩
스케이트보드	滑板	화반
인라인스케이트	溜冰鞋	리우삥시에
당구	台球	타이치우
볼링	保龄球	바오링치우
스키	滑雪	화쉐

Unit 59 학용품 学生用品 136쪽

공부하다	学习	슈에시
연필	铅笔	치엔비
볼펜	圆珠笔	위엔쥬비
필통	文具盒	원쥐허
자	尺子	츠즈
지우개	橡皮	샹피
가방	书包	슈빠오
붓	毛笔	마오비
공책	笔记本	비찌번
교재	教材	찌아오차이
스케치북	素描本	쑤미아오번
수채화 물감	水彩画颜料	쉐이차이화옌랴오
책상	学习桌	쉐이시주오
의자	学习椅子	쉐이시이즈
가위	剪刀	지엔따오
연필깎기	铅笔刀	치엔비따오
조각칼	刻刀	커따오
수정테이프	修正带	시우정따이
형광펜	荧光笔	잉광비
딱풀	胶棒	지아오빵
셀로판테이프	透明胶带	토우밍쟈오따이
색연필	彩色铅笔	차이써치엔비
크레파스	蜡笔	라비
포스트잇	记事贴	찌스티에

Unit 60 선과 도형 线和图形 138쪽

실선	实线	스시엔
파선	短划线	뚜안화시엔
점선	虚线	쉬시엔
곡선	曲线	취시엔
대각선	对角线	뚜이쟈오시엔
수평선	横线	헝시엔
수직선	竖线	슈시엔
평행선	平行线	핑싱시엔
직선의	直线的	즈시엔더
물결 모양	波浪形	뽀랑싱
지그재그	锯齿形	쮜츠싱
원	圆	옌
타원형	椭圆形	투오옌싱
정삼각형	正三角形	쩡산쟈오싱
삼각형	三角形	싼쟈오싱
정사각형	正方形	쩡팡싱
직사각형	长方形	챵팡싱
마름모	菱形	링싱
평행사변형	平行四边形	핑싱쓰비엔싱
사다리꼴	梯形	티싱
오각형	五角形	우쟈오싱
육각형	六角形	리우쟈오싱
팔각형	八角形	빠쟈오싱
원뿔	圆锥	위엔쭈이

Unit 61 색상 颜色 140쪽

흰색	白色	바이써
검은색	黑色	헤이써
회색	灰色	회이써
빨간색	红色	호옹써
주황색	橙色	청써
노란색	黄色	화앙써
초록색	绿色	뤼이써
파란색	蓝色	라안써
남색	深蓝色	션란써
보라색	紫色	쯔으써
분홍색	粉色	펀써
와인색	酒红色	지우홍써
갈색	棕色	쫑써
청녹색	青绿色	칭뤼써
연두색	淡绿色	딴뤼써
상아색	象牙色	시앙야써
미색	米色	미이써
금색	金色	찐써
은색	银色	이인써
황토색	土黄色	투황써
하늘색	淡蓝色	딴란써
형광색	荧光色	잉광써
색조	色调	써띠아오
명암	明暗	미잉안

Unit 62 부호 符号 142쪽

마침표 。	句号	쥐하오
물음표 ？	问号	원하오
느낌표 ！	叹号	탄하오
쉼표，	逗号	또우하오
모점 、	顿号	뚠하오
세미콜론 ；	分号	펀하오
콜론 ：	冒号	마오하오
따옴표 “”‘’	引号	인하오
소괄호 ()	小括号	샤오콰하오
대괄호 []	大括号	따콰하오
풀이표(대시) ——	破折号	포져하오
줄임표 ……	省略号	셩뤼에하오
하이픈 –	连接号	리엔지에하오
중점 ·	间隔号	찌엔거하오
책이름표 《》〈〉	书名号	슈밍하오
고유명칭 부호 ＿＿＿＿	专名号	쥬안밍하오
더하기 부호 +	加号	찌아하오
빼기 부호 –	减号	지엔하오
곱하기 부호 ×	乘号	쳥하오
나누기 부호 ÷	除号	츄하오
등호 =	等号	덩하오
부등호 ≠	不等号	뿌덩하오
~보다 작은 <	小于	샤오위
~보다 큰 >	大于	따위

Part 04 여행

Unit 63 교통수단 交通 146쪽

자전거	自行车	쯔싱쳐
오토바이	摩托车	모투오쳐
스쿠터	小型摩托车	샤오싱모투오쳐
자동차	汽车	치쳐
택시	出租车	츄쭈쳐
버스	巴士	빠스
시내버스	公交车	꽁쟈오쳐
고속버스	长途汽车	챵투치쳐
기차	火车	후오쳐
고속철도	高铁	까오티에
비행기	飞机	페이지
헬리콥터	直升机	즈셩지
지하철	地铁	띠티에
전차	有轨电车	요우꾸이띠엔쳐
유람선	游船	요우란츄안
여객선	客轮	커룬
구급차	救护车	찌우후쳐
소방차	消防车	샤오팡쳐
포크레인	挖掘机	와쥬에지
지게차	叉车	챠쳐
트랙터	拖拉机	투오라지
트럭	卡车	카쳐
승용차	轿车	쟈오쳐
열기구	热气球	러치치우

Unit 64 공항 机场 148쪽

공항	机场	찌챵
국내선	国内航线	구오네이항시엔
국제선	国际航线	구오찌항시엔
항공사	航空公司	항콩꽁쓰
출발, 도착 표시판	航班显示屏	항빤시엔스핑
안내데스크	咨询台	쯔쉰타이
발권 창구	售票柜台	쇼우피아오꾸이타이
탑승수속	登机手续	떵지쇼우쉬
탑승권	登机牌	떵지파이
비행기 편명	航班号	항빤하오
탁송하다	托运	투오윈
무게를 달다	称重	청쭝
무게 초과	超重	챠오쭝
탑승구	登机口	떵지코우
해관	海关	하이꽌
출입국 검역	出入境检验检疫	츄루찡지엔옌지엔이
출국 신고서	出境卡	츄징카

입국 신고서	入境卡	루징카
출입국 심사대	出入境边防检查站	츄루징삐엔팡지엔챠짠
검색	安检	안지엔
출발지	出发地	츄파띠
도착지	目的地	무띠디
면세점	免税店	미엔쒜이띠엔
탑승	乘坐	청쭈오

Unit 65 비행기 ① 飞机① 150쪽

여권	护照	후쟈오
비자	签证	치엔쩡
여행객	旅客	뤼커
항공 교통관제	航空管制	항콩관쯔
통로쪽 자리	靠走廊坐位	카오조우랑쭈오웨이
비행기 계단	飞机梯	페이지티
비행시간	飞行时间	페이싱스지엔
기장	机长	찌쟝
기내 휴대수하물	随身行李	수이션싱리
기내	客舱	커챵
일등석	头等舱	토우덩챵
비즈니스석	商务客舱	샹우커챵
일반석	经济舱	찡지챵
조종석	驾驶员座舱	쟈스위엔쭈오챵
기내 선반	飞机行李舱	페이지싱리챵
담요	毛毯	마오탄
비상상황	紧急情况	진지칭쾅
승무원	飞行乘务员	페이싱청우위엔
짐칸	货舱	후오챵
기내식	飞机餐	페이지찬
화물	货物	후오우
여행사	旅行社	뤼싱셔
연결통로	廊桥	랑치아오
라운지	候机室	호우찌스

Unit 66 비행기 ② 飞机② 152쪽

이륙하다	起飞	치페이
하강하다	降落	짱루오
착륙하다	着陆	주오루
도착하다	抵达	띠다
연착하다	延误	옌우
착륙 기어	起落架	치루오지아
구명조끼	救生衣	찌우셩이
객실	客舱	커챵
베개	枕头	쪈토우
프로펠러	螺旋桨	루오쉔쟝
좌석	座位	쭈오웨이
좌석벨트	安全带	안췐따이
공항 셔틀버스	摆渡车	바이뚜쳐
멀미 봉투	卫生袋	웨이셩따이
공항버스	机场大巴	찌챵따빠
화물 수송기	货机	후오찌
전투기	战斗机	쟌또우지
긴급출구	安全出口	안췐츄코우
수하물꼬리표	行李牌	싱리파이
연결항공편	转机	쥬안찌
짐 찾는 곳	取行李处	취싱리츄
수화물 분실	行李丢失	싱리띠우스
유실물 취급소	失物招领	스우쟈오링
티켓 판매소	售票处	쇼우퍄오츄

Unit 67 자동차 汽车 154쪽

엑셀레이터	加速器	쟈쑤치
브레이크	刹车踏板	샤쳐타반
핸들	方向盘	팡샹판
주차 브레이크	停车制动器	팅쳐쯔동치
속도계	汽车速度表	치쳐쑤두비아오
연료 표시기	燃油表	란요우비아오
주유 표시등	加油指示灯	쟈요우즈스떵
계기판	仪表板	이뱌오반
오토매틱	自动档	쯔동당
스틱 기어	手动档	쇼우동당
차량 열쇠	车钥匙	쳐야오스
차량 시트	车椅	쳐이
전조등	前照灯	치엔쟈오떵
안개등	雾灯	우떵
보닛	引擎盖	인칭까이
백미러	后视镜	호우스찡
와이퍼	雨刮器	위꾸아치
타이어	车胎	쳐타이
트렁크	后备箱	호우뻬이샹
방향 표시등	方向灯	팡샹떵
브레이크 등	刹车灯	샤쳐떵
범퍼	保险杠	바오시엔깡
번호판	车牌	쳐파이
배기량	排气量	파이치량

Unit 68 기차 火车 156쪽

기차역	火车站	후오쳐짠
티켓	火车票	후오쳐피아오
대합실	等候室	덩호우스
~행의	开往	카이왕
객차	客车	커쳐
고속열차	高铁	까오티에
푹신한 좌석	软座	루안쭈오
일반 침대	硬卧	잉워
일등 침대	软卧	루안워
음식, 음료수	餐饮	챤인
식당차	餐车	챤쳐
승강장	站台	짠타이

개찰구	检票口	지엔피아오코우
매표소	售票窗口	쇼피아오챵코우
열차 시간표	列车时刻表	리에쳐스커비아오
기차 기관사	火车司机	후오쳐쓰지
터널	火车隧道	후오쳐쒜이따오
레일 웨이	铁路轨道	티에루꾸이따오
매점	小卖部	샤오마이뿌
승무원	列车员	리에쳐위엔
화물열차	货物列车	후오우리에쳐
종착역	终点站	쭝디엔짠
목적지	目的地	무띠디
여정	旅途	뤼투

Unit 69 배 船 158쪽

선박	船舶	츄안보
화물선	货船	후오츄안
컨테이너선	集装箱船	지쫭샹츄안
액화기체선	液化气体船	예화치티츄안
범선	帆船	판츄안
바지선	载驳船	자이보츄안
도선	引航船	인항츄안
쇄빙선	破冰船	포삥츄안
소방선	消防船	샤오팡츄안
어선	渔船	위츄안
호퍼크라프트	气垫船	치띠엔츄안
여객선	客轮	커룬
유람선	游船	요우츄안
요트	游艇	요우팅
항구	港口	강코우
여객항	客运港	커윈강
구조선	救护船	찌우후츄안
선장	船长	츄안쟝
정박하다	停泊	팅보
항해하다	航海	항하이
뱃멀미	晕船	윈츄안
닻	锚	마오
돛	帆	판
구명조끼	救生衣	찌우셩이

Unit 70 여행① 旅游① 160쪽

여행	旅游	뤼요우
해외여행	海外旅游	하이와이뤼요우
국내여행	国内旅游	구오네이뤼요우
출국	出国	츄쿠오
입국	入境	루찡
여권	护照	후쟈오
비자	签证	치엔쩡
신분증	身份证	션펀쩡
예약	预订	위띵
트렁크	行李箱	싱리샹
배낭	背包	뻬이빠오
탑승권	登机牌	떵지파이
탑승시간	登记时间	떵지스지엔
통로 좌석	靠走廊的座位	카오조우랑더쭈오웨이
창가 좌석	靠窗户的座位	카오창후더쭈오웨이
시차	时差	스챠
호텔	酒店	지우띠엔
체크인	登记	떵지
체크아웃	退房	퇴이팡
로비	大厅	따팅
벨보이	酒店门童	지우띠엔먼통
계획	计划	찌화
관광지	景区	찡취
휴가	休假	시우쟈

Unit 71 여행② 旅游② 162쪽

관광명소	旅游景点	뤼요찡디엔
출장	出差	츄차이
온천	温泉	원츄엔
일정	日程	르청
기념비	纪念碑	찌니엔뻬이
현지 특산물	当地特产	땅띠터챤
영수증	收据	쇼우쥐
기념품	纪念品	찌니엔핀
현지인	当地人	땅띠런
조각상	雕像	띠아오씨앙
랜드마크	地标建筑	띠비아오찌엔쮸
방문	访问	팡원
식당	餐厅	찬팅
박물관	博物馆	보우관
기념관	纪念馆	찌니엔관
고궁	故宫	꾸꿍
호수	湖水	후쉐이
해변	海边	하이비엔
미술관	美术馆	메이슈관
성당	教堂	짜오탕
사찰	寺庙	쓰미아오
이슬람 사원	清真寺	칭젼쓰
유명 요리	名菜	밍챠이
유스호스텔	青年旅馆	칭니엔뤼관

Unit 72 호텔 酒店 164쪽

호텔	酒店	지우띠엔
숙박	住宿	쮸쑤
담보금	押金	야찐
숙박비	房费	팡페이
방 예약	订房	띵팡
스탠더드룸	标准房	비아오쥰팡
디럭스룸	豪华房	하오화팡

신용카드	信用卡	씬용카
1인실	单人间	딴런찌엔
2인실	双人间	슈앙런찌엔
침대 추가	加床	쟈촹
체크인	登记	떵찌
체크아웃	退房	투이팡
할인	打折	다져
방 교환	换房	환팡
여행사	旅行社	뤼싱셔
VIP	贵宾	꾸이삔
비용 지급	付费	푸페이
식사 주문	订餐	띵챤
계산하다	结帐	지에쨩
BAR	吧台	빠타이
서비스 차지	服务费	푸우페이
방해하지 마시오	请勿打扰	칭우다라오
서명	签字	치엔쯔

Unit 73 쇼핑 购物 166쪽

백화점	百货商店	바이후오샹띠엔
마트	超市	챠오스
길거리 매장	店铺	띠엔푸
아울렛	奥特莱斯	아오터라이쓰
잡화	杂货	쟈후오
신발	鞋	시에
가전	家电	쟈띠엔
가구	家具	쟈쥐
생활용품	日用品	르용핀
유아용품	母婴用品	무잉용핀
의류	服装	푸좡
스포츠용품	运动用品	윈동용핀
식당가	美食街	메이스지에
주차장	停车场	팅쳐챵
쥬얼리	珠宝	쥬바오
할인	折扣	져코우
이벤트	活动	후오동
화장품	化妆品	화좡핀
명품	名品	밍핀
아웃도어	户外用品	후와이용핀
화장실	卫生间	웨이셩찌엔
Tax-free	免税	미엔쉐이
계산대	收银台	쇼우인타이
침구	床上用品	촹샹용핀

Unit 74 가게 商店 168쪽

식당	餐厅	챤팅
제과점	面包店	미엔빠오띠엔
야채가게	蔬菜店	슈챠이띠엔
과일가게	水果店	쉐이구오띠엔
약국	药店	야오띠엔
세탁소	洗衣店	시이띠엔
미장원	美容院	메이룽위엔
꽃집	鲜花店	시엔화띠엔
문방구	文具店	원쥐띠엔
자동차 전시장	汽车专卖店	치쳐좐마이띠엔
운동용품점	运动用品店	윈동용핀띠엔
은행	银行	인항
우체국	邮局	요우쥐
핸드폰 가게	手机专卖店	쇼우지좐마이띠엔
화장품점	化妆品店	화좡핀띠엔
의류상점	服装店	푸좡띠엔
정육점	鲜肉店	시엔로우띠엔
생선가게	水产店	쉐이챤띠엔
노점	地摊	띠탄
담배, 주류점	烟酒店	옌지우띠엔
이슬람 식당	清镇餐厅	칭젼찬팅
유치원	幼儿园	요우얼위엔
주유소	加油站	쨔요우짠
발 마사지	足疗	쥬랴오

Unit 75 관광지 旅游区 170쪽

만리장성	万里长城	완리챵청
계림산수	桂林山水	꿰이린샨쉐이
북경고궁	北京故宫	베이징꾸궁
항주서호	杭州西湖	항저우시후
소주원림	苏州园林	쑤저우위엔린
황산	黄山	황샨
장강삼협	长江三峡	창찌앙싼샤
일월단	日月潭	르위에탄
피서산장	避暑山庄	삐슈샨장
병마용	兵马俑	빙마용
낙산대불	乐山大佛	러샨따포우
장가계	张家界	쟝지아지에
천안문	天安门	티엔안먼
화청지	华清池	화칭츠
화산	华山	화샨
석굴	石窟	스쿠
구채구	九寨沟	지우짜이꼬우
월야천	月牙泉	위에야취엔
북경이화원	北京颐和园	베이징이허위엔
포탈라궁	布达拉宫	뿌다라꿍
황과수폭포	黄果树瀑布	황구오슈푸뿌
후커우 폭포	壶口瀑布	후커우푸뿌
여강고성	丽江古城	리찌앙구청
소림사	少林寺	샤오린쓰

Unit 76 중국 성시 中国省市 172쪽

흑룡강성	黑龙江省	헤이롱장셩
길림성	吉林省	지린셩
요녕성	辽宁省	랴오닝셩

하북성	河北省	허베이성
하남성	河南省	허난성
산서성	山西省	샨시성
산동성	山东省	샨동성
강소성	江苏省	찌앙쑤성
강서성	江西省	찌앙시성
호남성	湖南省	후난성
호북성	湖北省	후베이성
운남성	云南省	윈난성
귀주성	贵州省	꾸에이조우성
사천성	四川省	쓰촨성
복건성	福建省	푸찌엔성
광동성	广东省	광동성
섬서성	陕西省	샨시성
청해성	青海省	칭하이성
절강성	浙江省	져찌앙성
감숙성	甘肃省	깐쑤성
안휘성	安徽省	안훼이성
해남성	海南省	하이난성
내몽고자치구	内蒙古自治区	네이멍구쯔즈취

Part 05 자연 & 과학 & 기타

Unit 77 자연 自然 176쪽

자연	自然	쯔란
눈	雪	슈에
비	雨	위
우박	冰雹	삥빠오
번개	闪电	샨띠엔
천둥	雷	레이
사막	沙漠	샤모
숲	森林	썬린
산	山	샨
가뭄	干旱	깐한
화산	火山	호우샨
홍수	洪水	홍쉐이
중력	重力	쭝리
해일	海啸	하이샤오
태풍	台风	타이펑
회오리바람	龙卷风	롱쥇펑
밀림	密林	미린
열대우림	热带雨林	러따이위린
위도	纬度	웨이뚜
경도	经度	찡뚜
남극	南极	난지이
북극	北极	베이지이
적도	赤道	츠따오
대기	空气	콩치

Unit 78 생물 生物 178쪽

생물학	生物学	셩우쉐
원핵 생물	原核生物	웬허셩우
진핵 생물	真核生物	쪈허셩우
동물	动物	똥우
식물	植物	즈우
진균	真菌	젼쥔
단세포	单细胞	딴시빠오
다세포	多细胞	또시빠오
세균	细菌	시쥔
마이코플라스마	支原体	즈웬티
생태계	生态系统	셩타이시통
세포핵	细胞核	시빠오허
세포기관	细胞器	시빠오치
배아	胚胎	페이타이
포자	胞子	빠오즈
광합성	光合作用	꽝허쭈오용
인류	人类	런레이
해면동물	海绵动物	하이미엔똥우
영장류	灵长类动物	링챵레이똥우
미생물	微生物	웨이셩우
유기체	有机体	요우찌티
생장	生长	셩쟝
발육	发育	파위
번식	繁殖	판즈

Unit 79 동물① 动物① 180쪽

포유류	哺乳类	부루레이
양서류	两栖类	량치레이
조류	鸟类	냐오레이
곤충	昆虫	쿤충
거미	蜘蛛	즈쥬
파충류	爬虫类	파충레이
어류	鱼类	위레이
무척추동물	无脊椎动物	우지쮀이똥우
돼지	猪	쥬
염소	山羊	샨양
양	羊	양
소	牛	니우
말	马	마
낙타	骆驼	루오투오
코뿔소	犀牛	씨니우
하마	河马	허마
기린	长颈鹿	챵징루
코끼리	大象	따샹
사자	狮子	스즈
개	狗	고우
고양이	猫	마오
토끼	兔子	투즈

쥐	老鼠	라오슈
원숭이	猴子	호우즈

Unit 80 동물 ② 动物② 182쪽

호랑이	老虎	라오후
사슴	鹿	루
야생동물	野生动物	예셩똥우
애완동물	宠物	총우
침팬지	黑猩猩	헤이씽싱
팬더	熊猫	시옹마오
곰	熊	시옹
다람쥐	松鼠	쑹슈
고슴도치	刺猬	츠웨이
여우	狐狸	후리
늑대	狼	랑
표범	豹	빠오
치타	猎豹	리에빠오
캥거루	袋鼠	따이슈
당나귀	驴	뤼
코알라	考拉	카올라
고래	鲸鱼	찡위
오징어	鱿鱼	요우위
문어	章鱼	짱위
뱀	蛇	셔
악어	鳄鱼	어위
도마뱀	蜥蜴	시이
개구리	青蛙	칭와
두꺼비	癞蛤蟆	라이하마

Unit 81 조류 鸟类 184쪽

독수리	老鹰	라오잉
매	鹰	잉
까치	喜鹊	시췌
까마귀	乌鸦	우야
참새	麻雀	마췌
딱따구리	啄木鸟	쥬오무냐오
제비	燕子	옌즈
학	鹤	허
닭	鸡	찌
칠면조	火鸡	후오찌
오리	鸭子	야즈
기러기	大雁	따옌
갈매기	海鸥	하이오우
원앙	鸳鸯	위엔양
백조	天鹅	티엔어
비둘기	鸽子	꺼즈
앵무새	鹦鹉	잉우
물총새	翠鸟	췌이냐오
벌새	蜂鸟	펑냐오
공작	孔雀	콩췌
펭귄	企鹅	치어
도요새	鹬	위
펠리칸	塘鹅	탕어
가마우지	鸬鹚	루츠

Unit 82 어류 鱼类 186쪽

명태	明太鱼	밍타이위
고등어	鲭鱼	칭위
대구	鳕鱼	쉐위
연어	三文鱼	싼원위
도미	鲷鱼	띠아오위
멸치	鳀鱼	티위
홍어	老板鱼	라오반위
가오리	鳐鱼	야오위
갈치	带鱼	따이위
붕어	鲫鱼	찌위
금붕어	金鱼	찐위
빙어	公鱼	꽁위
숭어	梭鱼	쑤오위
농어	鲈鱼	루위
우럭	石斑鱼	스빤위
삼치	鲅鱼	빠위
참치	金枪鱼	징챵위
불가사리	海星	하이씽
조기	黄花鱼	황화위
상어	鲨鱼	샤위
바다가재	龙虾	롱샤
조개	贝	뻬이
새우	虾仁	샤런
바닷게	螃蟹	팡시에

Unit 83 식물 植物 188쪽

나무	树木	슈무
꽃	花	화
광합성	光合作用	꽝허쭈오용
줄기	植物茎	즈우찡
뿌리	植物根	즈우껀
씨앗	植物种子	즈우종즈
침엽수	针叶树	쪈예슈
활엽수	阔叶树	쿠오예슈
단풍	红叶	홍예
새싹	新苗	씬먀오
대나무	竹子	쥬즈
덩굴	藤	텅
기생덩굴	寄生藤	찌셩텅
장미	玫瑰	메이꾸이
라벤다	薰衣草	쉰이차오
무궁화	无穷花	우치옹화
나팔꽃	喇叭花	라빠화
벚꽃	樱花	잉화

개나리	迎春花	잉춘화
목단	牡丹	무딴
국화	菊花	쥐화
코스모스	波斯菊	뽀스쥐
알로에	芦荟	루훼이
목련	玉兰	위란

Unit 84 곤충 昆虫 190쪽

개미	蚂蚁	마이
흰개미	白蚁	바이이
꿀벌	蜜蜂	미펑
말벌	马蜂	마펑
파리	苍蝇	창잉
모기	蚊子	원즈
귀뚜라미	蟋蟀	시슈아이
메뚜기	蝗虫	황충
사마귀	螳螂	탕랑
나비	蝴蝶	후디에
잠자리	蜻蜓	칭팅
바퀴벌레	蟑螂	장랑
무당벌레	瓢虫	피아오충
딱정벌레	步行虫	뿌싱충
지네	蜈蚣	우꽁
송충이	松毛虫	쏭마오충
누에고치	蚕茧	찬지엔
번데기	茧蛹	지엔용
나방	蛾子	어즈
매미	蝉	챤
여치	蝈蝈	꾸오구오
물방개	龙虱	롱스
등에	牛虻	니우멍
쇠똥구리	屎壳郎	스커랑

Unit 85 환경 环境 192쪽

공기오염	空气污染	콩치우란
대체 에너지	替代能源	티따이넝위엔
기후 변화	气候变化	치호우삐엔화
배출	排放	파이팡
멸종위기종	濒危物种	삔웨이우종
에너지 위기	能源危机	넝위엔웨이지
환경오염	环境污染	환찡우란
배기가스	汽车尾气	치쳐 웨이치
방사능 낙진	放射尘	팡셔쳔
화석연료	化石燃料	화스란랴오
스모그	烟雾	옌우
지구 온난화	全球变暖	췐치우삐엔누안
온실효과	温室效应	원스샤오잉
핵분열	核分裂	허펀리에
보존하다	保存	바오츈
보호하다	保护	바오후
재활용	回收利用	후이쇼우리용
쓰레기	垃圾	라지
부족	缺乏	췌파
토양오염	土壤污染	투랑우란
교통 체증	交通堵塞	쟈오통두써
수질오염	水污染	쉐이우란
풍력	风力	펑리
태양 에너지	太阳能	타이양넝

Unit 86 과학기술 科学技术 194쪽

3D 프린터	3D打印机	싼디다인찌
첨단 과학기술	尖端科学技术	찌엔뚜안커쉐찌슈
AI	人工智能	런꽁즈넝
자동 온도조절	自动调节温度	쯔동티아오지에원뚜
무인자동차	无人汽车	우런치쳐
빅데이터	大数据	따슈쥐
블루투스	蓝牙	란야
드론	无人机	우런지
지문인식	指纹识别	즈원스비에
어군 탐지기	探鱼器	탄위치
4차 산업혁명	第四次工业革命	띠쓰츠꽁예거밍
연료전지	燃料电池	란랴오띠엔츠
인간 복제	克隆人	커룽런
사물인터넷	物联网	우리엔왕
홍채인식	虹膜扫描	홍모싸오미아오
액정 디스플레이	液晶显示	예찡시엔스
나노로봇	纳米机器人	나미지치런
신소재	新材料	신챠이랴오
광섬유	光纤	꽝시엔
최첨단의	最尖端	쮀이찌엔뚜안
줄기세포	干细胞	깐시빠오
수술용 로봇	外科手术机器人	와이커쇼우슈지치런
가상현실	虚拟现实	쉬니시엔스
증강현실	扩增实境	쿠오쩡스찡

Unit 87 병원 医院 196쪽

병원	医院	이위엔
접수하다	挂号	꽈하오
외래	门诊	먼젼
내과	内科	네이커
외과	外科	와이커
소아과	儿科	얼커
부인과(산부인과)	妇科	푸커
안과	眼科	옌커
이비인후과	耳鼻喉科	얼비호우커
구강내과	口腔科	코우챵커
피부과	皮肤科	피푸커
중의과	中医科	종이커
호흡기 내과	呼吸内科	후시네이커
소화기 내과	消化内科	샤오화네이커

비뇨기 내과	泌尿内科	미냐오네이커
심혈관 내과	心血内科	신쉐네이커
내분비과	内分泌科	네이펀미커
신경과	神经内科	션징네이커
감염 질병과	感染科	간란커
정형외과	骨科	구커
화학 실험실	化验室	화옌스
검사실	检验室	지옌옌스
입원실	住院室	쥬위옌스
응급실	急诊室	지젼스

Unit 88 병명 ① 疾病名称① 198쪽

천식	哮喘	샤오츄안
감기	感冒	간마오
유방암	乳腺癌	루시엔아이
생리통	痛经	통찡
당뇨병	糖尿病	탕냐오삥
건선	牛皮癣	니우피쉔
고혈압	高血压	까오쉐야
동맥 경화	动脉硬化	동마이잉화
심근 경색	心肌梗塞	신지껑써
갑상선 기능 항진증	甲亢	쟈캉
쇼크	休克	시우커
부정맥	心律失常	신뤼스챵
폐기종	肺气肿	페이치종
심장병	心脏病	신쟝삥
류머티즘 열	风湿热	펑스러
만성 기관지염	慢性咽炎	만씽옌옌
에이즈	艾滋病	아이즈삥
중풍	中风	종펑
담결석	胆结石	단지에스
불임	不孕症	부윈쩡
디스크	腰椎间盘突出症	야오줴이찌엔판 투츄쩡
두통	头痛	토우텅
노인성 치매	老年痴呆	라오니엔츠따이
뇌출혈	脑出血	나오츄쉐

Unit 89 병명 ② 疾病名称② 200쪽

뇌혈전	脑血栓	나오쉐에슈안
뇌 혈관성 병	脑血管病	나오쉐관삥
편두통	偏头痛	피엔토우통
알츠하이머병	阿尔茨海默病	아이얼츠하이모삥
신경 쇠약	神经衰弱	션찡슈아이루오
폐경	闭经	삐징
림프종	淋巴瘤	린빠리우
결핵	结核	지에허
B형 간염	乙肝	이깐
지방간	脂肪肝	즈팡깐
위암	胃癌	웨이아이
변비	便秘	삐엔미
복통	腹痛	푸통
만성위염	慢性胃炎	만씽웨이옌
설사	腹泻	푸시에
식중독	食物中毒	스우종두
간경화	肝硬化	깐잉화
역류성식도염	反流性食管炎	판리우씽스관옌
뇌막염	脑膜炎	나오모옌
퇴행성관절염	骨关节炎	구꽌지에옌
류머티즘성 관절염	风湿性关节炎	펑스씽관지에옌
골절	骨折	구져
골다공증	骨质疏松症	구즈슈쑹쩡
월경불순	月经不调	위에징부티아오

Unit 90 병명 ③ 疾病名称③ 202쪽

조산	早产	자오챤
수족구병	手足口病	쇼우주코우삥
폐렴	肺炎	페이옌
이를 갈다	磨牙	모야
거식증	厌食症	옌스정
자폐증	自闭症	쯔삐쩡
황달	黄疸	후앙단
기관지 폐렴	支气管肺炎	즈치관페이옌
기침	咳嗽	커쏘우
중이염	中耳炎	종얼옌
습진	湿疹	스젼
마비	麻痹症	마삐쩡
약시	弱视	루오스
구토	呕吐	오우투
마이코플라즈마감염	支原体感染	즈옌티간란
인후염	咽喉炎	옌호우옌
야뇨증	遗尿症	이니아오쩡
발열	发烧	파샤오
장염	肠炎	창옌
원시	远视眼	위엔스옌
근시	近视眼	찐스옌
결막염	结膜炎	지에모옌
백내장	白内障	바이네이짱
요도결석	尿道结石	냐오따오지에스

Unit 91 의약품 ① 医药品① 204쪽

약물	药物	야오우
정제	片剂	피엔찌
캡슐	胶囊剂	쟈오낭찌
환약	口服丸剂	코우푸완찌
팅크, 연고	口服酊膏剂	코우푸딩까오찌
과립	口服颗粒	코우푸커리
외용 연고	外用膏	와이용까오
반창고	外用贴	와이용티에
바르는 약	外用涂剂	와이용투찌

주사제	注射剂	쥬셔찌
자극제	兴奋剂	씽펀찌
장용정	肠溶片	챵룽피엔
당의정	糖衣片	탕이피엔
연질캡슐	软胶囊	루안쟈오낭
드링크제	口服液	코우푸예
환	蜜丸	미완(미왈)
연고	软膏剂	루안까오지
안과용 액제	滴眼液	띠옌예
파스	风湿膏	펑스까오
항문 좌약	肛门栓	강먼슈안
바르는 약	涂膜剂	투모찌
변비약	通便药	통삐엔야오
소화제	消化剂	샤오화찌
구강정	含片	한피엔

Unit 92 의약품 ② 医药品② 206쪽

진통제	止疼剂	즈텅찌
파라세타몰	扑热息痛	푸러시통
압박 붕대	压力绷带	야리뻥따이
반창고	创可贴	창커티에
처방약	处方剂	추팡찌
소생술	心肺复苏	신페이푸쑤
수면제	睡眠剂	쉐이미엔찌
주사기	注射器	쥬셔치
체온계	体温计	티원찌
멀미약	晕车药	윈쳐야오
비타민제	维生素片	웨이셩쑤피엔
소독제	消毒剂	샤오뚜찌
무좀약	治癣药	쯔쉬엔야오
탈지면	脱脂棉	투오즈미엔
기침약	咳嗽药	커쏘우야오
지사제	止泻药	즈시에야오
드레싱	包扎辅料	바오쟈푸랴오
관장제	灌肠剂	꽌챵찌
안약	眼药水	옌야오쉐이
구급상자	急救包	지찌우빠오
거즈	纱布	샤뿌
안정제	镇定剂	쩐띵찌
알코올	酒精	지우징
피로회복제	缓解疲劳药	환지에피리아오야오

Unit 93 한약재 中药材料 (韩药材料) 208쪽

인삼	人参	런션
숙지황	熟地黄	슈띠황
마황	麻黄	마황
육계의 가지	桂枝	꾸이즈
방풍나물	防风	팡펑
생강	生姜	셩쨩
박하	薄荷	뽀허
국화	菊花	쥐화
우방자	牛蒡子	니우빵즈
지모	之母	즈무
감초	甘草	깐차오
생지황	生地	셩띠
모란뿌리 껍질	丹皮	딴피
녹용	白头翁	바이토우웡
현삼	鹿茸	루룽
백모근	白茅根	바이마오껀
자초	紫草	즈차오
물소뿔	水牛角	쉐이니우쟈오
황금	黄芩	황친
민들레	蒲公英	푸공잉
고삼	苦参	쿠션
금은화	金银花	진잉화
연잎	荷叶	허예
개사철쑥	青蒿	칭하오

Unit 94 회사 公司 210쪽

설립	设立	셔리
자본	资金	쯔찐
본사	总部	종뿌
지사	分公司	펀꽁쓰
사무실	办公室	빤꽁쓰
직원	职员	즈위엔
경영	经营	찡잉
노동조합	劳动组合	라오동주허
투자	投资	토우쯔
월급	月薪	위에씬
보너스, 상여금	奖金	찌앙진
출근	上班	샤앙빤
은퇴	退休	퇴이시우
면접	面试	미엔쓰
사직	辞职	츠즈
사장	总经理	종찡리
회장	董事长	동스쟝
비서	秘书	미슈
인사	人事处	런스추
영업	销售	샤오쇼우
법무	法务	파우
마케팅	营销	잉샤오
회계	会计	콰이찌
생산	生产	셩챤

Unit 95 경제 经济 212쪽

회계	会计	콰이찌
송금	汇款	회이콴
환전	换钱	환치엔
보험	保险	바오시엔
신청	申请	션칭

등기	注册	쥬처
은행창구	银行窗口	인항추앙커우
주식	股份	구펀
신분증	身份证	션펀쩡
신용카드	信用卡	씬용카
비밀번호	密码	미마
계좌	账户	쨩후
계좌번호	账户号码	쨩후하오마
화폐	货币	후오삐
잔금	余额	위어
환율	汇率	후이뤼
달러	美元	메이위엔
엔화	日元	르위엔
한화	韩元	한위엔
위안화	人民币	런민삐
예금	存款	춘콴
출금	提款	티콴
ATM	提款机	티콴찌
수표	支票	쯔피아오

Unit 96 무역 贸易 214쪽

EXW(ex works)	工厂交货	꽁창쟈오후오
FOB(free on board)	船上交货	촨샹쟈오후오
CFR(cost & freight)	成本加运费	청번쟈윈페이
CIF(cost insurance & freight)	成本加保险加运费	청번쟈바오시엔쟈윈페이
FCA(Free carrier)	货交承运人	후오쟈오청윈런
Incoterms 2000	2000年国际贸易术语解释通则	얼링링링니엔구오찌마오이슈위지에스통져
신용장(letter of credit)	信用证	씬용쩡
목적항	目的港	무띠강
선적항	装船港	쫭촨강
지불	支付	쯔푸
계약	合同	허통
선금	首付款	쇼우푸콴
중도금	中间款	쫑찌엔콴
잔금	剩余款	셩위콴
포장	包装	빠오쫭
보관	保管	바오관
운송	运输	윈슈
선적	装船港	쫭취엔강
은행 비용	银行费用	인항페이용
소모비용	消耗费用	샤오하오페이용
원가	成本价	청번쟈
운임비용	运费	윈페이
순이익(net profit)	净利润	찡리룬
보험 비용	保险费	바오시엔페이

Unit 97 역사 ① 历史① 216쪽

역사	历史	리스
왕조	朝代	챠오따이
삼국연의	三国演义	싼구오옌이
수호지	水浒传	쉐이후쫜
손자병법	孙子兵法	쑨즈삥파
사기	史记	스찌
홍루몽	红楼梦	홍로우멍
서유기	西游记	시요우찌
본초강목	本草纲目	번차오깡무
산해경	山海经	샨하이찡
주역	周易	죠우이
자치통감	资治通鉴	쯔즈퉁찌엔
시경	诗经	스찡
역경	易经	이찡
논어	论语	룬위
한서	汉书	한슈
선사시대	史前时代	스치엔스따이
구석기	旧石器	찌우스치
신석기	新石器	씬스치
청동기	青铜器	칭통치
철기	铁器	티에치
하나라	夏朝	샤챠오
상나라	商朝	샹챠오
주나라	周朝	쥬우챠오

Unit 98 역사 ② 历史② 218쪽

춘추	春秋	춘치우
전국	战国	짠구오
한나라	汉朝	한챠오
수나라	隋朝	쒜이챠오
당나라	唐朝	탕챠오
송나라	宋朝	쏭챠오
요나라	辽朝	랴오챠오
금나라	金朝	찐챠오
원나라	元朝	위엔챠오
명나라	明朝	밍챠오
청나라	清朝	칭챠오
중화민국	中华民国	쭝화민구오
중화인민공화국	中华人民共和国	쭝화런민공허구오
고조선	古朝鲜	구챠오시엔
부여	扶余	푸위
신라	新罗	신루오
고구려	高句丽	까오꼬우리
백제	百济	바이찌
가야	伽倻	쟈예
발해	渤海	보하이
고려	高丽	까오리
조선	朝鲜	챠오시엔

대한제국	大韩帝国	따한띠구오
대한민국	大韩民国	따한민구오

Unit 99 주요 국가 ① 国家① 220쪽

아시아	亚洲	야조우
유럽	欧洲	오우조우
아프리카	非洲	페이조우
오세아니아	澳洲	아오조우
북아메리카	北美	베이메이
남아메리카	南美	난메이
대한민국	大韩民国	따한민구오
중화인민공화국	中华人民共和国	중화런민꽁허구오
일본	日本	르번
몽고	蒙古	멍구
베트남	越南	위에난
라오스	老挝	라오워
캄보디아	柬埔寨	지엔푸쟈이
미얀마	缅甸	미엔띠엔
태국	泰国	타이구오
인도네시아	印度尼西亚	인두니시야
인도	印度	인두
네팔	尼泊尔	니보얼
러시아	俄罗斯	어루오쓰
터키	土耳其	투얼치
사우디아라비아	沙特阿拉伯	샤터아라보
이란	伊朗	이랑
이라크	伊拉克	이라크
요르단	约旦	위에딴

Unit 100 주요 국가 ② 国家② 222쪽

미국	美国	메이구오
캐나다	加拿大	지아나다
멕시코	墨西哥	모시꺼
브라질	巴西	빠시
베네수엘라	委内瑞拉	웨이네이뤠이라
콜롬비아	哥伦比亚	꺼룬비아
칠레	智利	즈리
아르헨티나	阿根廷	아건팅
자메이카	牙买加	야마이쟈
페루	秘鲁	삐루
영국	英国	잉구오
스페인	西班牙	시반야
독일	德国	더구오
프랑스	法国	파구오
포르투갈	葡萄牙	푸타오야
핀란드	芬兰	펀란
덴마크	丹麦	딴마이
스웨덴	瑞典	뤠이디엔
스위스	瑞士	뤠이스
이탈리아	意大利	이따리
남아프리카공화국	南非共和国	난페이꽁허구오
이집트	埃及	아이지
모로코	摩洛哥	모루오꺼
나이지리아	尼日利亚	니르리야